딱
한 가지만
가르쳐야
한다면

딱 한 가지만 가르쳐야 한다면

잘 배우는
아이로 만드는
부모 교실

존 해티·카일 해티 지음
천경호 옮김

우리학교

"존 해티는 아이들이 즐겁게 배우고 익힐 수 있도록 돕는 일에 평생을 바쳐 왔다. 이 책은 우리의 아이가 열심히 공부하는 효과적인 학습자가 될 수 있도록 도울 훌륭한 아이디어로 가득 차 있다."

■ 캐럴 드웩, 미국 스탠퍼드대학교 심리학과 교수, 『마인드셋Mindset』 저자

"깊이 있는 연구 자료와 양육 경험을 바탕으로 부모가 아이의 학습을 가장 잘 지원할 수 있는 방법에 대해 새로운 시각을 제시한다. 대규모 연구를 바탕으로 교사에게 최고의 교육 방법을 제시해 온 존 해티와 그 아들이자 학교 교사인 공저자 카일 해티는 모든 부모에게 거부할 수 없는 매력적인 통찰력을 선사할 것이다."

■ 웬디 벌리너Wendy Berliner, 『훌륭한 정신을 기르는 법Great Minds and How to Grow Them』,
『학교에서 성공하는 법How to Succeed at School』 저자

"우리가 아이들에게 줄 수 있는 가장 귀한 선물은 자신감, 능력, 배우고자 하는 마음이다. 도전적이고 변화에 적응하며 복잡한 일에 주저하지 않는 마음은 충실하고 도전적인 삶을 위한 토대이다. 하지만 이 토대를 마련하는 가장 좋은 방법은 무엇일까? 부자지간인 존 해티와 카일 해티는 이 새로운 책에서 놀라운 학문적 지식과 현명한 경험의 거부할 수 없는 조합을 바탕으로 탄탄하고 실제적인 조언을 제공한다. 내가 읽은 최고의 양육서 중 하나다."

■ 가이 클랙스턴, 『배우는 힘 기르기The Learning Power Approach』 및
『가르침의 미래The Future of Teaching』 저자

"세 아이의 아버지이자 교육학자로서 나는 부모 교육에 관한 많은 책을 읽었다. 존 해티와 카일 해티의 원고를 읽었을 때 겪어 보지 못한 일이 일어났다. 읽는 것을 멈출 수 없었다. 이 책은 삶의 경험과 과학적 근거로 채워진 유익한 아이디어와 생생한 사례의 보물 창고다. 특히 후자는 내 관점에서는 강조할 가치가 크다. 이 책에 제시된 모든 내용은 과학적으로 증명할 수 있으며 과학적 지식을 갖고 있지 않아도 이해할 수 있다. 이 점이야말로 종종 진실보다는 더 많은 신화를 퍼뜨리는 길고 긴 양육서 목록에서 이 책을 돋보이게 한다. 바꿔 말하자면, 이 책은 연구와 실제를 결합해 부모가 아이에게 최상의 교육을 하는 데 필요한 도움을 줄 수 있는 드문 성과라 할 수 있다."

▪ 클라우스 지어러, 독일 아우크스부르크대학교 교육학 교수

존 해티의 책과 그의 성과에 대한 찬사

"존 해티 교수는 교육의 '성배聖杯'를 드러낸 탁월한 연구자다."

■ 《타임스 교육 부록》

"존 해티 교수는 학습 개선에 놀라운 공헌을 했다. 2009년 비저블 러닝Visible Learning이 등장하면서 그의 연구는 우리 모두의 시선을 끌었다. 내가 특히 좋아하는 점은 존 해티 연구 팀이 내부적으로는 비판적이지만 외부적으로는 모든 가능성을 고려하는 개방적인 태도를 유지한다는 것이다. '황금율의 기준'을 찾기 위한 그의 새로운 저서는 지속적인 학습과 개선 과정을 모델링하는 데 있어 그의 헌신과 솜씨를 잘 보여 준다. 진정한 밀리언 셀러라 할 수 있다. 기념비적인 업적과 가능성을 축하한다."

■ 마이클 풀런Michael Fullan, OC(캐나다 훈장) 수상자.
캐나다 토론토대학교 OISE(온타리오 교육연구소) 명예교수

"존은 자신의 영향력을 잘 아는지 모르겠지만, 이 지구상에서 그보다 더 큰 영향력을 가진 교육계 인사는 없을 것이다. 우리 교사들에게는 학교에서 변화를 일으키는 데 도움이 되는 연구와 그렇지 않은 연구를 분별할 수 있는 안목이 필요했다. 존 해티 교수는 이 안목을 제공했고, 이제 우리 모두 우리가 가르치는 일의 영향력을 높이는 방법을 알게 되었다. 존, 고맙습니다!"

■ 조프 페티Geoff Petty, 『교수법의 현재Teaching Today』 및 『증거 기반 교수법Evidence-Based Teaching』 저자

"교육 연구는 너무 많은 자료로 도리어 어려움을 겪고 있다. 존 해티 교수는 이 방대한 정보를 이해하기 쉬우면서도 본질을 확실히 파악할 수 있는 실제적인 용어로 요약하는 과정에 확고한 지도자 역할을 해 왔다. 더 좋은 점은 교실 현장에 쉽게 적용할 수 있다는 점이다! 해티 교수의 성취와 영향력은 크게 인정받을 가치가 있다."

■ 댄 윌링엄Dan Willingham, 미국 웨스트버지니아대학교 심리학 교수,

『왜 학생들은 학교를 좋아하지 않을까?Why Don't Students Like School?』 저자

"비저블 러닝이 학습에 미치는 영향에 관한 연구의 핵심 메시지를 드러내자, 모든 것이 바뀌었다. 수천 건의 연구가 모여 우리가 집중해야 할 것이 무엇인지 확인시켜 주었다. 전 세계 교육자는 (학생의) 사고와 실천을 안내하는 데 중요한 것을 판단할 기준을 얻었다."

■ 셜리 클라크Shirley Clarke, 『형성평가 잠금 해제Unlocking Formative Assessment』 및

『생각하는 교실Thinking Classrooms』 저자

"전 세계 여러 세대의 학생, 교사, 교육 지도자에게 존 해티 교수가 기여한 바는 심오하고, 오래도록 이어질 것이다. 그는 기존의 통념에 과감하게 도전하는 동시에 자신의 연구를 지속적으로 개선하고 확장하는 용기와 겸손을 겸비했다. 그는 우리 직업과 교육계를 더 나은 곳으로 만들었으며, 모든 대륙의 아이는 그의 학문과 지혜, 실용적인 지침에 도움을 받고 있다."

■ 더글러스 리브스Douglas Reeves, 크리에이티브 리더십닷넷 대표

"우리는 교사가 교실에서 하는 일의 효과를 해티 교수의 연구를 통해 확인할 수 있다. 수업 준비에 관한 그의 연구는 모든 교사가 꼭 읽어야 할 교육서 중 하나다. 학생을 가르칠 때 우리는 종종 마법처럼 생각이 번뜩이는 순간을 찾는다. 존 해티는 그 숨겨진 연결 고리를 드러냈다."

■ 휴 토머스Huw Thomas, 영국 대학 강사 및 교육구 교육국장, 전 교장

"교육자가 학생의 학습을 지원하기 위해 최신 트렌드를 활용하도록 유혹하고 권장하는 세상에서 존 해티 교수의 비저블 러닝 시리즈는 탁월한 자원을 제공한다. 모든 현직 교사, 학교 관리자, 교육 연구자는 그의 책들을 반드시 책장에 두어야 할 것이다."

■ 에릭 앤더먼Eric M. Anderman, 미국 오하이오주립대학교 교육심리학 교수

"존 해티는 모든 아이가 우연이 아닌 설계에 의해 배우고 익히는 날을 꿈꾼다. 그는 언젠가 우리 주변의 전문가가 모두 모여 교육 시스템을 혁신하는 꿈을 꾸고 있다. 또한 교사 스스로가 "무엇이 효과적일까?"라는 질문 대신 "무엇이 가장 효과적인가?"라고 강력한 질문을 하기를 꿈꾼다. 언젠가 교사들이 항상 최대의 영향력을 추구하는 꿈을 꾼다. 가장 중요한 것은 그가 꿈을 실현하는 것이다. 그는 자신의 열정으로 불을 지폈고, 배움learning에 불을 붙였다. 그리고 그는 가르침teaching에 불을 붙였다. 축하합니다, 존. 당신의 영향력을 알아 주세요!"

■ 클라우스 지어러, 독일 아우크스부르크대학교 교육학 교수, 영국 옥스퍼드대학교 기술, 지식 및 조직 성과 센터 부연구위원

배우는 삶의 태도를 갖춘 아이로 가르치려면

오랫동안 아이들을 가르치며 생각한 것이 있습니다. 1년 동안 아이들과 함께 1,000시간 가까이 수업하면서 단 1시간만 수업을 해야 한다면 무엇을 가르치고 싶은지 저 자신에게 물었습니다. 저는 '배우는 삶의 태도'를 가르치고 싶었습니다. 사람은 누구나 부족함이 많지요. 세상에 태어나면 보호자의 돌봄과 양육 아래 자라야 합니다. 끊임없이 세상을 탐색하고 언어를 습득하고 자신을 표현해야 합니다. 모든 삶에는 학습이라는 배움의 과정이 있습니다.

타인의 이야기에 귀를 기울이는 것을 우리는 경청이라고 합니다. 놀랍게도 한 연구에 따르면 입장을 바꿔 생각하는 역지사지보다 타인의 이야기에 귀를 기울이는 경청이 타인을 이해하고 공감하는 데 더 효과적이라고 해요. 누군가의 이야기에 귀를 기울이려면 불필요한 소음을 억제해야 합니다.

온전히 상대의 눈과 입에 집중해야 하지요. 끝까지 들으려는 의지가 필요합니다. 끼어들고 싶은 마음을 누르는 참을성이 필요하지요. 상대의 이야기를 끝까지 듣겠다는 그 배움의 태도가 사람과 사람 사이를 잇고, 사람과 사회를 잇습니다.

타인의 말에 귀를 기울이는 것은 사람을 마주하는 대화에서만 가능한 일이 아니에요. 지금 우리 옆에 없는 사람의 이야기, 오늘 우리와 함께 살지 않는 사람의 목소리가 담긴 책을 통해서도 가능합니다. 악서는 영혼을 파괴하고 양서는 영혼을 살찌운다는 서양의 속담처럼, 좋은 책을 가까이하는 삶이 곧 배우는 삶의 태도라 할 수 있지요. 시대와 지역을 초월하여 세상 사람의 목소리에 귀를 기울이는 과정에서 우리는 다른 지역, 다른 시대의 사람과 서로 연결되어 있음을 느낄 때가 있습니다. 미성숙한 자기중심성에서 벗어나 성숙한 자아의 확장을 이루려면 배우는 삶의 태도가 필수라는 걸 이해할 수 있지요.

영국《인디펜던트》에 소개된 한국어가 하나 있습니다. 바로 '꼰대'예요. 남의 이야기는 듣지 않고 자기 말만 하는 사람을 가리킵니다. 이들은 타인의 이야기를 듣지 않고, 다른 사람의 장점을 알지 못하며, 자신의 성장을 위해 새로운 것을 배우려 하지 않습니다. 스스로 고립시키고, 자신의 가능성을 제한하는 삶에 익숙합니다. 우리는 이를 '학습된 무기력'이라고 부르지요. 자신이 만든 테두리 안에 자신을 가두고 타인을 원망하며 살아가는 이들.

우리 아이들이 언제 어디를 가든, 누구를 만나든 타인에게 배우려는 삶의 태도를 지닌다면 나이가 들어도 꼰대가 되지 않고, 변화하는 사회에서 유연하게 적응하겠지요. 트라우마 연구의 대가인 조지 A. 보나노^{George A.} Bonanno가 그의 책 『결국 회복하는 힘』에서 말한 대로, 삶의 역경이나 시련을 오히려 자신의 가능성을 발휘할 기회로 여기는 아이들로 자랄 것입니다.

이 책을 쓴 존 해티와 카일 해티는 부자지간입니다. 이 책을 읽는 부모 (보호자)와 자녀의 관계처럼, 아빠와 아들이 함께 쓴 책이란 뜻이지요. 교사로서 꽤 오래전부터 알고 있었던 존 해티의 새로운 부모 교육서가 출간되었다는 소식을 듣고 이 책의 원서를 구해 읽으면서 참 많은 것을 배웠습니다. 그동안 학교에서 아이들을 가르치고, 가정에서 아이들을 기르며 공부한 많은 지식이 이 책에 거듭 나오는 것을 보며 존 해티에 대한 묘한 동지 의식과 함께 많은 분에게 이 책을 알리고 싶다는 생각이 들었어요. 저보다 훌륭한 번역자가 해 주면 얼마나 좋을까, 하는 상상과 함께요.

처음 아이의 부모가 되었을 때가 생각납니다. 갓 태어난 아이가 자주 아파서 『삐뽀삐뽀 119 소아과』 책을 사서 읽었지요. EBS에서 방영되는 양육 프로그램을 챙겨 보고, 이런저런 책이 출간되면 빠짐없이 사서 읽었습니다. 그래도 늘 아쉬움이 컸지요. 아이는 계속 커 갔고, 그때마다 저는 좌충우돌하기 일쑤였으니까요. 무엇보다 이렇게 아이를 기르는 것이 옳은지 확신할 수 없었습니다. 그래서 공부하고, 공부하고, 공부했습니다. 더 좋은 교사가 되려는 노력과 더 나은 부모가 되려는 노력은 크게 다르지 않았습니다. 둘 다 아이들을 이해하는 데 도움이 되는 다양한 분야의 학문을 필요로 했기 때문이지요.

이 책은 바로 이 지점에서 가장 적합한 책이었습니다. 아이가 어릴 때부터 청소년기를 거치기까지의 과정에 꼭 필요한 조언을 합니다. 무엇보다 부모에게 권하는 10단계 마인드 프레임이 전부 단 하나의 삶의 태도를 목적으로 하지요. 바로 배우는 삶의 태도입니다. 어떻게 하면 우리 아이들이 배우는 삶의 태도를 갖게 할 것인가? 이를 위해 부모가 기억해야 할 조언이 하나 있어요. 바로 과학자 아인슈타인의 이야기입니다.

> 모범을 보이는 것은 다른 사람에게 영향을 미치는 가장 좋은 방법이 아니다. 유일한 방법이다. _알베르트 아인슈타인

이 책에서 소개하는 10단계 마인드 프레임은 부모의 삶을 건강하고 행복하게 만드는 데 큰 도움을 줍니다. 자녀에게 적절한 수준의 높은 기대를 걸고 자녀의 자기 결정성을 길러 주며 다양한 대처 전략을 마련하기 위해 자녀의 이야기에 끝까지 귀를 기울일수록 부모의 삶이 건강하고 행복해질 수 있어요. 더불어 자녀의 삶도 건강하고 행복해질 가능성이 커지지요. 아이들은 가까운 타인의 삶을 본보기로 삼으니까요.

그뿐만 아니라 우리가 잘 모르는, 아이 발달에 관한 이해와 놀이나 게임처럼 아이 삶과 밀접한 영역에 대한 이해도 높여 주지요. 왜 사춘기가 되면 가족보다 또래 친구를 더 좋아하는지, 사랑의 시작이 왜 또래와의 집단 행동을 줄이는지, 학습에서 놀이의 역할은 무엇인지, 게임에서 배울 점은 무엇인지, 다양한 주제에 관해 과학적 연구를 기반으로 설득력 있게 이야기합니다.

책 곳곳에 저자들의 경험도 나옵니다. 저자들의 경험은 다시 이론과 연구를

통해 설득력을 얻습니다.

이 책의 가장 큰 장점은 철저히 과학적 근거 기반의 연구를 바탕으로 배우는 삶의 태도를 기르는 양육에 관해 설명한다는 점입니다. 이 책을 통해 많은 부모님이 힘을 얻어 자녀에 대한 이해가 깊어지기를, 그로 인해 양육 스트레스가 줄어들기를 바랍니다. 더불어 모든 아이가 배우는 삶의 태도로 자기다운 삶을 살아가고, 모두 함께 살아가는 사회의 구성원으로 자라기를 마음 깊이 기원합니다.

2025년 봄을 기다리며

교사 천경호

차례

1부 배움의 분위기 형성하기

2부 잘 배우는 아이로 성장하는 기초 쌓기

3부 배움과 학교 교육

4부

아이의 세계를 향한 큰 그림

아이가 학교와 생활에서 최대의 성취를 이룰 수 있도록 훌륭한 학습 습관을 기르기 위해 부모나 보호자가 할 수 있는 일은 무엇일까? 이 질문은 가장 중요한 질문 중 하나다. 저명한 교육 연구자 존 해티는 세계적으로 평판이 높은 비저블 러닝 연구(학업 성취에 영향을 미치는 많은 요인의 효과 크기를 척도로 사용해, 교육에 효과적이냐가 아니라 무엇이 가장 효과적인지, 학생의 건강한 성장과 발달을 위해 어디에 노력을 집중해야 하는지를 말하는 존 해티의 연구를 기반으로 한 것이다. 예를 들어, 우리나라 초·중·고등학교의 수업 일수는 평균 190일이다. 정해진 시간 동안 교육적이리라는 추측으로 실시하는 수많은 교육 활동이 어쩌면 교육 효과가 없는 활동일 수 있음을 생각해야 한다는 것이다.-옮긴이)를 바탕으로 이에 대해 몇 가지 해답을 제시한다.

존 해티 교수는 존경받는 교사인 아들 카일 해티와 함께 이 책을 썼다. 저자들은 우선 호기심과 지적 열망을 키우고, 학습을 중요하게 여기고 장려하는 가정 환경을 만들기 위한 10단계 계획을 제시한다. 강력한 연구 근거를 바탕으로 한 실용적인 조언이 가득 찬 이 10단계 방법론은 아이의 잠재력을 최대로 키우고 학습을 지원하는 모든 부모와 보호자에게 좋은 안내서가 될 것이다.

우리 아이들의 교육과 발달에 관심이 있는 사람이라면 누구나 이 책을 읽어야 한다. 마찬가지로 부모에게도 아이의 삶에 중요한 변화를 가져올 필수 안내서다. 학교, 학교 지도자와 교육 당국은 학습을 지원하고, 모든 아이의 기회를 극대화하고, 학습을 지지하는 모든 학부모에게 이 책을 읽도록 권해야 한다.

여기서 다루는 핵심 영역은 다음과 같다.

▸ 교사와 효과적으로 소통하기.

▸ 부모가 '첫 번째 학습자learner'가 되어 새로운 아이디어와 사고에 대한 개방성 보여주기.

▸ 아이에게 적합한 학교 선택하기.

▸ '학습의 언어language of learning' 장려하기.

▸ 적절한 수준의 높은 기대를 가지고 피드백의 힘 이해하기.

`가르침에서 배움으로`

이제껏 우리가 한 일 중 가장 잘한 일 하나는 아이를 낳은 것이다. 신나는 밤 시간도, 번쩍이는 멋진 자동차도 사라졌다. 예전의 나는 사라지고 새로운 내가 생겨났다.

수년 동안 양육 과정에서 수많은 교훈을 얻었지만, 가장 중요한 교훈은 다른 사람의 아이를 비난하거나 다른 부모에 대해 부정적인 말을 하지 말라는 것이다. 우리의 양육은 완벽과 거리가 멀다. 수십 년간 교육학을 연구하고 가르쳤지만, 아이를 직접 키우면서부터는 양육이 힘들고 예측할 수 없는 일이라는 것을 더 잘 알게 됐다. 때로는 영광스럽기도 하지만 때로는 견딜 수 없을 만큼 힘든 일이다.

모든 가정이 그렇듯 우리 가족도 많은 이야기를 품고 있다. 우리는 이 책 전반에 걸쳐 그 이야기를 들려줄 것이다. 아이들은 천사가 아니다. 모든 부모가 그러하듯 우리 또한 아이들이 실수할 때마다 그건 아이 탓이며, 완벽할 때는 우리 부모 덕분이라고 믿고 싶었다. 우리 아이들이 세계 대회에서 금메달을 땄을 때는 분명 유전적인 영향 덕이었을 것이다. 때로 우리 자신의 양육 실수를 덮고 아이들에게 원인을 돌린 적도 있지만, 그렇게 하면 안 된다는 것도 실은 알고 있었다.

무엇보다도 우리는 아이들이 자라는 동안 함께하며 즐거웠다. 옛날부터 모든 부모가 그러했듯이 우리 역시 시행착오를 겪으며 '양육 현장에서' 양육 기술을 배웠다. 우리 가족은 6개국에서 살았으며, 아이들은 4개국에서 학교에 다녔고, 새로운 집으로 30번 이상 이사하기도 했다. 우리 아이들은 내가 뉴질랜드 시골에서 자랄 때만 해도 상상할 수 없었던 방식으로 세상을 경험했다. (뉴질랜드에서 보낸 내 어린 시절은 16세까지 텔레비전이 없었고, 집에서 30킬로미터 이상 벗어난 적도 없었다. 시골 마을에서 자란다는 것은 순수한 축복이었다.) 이 모든 일과 무수한 실수에도 아이들은 훌륭한 어른으로 자랐다.

지난 수십 년 동안 아이의 삶에 관여하는 성인이 무척 많아졌다. 이 책은 부모뿐 아니라 아이 양육에 관여하는 모든 사람을 위한 책이다. 점점 더 많은 사람이 조부모, 형제자매, 양부모, 두 명의 아빠 또는 엄마 등 다양한 가족 형태로 양육자 역할을 맡게 될 가능성이 커지고 있다. 뉴질랜드의 미풍양속 중 하나는 직계 가족 이상의 의미를 지닌 마오리족의 풍부한 양육 전통 '와나우whānau'가 있다는 점이다. 와나우는 아이가 속한 조상과 공동체의 가치, 역사, 전통을 아우르는 개념이다. 이는 아이에게 과거와 현재의 폭넓은 관계를 이해하는 방법, 개인의 초월성과 내적 자아에 대한 감각, 공동체와 전통에 대한 보다 깊은 책임감을 가르치는 것과 관련이 있다. 아이는 하나의 전통적인 가족 단위 안에서 '소유'하는 존재가 아니라, 가족 밖의 많은 사람과 관계를 맺고 영향을 받는 존재다. 와나우는 한 아이가 와나우 안, 즉 '마을'에서 자란다는 의미를 담은 멋진 개념이다.

하지만 지금은 너무 많은 부모가 아이를 감싸고 돌며, 위험과 '미지의 세계'로부터 과잉보호한다. 더 이상 우리는 아이들이 마을을 돌아다니도록 내버려두지도, 우리 집에 밥 먹으러 오라고 아이들을 불러들이지도, 아이들이 안전하다고 여기지도 않는다. 역설적이게도 가장 안전한 동네에서 가장 많은 부모가 안전을 걱정한다. 안전에 대한 걱정과 그 경계를 학습하는 것 사이에는 균형이 있다. 우리는 이를 부모가 그들의 와나우에서 '위험 감수의 존엄성dignity of risk을 키우는 일'이라고 부른다.

아이들을 배우는 삶으로

이 책은 위험 감수의 존엄성(아동 청소년의 자기 결정성과 합리적인 위험을 감수할 권리는 존엄성을 지키고 자존감을 키우는 데 필수적이므로 보호자가 이를 방해해서는 안 된다는 개념. 옮긴이)과 그 경계를 학습하며 이들 사이의 균형을 강조하는 것을 목표로 한다. 또한 학습을 촉진하기 위해 부모가 할 수 있는 일, 즉 학습에서 부모의 역할, 아이의 경험, 사랑, 가르침의 중심 행위자가 되는 방법을 설명함으로써 아이의 '배우는 삶'에 초점을 맞춘다.

그러나 부모가 아이의 '첫 번째 교사'라는 개념은 부모와 학교 교사의 역할을 자주 혼동하기 때문에 이 책에서는 이를 지지하지 않는다. 우리 저자들은 부모가 먼저 부모가 되고, 항상 '첫 번째 학습자'가 되어 학습에 대한 시범을 보이고, 학습에 열려 있으며, 학습의 언어로 대화하고, 아이에게 학습의 기술과 짜릿함을 심어 주는 일이 부모의 역할이라고 강조한다. 학교 공부를 가르치고 아이에게 배움의 기술을 개발하는 일은 우선적으로는 교사의 일이다. 물론 우리는 교사에게도 많은 것을 기대하며, 교사가 우리의 아이를 훌륭한 학습자로 키우는 법 또한 알려 줄 것이다.

이 책은 아이의 행동이나 건강 문제 등 전방위를 다룬 양육서는 아니다. 그런 책은 이미 많다. 대신 이 책은 모든 부모가 가정과 학교에서 아이의 학습을 위해 할 수 있고 또 해야 하는 역할에 초점을 두었다.

이 책은 10단계 주요 마인드 프레임을 주제로 구성되었다. 마인드 프레임은 아이와 관련한 주된 결정에 있어서 그 바탕이 되는 사고, 결정, 해석이 중요하기 때문에 양육의 사고방식(마인드셋)에 초점을 맞춘다. 두 부모가 같은 일을 '할' 수는 있다. 그러나 의도와 사고의 바탕이 되는 마인드 프레임이 가장 중요한 차이를 만든다. 우리가 생각하는 것과 행동하는 것 사이의 불일치는 가족, 특히 부모의 뜻을 이해하고 해석하는 데 능숙하지 않은 아이에게 마찰의 원인이 될 수 있다.

우리는 교사와 학교 지도자를 위한 마인드 프레임을 개발했고, 학생을 위한 마인드 프레임도 개발 중이다. 다양한 독자를 위한 비저블 러닝 책들이 출간되고 있다. 마인드 프레임은 사고방식, 신념, 기술, 감정의 집합으로 말과 행동, 결정을 끌어내는 기준이 된다. 마인드 프레임에 관해 명확하게 설명할수록 아이들은 우리가 의미하는 바를 더 성공적으로 해석할 수 있다.

부모는 생각보다 많은 것을 안다

살아오면서 자신이 경험한 양육 방식에 대해 '우리 아이에게는 절대 그렇게 하지 않겠다.'라고 다짐하는 것은 놀라운 일이 아니다. 우리 저자들의 성장 과정을 잠깐 돌아보자. 존 해티는 1950년대에 성장했는데, 당시는 여전히 아이들이 '얌전히 있어야 하는seen and not heard' 존재로 여겨졌다. 엄한 처벌과 매가 일상적이었고, 마을은 작았으며, 시야는 좁았다. 미래는 언젠가, 어딘가에서, 나중에 정해질 것이기 때문에 '지금'을 즐기는 것이 목표였다. 카일 해티는 세상이 점점 작아지고 일, 사교, 여행에 대한 선택지가 폭발적으로 늘어나던 1990년대에 미국에서 자랐다. 기대치도 점점 높아졌고, 아이들은 '존재감 있는seen and heard' 존재가 되어야 했다.

존 해티는 오타고대학교(뉴질랜드 더니든 소재)에서 아동발달학을 공부하면서 부모의 역할에 관해 생각하기 시작했다. 눈이 내리는 추운 어느 일요일, 존은 벤저민 스포크Benjamin Spock 박사의 특별 강연을 듣기 위해 수 킬로미터를 걸어 시청으로 향했다. 스포크 박사는 세계적인 베스트셀러 『유아와 자녀 양육Baby and Child Care』을 쓴 소아과 의사로, 부모에게 아이를 규칙을 지켜야 하는 존재로 여기거나 획일적인 양육 방식을 따르도록 강제하지 말고 한 명의 독립된 인격체로 바라보라고 조언했다.

스포크 박사는 '부모는 그들의 직감을 믿어야 한다.'라는 생각을 장려하며, '부모는 자신이 생각하는 것보다 더 많은 것을 알고 있다.'라는 주장으로 그 책을 시작했다. 그는 규칙적인 생활은 좋지만 통제는 나쁘다고 지적했고, 엄격하고 규칙적인 수유나 수면 스케줄 또한 필요하지 않다고 주장했다. 스포크 박사는 '어머니와 아버지를 위한 조언'도 남겼는데, 당시에는 양육서에 아버지를 언급하는 게 매우 신선한 일이었다. 그는 아동 비만에 맞서 싸웠고 게이와 레즈비언 부모를 환영했다. 오늘날에는 터무니없어 보일지 모르지만, 그의 가장 강력한 메시지는 아기에게는 사랑이 필요하다는 것, 요컨대 같이 자거나, 안아 주거나, 뽀뽀하기가 아이를 망치지 않는다는 것이었다. 핵심 메시지는 '부모는 자기 자신을 신뢰하는 동시에 아이를 신뢰하는 것도 잊지 말아야 한다.'였다.

모두가 스포크 박사의 조언을 좋아하지는 않았다. 1970년대 미국의 유명한 작가이자 목사 노먼 빈센트 필Norman Vincent Peale은 '미국은 스포크 박사의 양육법에 따라 즉각적으로 욕구를 충족시킨 두 세대의 대가를 치르고 있다.'라고 주장했다. 필은 이로 인해 미국 내 베트남 전쟁 개입에 항의하는 무질서와 방종, 청소년 부적응이 발생했다고 주장했다. 이는 스포크 박사의 조언과 영향력에 대한 중대한 오해이자 과잉 반응이었지만, 박사는 실제로 미국의 베트남 전쟁 개입에 대한 비판자였으며, 그가 시청에 와서 이야기한 주제도 베트남 전쟁이었다.

눈 내리는 더니든의 일요일, 문제는 존 해티가 시청에 도착했을 때 아무도 없었다는 것이었다. 폭설로 강연이 4시간이나 연기되었는데, 이 소식을 듣지 못한 사람은 아마 존 해티뿐이었을 것이다. 그래서 집으로 걸어가거나 아니면 강연이 시작될 때까지 4시간을 기다려야 했다. 시청 앞 계단에 앉아 기다리는데 얼마 지나지 않아 스포크 박사가 도착했고(운 좋게도 그 역시 강연이 연기되었다는 소식을 듣지 못했다), 박사는 시청 강당의 빈자리에 안내문을 놓는 일을 도와줄 수 있냐고 물었다. 3시간 동안 멋진 대화를 나눈 뒤, 그들은 가장 친한 친구가 되었다.

내 부모님을 포함해 수백만의 사람에게 '아이에게 공간과 자유, 사랑과 신뢰를 주도록' 좋은 영향력을 끼친 그에게 감사 인사를 하지 않은 것을 지금도 후회한다. (그날 오후 내가 베트남 전쟁 반전 운동가가 아니라 양육 전문가를 만나기 위해 그곳에 있었다는 사실도 말하지 않았다.) 그는 아이가 감정을 표현하고 즐겁게 지내도록 격려했다. 나는 그가 고정된 몇 가지 양육 방식을 규정하거나 부모가 아이와 거리를 두도록 권하지 않았으며, '아이들은 얌전히 있어야 한다.'라는 기존의 생각에 맞서 싸웠다는 사실에 영원히 감사할 것이다. 박사는 지금의 우리가 당연히 여기는 생각, 즉 아이들은 살아가고, 성장하고, 행복하고, 도전할 권리가 있다는 생각을 사회에 널리 대중화했다. 내 부모님 역시 스포크 박사의 신봉자였고, 나는 그 덕에 더 나은 사람이 되었다.

이 책에서도 '배움에 개방적인' 부모의 역할에 대해 끊임없이 강조할 것이다. 즉, 부모 스스로 호기심을 가지고, 자주 실패하고, 또한 그 실패를 통해 배우고, 반응하고, 경청하는 사람이 될 뿐만 아니라 이런 학습의 중심에 도덕적 나침반이 되는 일 말이다.

ˈ좋은 부모로 산다는 것

이 책의 목적은 부모가 아이의 학습을 잘 지원할 방법을 설명하는 것이다. 관심은 오롯이 모든 부모가 아이의 배움을 위해 할 수 있고, 또 해야 하는 역할과 배워야 하는 것에 집중되어 있다.

앞에서도 강조했듯이, 부모가 먼저 '첫 번째 학습자'가 되어 학습을 시범 삼아 아이에게 보여 주고 배움에 열려 있어야 한다. 아울러 '학습의 언어'(즉, 배움을 논의하고 학습 문화를 발전시키는 매개)를 장려하고, 아이에게 배움의 기술과 배움의 짜릿함을 심어 주는 게 부모의 역할이다. 부모와 교사의 역할을 혼동할 수 있기에 부모가 아이의 '첫 번째 교사'라는 개념은 지지하지 않는다. 학교 수업은 교사에게 맡겨야 한다. 우리는 부모가 아이를 훌륭한 학습자로 만드는 데 도움을 줄 방법을 알려 줄 뿐이다.

부모parents와 양육parenting이라는 용어 또한 가장 넓은 의미로 사용한다. 이 책은 양육에 관여하는 어머니, 아버지, 조부모, 형제자매, 양부모, 아빠 둘 또는 엄마 둘의 가족, 대가족 등 모두를 위한 책이다.

아이 학습을 위한 양육 마인드 프레임

각 장은 아이가 최고의 학습자가 될 수 있도록 돕는 방법을 고민하는 부모를 안내하기 위해 부모 마인드 프레임(훌륭한 학습자가 되는 여정에서 각 '단계'에 필요한 태도와 특성, 사고방식)을 중심으로 구성되어 있다.

아이가 아이답게 살기 위해서

이 책의 중요한 주장은 아이는 미래의 어떤 시기를 위해 발달하는 존재가 아니라, 지금 아이로서 아이답게 사는 것을 즐길 수 있어야 한다는 것이다. 아이에게는 배우기를 좋아하고, 도전하기를 좋아하고, 실패로부터 배우기를 좋아하고, 자신을 존중하고 다른 사람을 존중할 줄 아는 사람, 즉 신중하고, 회복탄력성이 높으며, 자립적인 사람이 되는 법을 배울 수 있는 공간과 이를 위한 안내가 필요하다. 아이의 미래는 부모가 아닌 아이 스스로가 만든다.

흔히 부모는 아이에게 사랑과 보살핌, 자원을 충분히 뒷받침하여 스스로 기능하고 자립할 수 있는 '어른'으로 키워야 한다는 메시지가 널리 퍼져 있다. 하지만 이는 아이라는 존재의 본질을 놓치고 있다. 아이는 스스로 기능할 수 있고 충분한 존재이지만, 아직 아이일 때는 사랑과 보살핌을 받아야 한다. 어린 시절을 즐길 수 있도록 격려하고 허용해야 한다. 어린 시절의 자유로움, 단순함, 천진함을 누리는 것보다 자아를 실현하는 훌륭한 성인이 되기 위한 더 중요한 준비가 있을까?

학교의 역할

이 책의 초점은 학습, 즉 배움이다. 아이가 배우는 방법, 부모가 배우는 방법, 가족이 배움에 대한 사랑을 키우는 방법에 핵심이 있다. 학교와 학교 선택에 있어서 부모의 역할, 그리고 이 시기 동안 배움을 촉진하는 방법에 관해서도 이야기한다.

학교가 시작되기 훨씬 전부터 부모는 아이의 '첫 번째 학습자'다. (교사가 아니라 '학습자'라는 표현을 사용했음을 기억하자.) 부모이자 아이의 '첫 번째 학습자'가 된다는 것은 경청하는 역량을 기르고, 적절한 경계 세우기를 하며, 아이의 학습법에 대한 자신만의 기술을 개발하는 것이다. 보육 시설과 유치원을 거친 뒤에 학교가 시작되는데, 처음에 아이들은 큰 흥미를 느끼지만 대체로 16세가 될 때까지 흥미가 줄어든다. 리 젠킨스Lee Jenkins(미국 코넬대학교 교수로 미국 교육 시스템에 대한 불만을 다룬 『잊기 쉬운 약속Permission to Forget』의 저자. – 옮긴이)는 4~6세 아동의 95퍼센트가 학교에 가서 배우고 싶어 하지만, 초등학교가 끝나면 10명 중 4명으로 그 비율이 줄어든다고 지적했다.[1]

부모는 아이가 학교, 집, 동네, 친구들 사이에서 사회성을 기르고 자신이 사는 사회의 규범과 문화를 이해할 능력을 갖추기를 바란다. 또한 아이는 사회에 대해 비판하는 방법을 이해하고 이를 표현할 줄 알아야 나중에 사회의 주류가 되었을 때 사회를 개선할 수 있다.

자녀에게 줄 수 있는 최고의 것

무엇보다 중요한 것은 이 책의 주요 주제인 '배우는 법을 가르치는 것'이다.

먼저 부모의 '가르치는 역할'에 대해 도움을 주는 다양한 사고방식을 설명한다. 부모의 역할은 아이를 입학시키거나 학교에 데려다 주는 것으로 끝나는 게 아니다. 한 가지 경고를 먼저 하겠다. 아이를 천재로 키우는 법을 찾거나, 아이가 영재나 비슷한 다른 꼬리표를 달고 있다고 생각하거나, 내 아이가 '완벽한 아이'이기를 원한다면 미안하지만 동화를 읽으라고 말하고 싶다.

물론 우리의 아이가 놀라운 일을 할 수 있다고 믿어야 한다. 그러나 아이가 어렸을 때 할 수 있는 일을 보고 성인이 되었을 때 성취할 수 있는 일을 예측하는 것은 생각만큼 쉽지 않다. 또한 성장기에 겪는 경험 자체가 조기 예측에 방해가 될 수 있다. 실제로 영재 아동의 약 5~10퍼센트만이 성인 영재가 되며, 대부분은 성인이 되어 영재가 되지 못한다. 이는 어린이집이나 학교가 아이들을 특별하게 대우하지 않아서라기보다는 아이들이 배우는 과정에서 성장하고 변화하기 때문이다. 특히 부모의 견해와 기대가 점점 더 중요해지는 만큼 아이가 부모의 기대에 부응하지 못할 수도 있다. 일부 영역에서 영재로 분류된 아이들은, 특히 부모가 과도하게 압박을 가하는 경우, 10대 시절에 이르면 새로운 지식 영역에서 실패와 도전에 직면하는 일을 어려워하는 경우가 너무도 많다. 유아기와 아동기에 도전과 실패, 실수에 대처하는 방법을 배우지 못하면 나중에 학교 교육과 삶에도 제대로 적응하지 못한다. 아이들이 어릴 때 바람직한 수준의 학습을 즐기고 더 높은 곳을 향해 도전하게 하는 것이 이 책의 목표다. 아이의 재능을 지나치게 부풀리지 말자.

무엇보다도 기회를 만들고, 도전과 대처 전략을 제공하는 일이야말로 부모가 아이에게 줄 수 있는 최고의 유산이며, 어른이 되어서도 함께 나눌 수 있는 가르침이다.

연구 근거

이 책에 담긴 핵심 주장의 근거에 관해 말하자면, 학생의 학습에 긍정적인 영향을 미치는 요인에 대한 25년에 걸친 광범위한 존 해티의 연구에서 도출되었다. 비저블 러닝 프로그램으로 알려진 이 연구는 대략 3억 명의 학생을 대상으로 한 10만 건 이상의 연구로 구성된 1,600건 이상의 종합 메타 분석이다.[2] 학교와 관련한 학생 학습에 중점을 두었지만, 교사의 마인드 프레임이 학생 학습에 미치는 영향에 대한 주장은 학습에 대한 부모의 마인드 프레임에도 동일하게 적용된다. 부모 양육서인 이 책을 준비하면서 우리는 효과적인 양육법에 관한 연구 역시 종합했다. 이 책에 사용된 근거에 대한 자세한 내용은 비저블 러닝과 양육법에 관한 부록에서 확인할 수 있다. 또한 책 말미에 용어 해설도 제공했다.

10단계
마인드 프레임

스포크 박사는 부모에게 아이를 하나의 동등한 인격체로 바라볼 것을 권장하는 베스트셀러 육아서 『유아와 자녀 양육』[3]에서 '부모는 자신을 신뢰하는 동시에 아이를 신뢰하는 것도 잊지 말아야 한다.'라는 메시지를 강조했다. 이 조언은 오늘날에도 아이의 학습에 관한 한 유효하다. 부모로서 우리가 아는 지식은 문화의 영향을 상당히 받으며, 양육에 대한 '상식'은 문화에 따라 다를 수 있다.

사회와 문화에 따라 좋은 사람이 된다는 것, 아이를 키운다는 것, 성공한다는 것의 의미와 개념이 다르다. 여러 문화권의 양육 방식을 간단히 살펴보면 정답은 없으며, 아이가 어릴 때, 10대가 되었을 때, 청년이 되었을 때 부모가 아이에게 무엇을 하기를 원하는지에 따라 많은 것이 달라진다.

한 가지 분명하게 말하고 싶은 것은 아이에게 어린 시절은 '지금'이며, 이 시기의 삶이 모두 어른이 된 후의 삶을 위한 준비는 아니라는 점이다. 아이의 미래는 부모가 아니라 아이가 만들어 간다. 아이는 부모가 알고 있는 세상과 자신이 살아갈 세상을 개혁하고, 비판하고, 개선할 것이다. 우리는 아이의 미래를 예측할 수 없으며, 20년 후 직업의 범위와 성격을 알지 못한다. 그렇기에 아이가 태어나는 순간부터 아이를 동등한 하나의 인격체로 바라보는 기쁨과 고통을 경험하는 것이 중요하다. 아이들은 인생의 그 어떤 시기보다 '지금'을 살아가는 존재다. 어린 시절은 모험을 즐기고, 다양한 학습과 대처 전략을 배우며, 위험 감수의 존엄성을 누리고, 사회적으로 풍요로운 경험 속에서 무럭무럭 자라나는 시기여야 한다. 위험 감수의 존엄성이란 자율성 발달에 필요한 위험을 감수할 수 있는 존엄성을 아이에게 허용하는 것을 의미한다.

양육의 목적은 아이가 유능감을 키우고, 자신과 타인을 존중하며, 스스로 행동하고 자신의 행동에 책임을 질 수 있는 자율성을 갖도록 하는 것이다. 이러한 자기 결정성self-determination은 서구 사회에서 중요한 결과물이며, 이 책에 실린 많은 내용은 아이가 자신의 행동, 사고, 미래를 더욱 독립적으로 결정해야 할 때를 대비해 '지금', 즉 어린 시절에 이러한 역량 개발을 함을 목표로 한다.

그러나 우리가 무시할 수 없는 한 가지 발견이 있다. 가족 중에 두 아이가 있다고 가정해 보자. 비슷한 유전적 특성, 같은 부모, 같은 기대치를 가진 같은 가정 환경인데, 왜 다를까? 두 아이는 성격, 상황에 대한 반응, 문제에 대처하는 방법, 능력 등이 다 다를 수 있다. 아이 간에 중요한 차이를 만들어 내는 특성 중 일부도 살펴본다.

아이 양육 관련 연구 결과도 검토한다. 먼저 학습과 성취도에 영향을 미치는 요인 연구를 소개한다. 비저블 러닝 연구 종합 보고서에서는 3억 명 이상의 학생을 대상으로 한 10만 건 이상의 연구를 분석했다. 가장 흥미로운 발견은 아동의 학습을 개선하기 위해 행하는 거의 모든 것이 효과적이라는 것이다. 그렇다고 해서 이 책을 덮고 마음대로 하라는 뜻은 아니다. 그것과는 거리가 멀다. 메시지는 정반대다. '이것이 도움이 됐어요.'라거나 '이것이 효과적이었어요.'라고 하는 사람들을 경계해야 하는데, 이는 단순히 학습을 개선하는 게 목적일 때만 옳은 말이기 때문이다. 단순히 '학습 향상'만을 목표로 삼는 것은 기준을 너무 낮게 설정하는 것이며, 이는 바람직하지 않다.

학교 학습에 대한 기준을 낮게 설정하고 '무엇이 학습을 향상하는 데 효과적인가'라고 묻는 대신, 기준을 높이고 '무엇이 학습을 향상하는 데 가장 효과적인가'라고 물어야 한다는 게 우리의 주장이다. 양육 관련 학습도 마찬가지다. 이 책은 단지 '어떤' 긍정적 효과뿐만 아니라 평균 이상의 긍정적 효과를 기반으로 한다. 우리는 평균 또는 평균 이하보다 높은 효과를 원한다. 강조하지만, '무엇이 효과적인가'보다 '무엇이 가장 효과적인가'라는 더 높은 기준을 정해서 묻고 싶다.

학교 학습에서 평균 이상의 효과는 구조적 영향[학급 규모, 능력 그

룸화, 차터(자율적 공립학교. – 옮긴이), 사립, 공립 등 학교 유형, 교육과정 성격, 시험 유무 및 유형]과는 거의 관련이 없다는 것도 발견했다. 오히려 '교사의 사고방식'과 큰 관련이 있었다. 아이가 무엇을 할 수 있고 무엇을 할 수 없는지를 고려할 때 교사가 다음에 무엇을 해야 할지에 대해 순간순간 내리는 판단이 더 중요했다는 뜻이다. 이것을 '평가적 사고 evaluative thinking'라고 부른다. 평가적 사고는 양육 관련 학습에서도 가장 중요한 요소다. 부모의 사고방식이 중요하다. 이러한 사고방식을 '배움을 위한 10단계 마인드 프레임', 즉 부모가 자신의 역할에 관해 생각하고 행동하고 듣고 말하는 방식을 안내하는 10단계 중요한 사고방식으로 제시한다.

학교 학습에 대한 우리의 비저블 러닝 슬로건은 '교사가 학생의 눈으로 학습을 볼 때, 학생이 스스로 교사가 될 때' 학습이 가시화된다는 것이다. 양육에서도 마찬가지다. 부모의 말과 행동, 격려와 기대 효과는 아이의 눈으로 볼 때 비로소 보인다. 더 나은 부모가 되고 싶다면 자신이 자녀라고 상상하면서 자신이 어떤 모습인지, 어떤 느낌인지, 어떻게 행동하는지 살펴보는 법을 익혀야 한다. 아이의 입장에 서서 아이의 세상을 바라보면 부모가 되는 법을 더 잘 이해할 수 있다. 반드시 아이의 의견에 동의할 필요는 없지만 아이의 관점을 듣고, 느끼고, 이해한다는 것을 보여 줄 필요가 있다. 부모의 목표는 아이가 부모의 입장이 되어 결정을 내려야 할 때(특히 부모가 없을 때), 다른 사람처럼 자신의 행동을 판단하고, 자신의 행동이 주변 사람에게 어떤 영향을 미치는지 알고, 다음에 해야 할 최선의 행동을 알 수 있도록 도와주는 것이다.

각 장에서는 부모가 자녀를 훌륭한 학습자로 길러 내는 데 필요한 10단계 마인드 프레임을 설명한다. 중요한 것은 부모가 무엇을 하느냐, 어떤 양육 모델을 채택하느냐가 아니라, 부모가 자신이 무엇을 하는지에 대해 어떻게 생각하느냐다. 아이는 부모가(때로는 부모가 말하는 것과 상관없이) 생각하는 것을 잘 알아챈다. 우리의 행동보다 우리의 사고방식에 더 일관성이 있기 때문이다.

부모가 갖춰야 할 10단계 마인드 프레임은 다음과 같다.

1. 적절한 수준의 높은 기대를 한다.
2. 아이에게 합리적인 요구를 하며, 적절한 반응을 보인다.
3. 부모는 혼자가 아니다.
4. 아이의 능력, 의지와 열정을 개발한다.
5. 부모 또한 배움을 좋아한다.
6. 피드백은 힘이 있고, 성공은 오류를 통해 성장한다.
7. 우리는 교사가 아니라 부모다.
8. 아이를 언어, 언어, 무조건 언어에 노출시킨다.
9. 우리의 아이도, 우리도 완벽하지 않다는 것을 인정한다.
10. 우리의 영향력을 평가하는 사람은 바로 우리다.

본문에서 10단계 마인드 프레임을 하나씩 상세히 설명하기 전에 먼저 간략하게 소개하겠다.

1. 적절한 수준의 높은 기대를 한다

아이들은 상호작용과 학습 발달 방식의 기초를 형성하는 기대의 세상 속에서 태어난다. 아이에 대한 부모의 기대는 중요하다. 아이가 훌륭한 학습자로 자라도록 돕는 것은 골디락스 원칙Goldilocks principle(「골디락스와 세 마리의 곰Goldilocks and the Three Bear」이라는 영국 동화에서 어린 소녀 골디락스가 딱 적당한 온도의 죽을 더 좋아한다는 내용에서 유래했다. – 옮긴이)에 따라 어렵지도 않고 쉽지도 않은, 높지만 적절한 수준의 기대를 하는 것을 의미한다. 또한 지루하지도 않아야 한다. 기대치를 충족하려면 가급적 아이가 부모와 신뢰를 바탕으로 정서적 유대bond를 형성해야 한다. 이를 애착이라고 하는데, 애착과 신뢰감은 아이가 실수하고, 실수로부터 배우고, 회복탄력성과 다른 자질을 개발할 수 있게 한다. 또한 아이에게는 격려와 지도가 필요하다. 부모가 아이의 반응 방식을 통해 아이에게 옳고 그름을 배우게 하는 지도가 필요하다. 부모의 역할은 아이가 부모에게 의존하게 하는 게 아니라, 자율성과 유능성을 키울 수 있게 돕는 것이다.

2. 아이에게 합리적인 요구를 하며, 적절한 반응을 보인다

　　지난 40년간 연구를 통해 허용적 양육 방식, 권위 중심적 양육 방식, 권위 있는 양육 방식 등 3가지 양육 방식이 중요하게 분류되었다.[4] 부모가 3가지 방식 중 하나만 사용하는 경우는 드물지만, 많은 부모가 주로 사용하는 양육 방식이 있다. 중요한 것은 아이 역시 부모가 어떤 양육 방식을 사용하는지 알고 있다는 점이다. 허용적 양육 방식은 아이에게 무제한의 자유를 허용하며, 잘못된 행동을 무시한다. 권위 중심적 양육 방식은 '내가 옳아, 너는 아이니까.'라는 태도로 아이를 대하고, 아이가 올바른 결정을 내릴 수 없다고 여기며, 언어적 적대감을 드러내고 때로는 체벌을 가한다. 권위 있는 양육 방식(또는 합리적 양육 방식)은 온화함과 참여를 끌어내고, 적절한 추론을 바탕으로 아이의 말에 귀 기울이며, 신뢰와 공정의 분위기를 조성한다. 어떤 방법이 이길지 짐작할 수 있을 것이다!

　　여기서 고려할 2가지 문제가 있는데, 하나는 사소하고 다른 하나는 보다 진지한 문제다. 첫째, 권위 중심적authoritarian과 권위 있는authoritative이라는 용어를 혼동하기 쉽다. 이 이유로 우리는 권위 있는 양육보다는 합리적 양육reasoning parenting이라는 용어를 더 좋아한다. 더 진지한 두 번째 문제는 합리적 부모가 가장 바람직한 부모라는 것에 대한 근거가 기대만큼 큰 효과는 없다는 것이다. 그러나 '합리적 부모'에 '경청하는 부모'를 추가하면 그 효과는 훨씬 커진다.

부모가 보이는 바람직한 추론과 경청 전략은 아이의 자율성, 타인과 관계 맺는 기술(관계성) 개발, 역량 증진과 관련이 있다. 이를 '자기 결정성' 이론이라고 하며, 서구 사회에서 바람직한 아이의 자질로 널리 연구해 왔다. 자기 결정성 발달의 핵심은 부모가 적절한 양의 바람직한 메시지를 제때 전달해 아이가 학습자로서 자신감과 실력을 기를 수 있게 하는 것이다. 모두에게 맞는 하나의 정답은 없다. 항상 아이의 눈높이에 맞는 메시지와 메시지의 양, 전달의 타이밍을 고려하는 게 최선의 답이다. 역지사지로 아이 입장이 되는 법을 배우고, 아이가 무슨 생각을 하는지, 실력과 자신감이 있는지, 아이가 무엇을 할 수 있을지 상상해 보자. 그다음 다시 부모의 입장이 되어 메시지를 고쳐 보자. 부모는 아이보다 더 나은 생각을 할 수 있다는 점을 상기하고, 고민하고, 반응하고, 메시지를 바꾸어 아이에게 생각할 거리를 제공하는 과정이다.

3. 부모는 혼자가 아니다

우리는 혼자가 아니다. 바다와 국경이 더 이상 장벽이 아닌 오늘날의 지구는 수십 억 명의 사람과 즉각적으로 연결되는 세상이며, 종종 지나친 연결이 횡포를 초래한다. 부모는 수많은 웹사이트, 포럼, 페이스북 조언 등을 통해 도움을 구할 수 있다. 하지만 타당하고 신뢰할 수 있는 근거를 바탕으로 한 것인지 알 수 없는 모호하고 상충하는 조언이 많아 반드시 좋은 것만은 아니다. 기존의 편견이나 신념을 강화할 무언가를 찾기도 쉽다.

또한 아이도 혼자가 아니다. 오늘날 아이들은 형제자매, 친구, 가상현실, 텔레비전, 때로는 상상의 친구들과 함께 거대한 마을에서 자란다. 타인을 통해 아이의 세계관은 극적으로 확장되고, 크게 달라질 수 있으며, 그들로부터 많은 것을 배울 수 있다. 실제로 친구를 사귀는 것은 아이에게 가장 중요한 발달 과제 중 하나이며, 외로운 아이는 심각한 상황에 놓인다.

청소년이 되면 친구의 중요성은 부쩍 커진다. 이제 친구는 소울 메이트이자 서로의 이야기와 비밀을 공유하고, 함께 도전하고, 무언가를 거절하거나 같이 견뎌 내고, 자아감을 향상할 수 있는 존재가 되면서 우정의 목적이 달라지기 때문이다. 우리는 이 단계를 '평판 향상reputation enhancement' 과정이라고 부른다. 청소년에게 평판을 쌓는다는 과제는 또래 친구들이 자신을 어떻게 바라보길 원하는지에 따라 달라진다. 또래 친구들에게 좋은 평판을 쌓는 청소년에게도 기복이 있을 수 있다. 하지만 더 걱정스러운 것은 평판을 개선할 수 없는 청소년이다. 이는 그들에게 친구가 없을 수 있다는 가능성을, 삶이 외로울 수 있다는 가능성을 뜻하기 때문이다.

4. 아이의 능력, 의지와 열정을 개발한다

아이는 부모와의 만남, 다양한 학습 기회를 통해 학습의 3가지 주요 차원을 발달시킨다. 첫 번째는 성취 능력, 지적 능력, 작업 기억력, 문화·인종적 배경 지식과 가치관, 실행 기능executive functioning(정보를 처리하고 사고하는 방식) 등이다. 두 번째는 도전을 감당하는 자신감, 회복력, 재능, 성찰, 대인 관계 등의 의지다.[5] 세 번째는 학습 과제에 참여하고 지속하고 완료하려는 동기, 즉 열정이다. 부모의 역할은 이러한 학습의 각 차원을 개발하는 것이며, 이 요소가 서로 겹치면 더할 나위 없다. 따라서 아이가 학습을 완수하고 파고드는 열정이나 미지의 상황과 문제, 실패에 대처할 회복탄력성이 없다면 학교에서 높은 성취를 거두기는 힘들 수 있다. 능력 향상과 새로운 도전에 대한 의지가 없는 열정 역시 실망으로 이어질 수 있다. 부모는 아이의 3가지 특질, 즉 능력, 의지, 열정을 모두 개발해야 한다.

5. 부모 또한 배움을 좋아한다

아이는 뇌가 완전히 발달한 상태로 태어나지 않는다. 아이가 어느 정도의 지능과 재능을 갖고 태어나며, 부모의 역할은 이러한 재능을 발휘하도록 돕는 것이라고 주장하는 건 적절하지 않다. 왜냐하면 아이의 뇌는 출생 후, 실제로 이 글을 읽는 동안에도 큰 변화를 겪기 때문이다. 이 변화를 설명하기 위해 스위스 심리학자 장 피아제^{Jean Piaget}의 주장을 검토해 보자. 그는 '아이는 수년에 걸쳐 어떻게 변화하는가'라는 주제의 연구에 큰 영향을 미쳤으며, 그 연구 결과는 오늘날에도 여전히 신뢰받고 있다.

피아제는 몇 가지 흥미로운 연구를 수행했다.[6] 예를 들어, 그는 아이들에게 길이가 짧고 넓은 유리잔에 물을 부은 다음에 그 잔에 담긴 물을 다시 폭이 좁고 긴 유리잔에 붓는 장면을 보여 주었다. 물의 양은 변하지 않았지만 4~5세 이하 아이들은 실험 끝까지 폭이 좁고 길이가 긴 유리잔에 물이 더 많이 들어 있다고 주장했다. 뇌가 어느 정도 발달한 후에야 아이들은 같은 양의 물이라는 것을 알아차렸다. 이외에도 그는 아이들이 어떻게 다르게 추론하는지를 보여 주는 많은 연구를 수행했으며, 아이는 자라면서 4가지 주요 단계를 거친다고 했다. 물론 그의 연구를 비판하는 이들도 있다. 오늘날 그의 연구는 아동발달학에서 과거의 관심사로 다루어진다. 하지만 아이가 가지는 다양한 세계관을 이해하는 데 도움이 되기 때문에, 이 책의 본문에서 피아제의 연구 결과 일부를 소개했다.

아울러 '실행 기능' 측면에서 뇌 변화 방식을 추적한 최근의 연구 결과 또한 간략히 소개한다. 실행 기능은 생소한 용어지만 강력한 개념이다. 주로 사고와 정보 처리 방식과 관련 있으며, 3가지 주요 구성 요소로 이루어져 있다.[7] 첫 번째 구성 요소는 충동적인 행동을 억제하고 주의가 산만해지는 것을 방지하는 능력('억제inhibition')이다. 이 능력은 학습된 기술로 만 7세 이상이 되어야 의미 있는 수준의 발달에 이른다. 두 번째 구성 요소 '전환shifting'('인지적 유연성cognitive flexibility' 또는 '과제 전환task shifting'이라고도 한다)은 과제 간에 전환하는 능력이며, 세 번째 구성 요소는 '모니터링 및 업데이트monitoring and updating'로 작업 기억 내용을 정리하고 조작하는 능력을 구축하는 것이다. 마트에 갈 때 구매 목록을 알려 주되 적어 두지 않으면 대부분의 사람은 그 목록에서 4~6개 정도의 물건만 기억해 내는데, 이는 작업 기억에 한계가 있기 때문이다. 실행 기능의 이 3가지 구성 요소는 본문에서 더 자세히 다룰 것이다.

다시 피아제로 돌아가서, 현대 신경과학은 실행 기능의 3가지 구성 요소 발달과 관련해 피아제가 언급한 4가지 단계를 거치는 이유 일부를 설명한다. 아이가 어떻게 추론하고 어떻게 자신의 행동을 설명하는지 잠시 멈추고 귀를 기울이는 일은 부모에게 중요하다. 그 후에 부모가 아이의 실행 기능 수준과 능력에 맞는 요구를 제시하고 과제를 구성할 수 있기 때문이다.

피아제[8]는 아동 발달에 있어 놀이의 중요성에 관해서도 많은 글을 썼다. 놀이는 아동의 의사소통, 사회성, 인지 능력을 키울 뿐 아니라 타인의 역할을 맡고 과거의 경험을 상기해 현재에 적용하는 법을 배우는 데 도움이 된다고 했다. 규칙이 있는 게임에는 더 높은 수준의 사회적 기술이 필요하다. 유사한 주장으로 사람들은 놀이가 학습에 중요하다고 주장한다. 정말 그럴까? 놀이는 그 자체로 가치 있는 활동이 될 수 있지만, 학습을 위한 놀이를 준비하고 실행하려면 많은 기술이 필요하다. 학습을 위한 놀이의 역할에 대해 균형 잡힌 논거를 구축하기 위해 나중에 놀이 연구를 살펴볼 예정이지만, 지금은 어린 시절에 재미있게 노는 것이 더 중요하다는 점에 주목해야 한다.

컴퓨터 게임은 많은 부모 또한 어린 시절에 열중한 놀이의 한 형태다. 아이가 언제부터 스크린에 노출되어야 할지는 많은 논쟁이 있지만(예전에 어린이가 텔레비전을 너무 많이 보는 것에 대한 경고처럼), 컴퓨터 게임 개발자들은 분명히 학습을 재미있게 만드는 방법에 대해 빠르게 연구해 왔다. 양육을 더 재미있게 만드는 법을 보여 줄 수 있으니 이 방법 역시 고려할 가치가 있다.

러시아의 심리학자 레프 비고츠키Lev Vygotsky는 아동 발달에 관한 탁월한 업적을 남긴 전문가다.[9] 그는 사회적 환경과 상호작용, 아이가 대화를 통해 문화와 학습의 가치를 배우는 방법에 많은 의의를 두었다. 비고츠키의 강력한 개념 중 하나가 '근접 발달 영역zone of proximal development'이다. 이 영역에는 아동이 혼자 배우는 것이 아니라 보다 우수한 '교사' 또는 보호자의 도움을 받아야 배울 수 있는 모든 지식, 활동, 능력이 포함된다. 아이가 스스로 발견하도록 내버려두어야 한다거나 그들의 학습을 통제해야 한다는 개념은 아이가 새로운 도전에 직면했을 때 자신감을 가지지 못하고 성장이 없는 정체로 이어지기 때문에 다룰 여지가 없다. 아이를 혼자 내버려두면 차선책을 인식하지 못하고 이미 할 수 있는 것을 다시 하는 경향이 있다. 그래서 어렵거나 다른 활동을 하기보다는 같은 행동을 더 많이 한다. 항상 아이보다 한 발 앞서는 학습 영역을 찾는 것이 중요하다.

6. 피드백은 힘이 있고, 성공은 오류를 통해 성장한다

존 해티: 수년 전 나는 '학습을 극대화하기 위해 당신에게 필요한 것은 단지 피드백뿐.'이라는 문구를 담은 연구 보고서를 발표했다. 뉴질랜드 정부는 이 문구를 사용한 포스터를 제작하여 모든 학교에 배포했다. 하지만 나는 지금 이 문장이 올바른 메시지가 아니라서 이 발언을 후회하고 있다. 중요한 것은 '많은' 피드백을 주는 것이 아니다. 아이들은 이미 많은 피드백을 받고 있다. 중요한 것은 피드백을 주는 것이 아니라, 피드백을 받는 방식이다.

피드백은 적절하게 쓰이면 강력한 도구다. 피드백에서 중요한 점은 어떤 피드백을 주느냐가 아니라, 어떻게 피드백을 받느냐. 학교를 예로 들어 보자. 교사는 아이들에게 많은 피드백을 줄 수 있지만, 아이 대부분은 하루에 단 몇 초만 피드백을 받는다. 그렇다면 어떻게 해야 피드백을 더 잘 받아들이게 할 수 있을까? 우리는 이미 경험을 통해 아이에게 이렇게 하라고 하거나 저렇게 하지 말라고 해도 아이가 듣지 않는 경우가 많다는 사실을 안다. 아이는 어른과 마찬가지로 선택적 경청에 능숙하다. 이 장에서는 피드백을 받아들이는 데 드는 비용, 피드백을 받아들이는 가장 좋은 방법, 가장 강력한 피드백 종류에 관해 이야기한다. 또한 부모 역시 아이로부터 피드백을 더 잘 들을 수 있는 법과 어떻게 이 기술이 다른 기술보다 아이에게 더 큰 영향을 미치는지 알려 줄 것이다.

아브라함 클루거Avraham Kluger(이스라엘 히브리대학교의 조직행동학 교수.-옮긴이)와 안젤로 드니시Angelo DeNisi(미국 툴레인대학교의 경영학 교수.-옮긴이)의 주요 연구에 따르면, 피드백의 3분의 1은 효과가 없거나 부정적인 영향을 미친다.[10] 또한 아이에게 주는 피드백이 어느 날은 효과가 있지만 다음 날에는 효과가 없을 수 있고, 한 아이에게는 효과가 있지만 다른 아이에게는 효과가 없을 수도 있다. 이런 변동성을 이해하는 것은 피드백의 힘을 최대한 활용하기 위해 중요하다. 핵심은 부모의 피드백이 아이에게 어떻게 들리고, 이해되고, 행동으로 옮겨지는가에 집중하는 것이다. 우리의 아이는 피드백을 해석하고, 무시하고, 선택적으로 듣고, 개선에 활용하는 방법을 알기 위해 능력을 기른다. 때로는 아이가 피드백을 듣고 이해할 수는 있지만 피드백을 활용하는 법을 모를 수 있으며, 개선 방법에 대한 추가 피드백이 필요할 수 있다. 또한 피드백에 칭찬을 포함하면 피드백의 효과가 약해질 수도 있다. 아이에게 칭찬할 점과 고쳐야 할 점을 섞어서 피드백을 주고, 하루 정도 기다렸다가 어제 받은 피드백에서 기억하는 것이 무엇인지 물어

보자. 그러면 아이가 칭찬은 기억하지만, 다른 피드백 정보를 떠올리는 일에는 어려움을 겪는다는 것을 알 수 있다.

7. 우리는 교사가 아니라 부모다

우리 저자들은 부모의 역할과 교사의 역할을 명확하게 구분한다. 교사는 학교에 있고, 부모는 가정에 있다. 부모는 학교 교사가 아니다. 부모의 역할은 아이의 학교 학습을 지원하는 것이지, 교사의 일을 대신하는 것이 아니다. 학교 학습을 지원할 중요한 방법이 여러 가지 있는데, 무엇보다도 학습의 언어를 장려하는 것, 즉 아이가 성공적인 학습자가 되기 위해 무엇이 필요한지 알도록 돕는 게 중요하다. 아이의 학교 학습을 지원하려면 아이가 어려움을 긍정적인 용어로 인식하고, 실패를 가장 친한 친구로 여기도록 도와야 한다. 여기에는 아이와 주고받는 피드백을 바람직한 기술^{skill}로 촉진하고, 발견과 호기심의 기쁨을 장려하는 것이 포함된다.

아마도 (특히 다른 학부모를 만날 때) 많이 묻는 질문 중 하나는 유치원이나 학교를 고르는 법일 것이다. 한번 선택하면 바꾸기 어렵기에 중요한 결정이다. 학교 선택은 부모의 결정이지만 교사를 선택하는 것은 학교의 결정이라는 점에서 딜레마가 있는데, 정말 중요한 요소는 교사라는 점을 기억하자.

부모의 핵심 역할은 가정에서 학교를 재현하는 것이 아니라 아이의 학습에 적절한 수준의 기대치를 적용하는 것이다. 예를 들어, '방을 청소해라.'라는 지시 대신 '방을 청소할 때는 바닥에 아무것도 남지 않아야 하고, 모든 물건은 서랍에 넣어 두어야 하며, 침대는 정돈된 상태여야 한다.'라고 지시하는 식이다. 이런 구체적인 '성공(성취) 기준'은 과제의 성격을 명확히 하는 데 도움이 될 뿐만 아니라 '충분히 좋음'의 기준도 제공한다. 또한 부모와 아이가 성공을 평가할 수 있는 목표도 제공한다. 성공이 어떤 모습인지에 대한 분명한 기준을 제시하지 않는다고 생각해 보자. 성공이 무엇인지 보여 줄 아무런 막대가 없는데도 밖에 나가서 높이뛰기를 할까? 앵그리 버드나 포켓몬 고 같은 게임에서 성공이 무엇인지도 모른다면 제대로 플레이할까? '점수'나 '골' 같은 개념이 없거나 성공을 뜻하는 기준이 없다면 과연 테니스나 축구를 볼까?

8. 아이를 언어, 언어, 무조건 언어에 노출시킨다

학습은 언어의 영향이 크다. 대화하기, 듣기, 말하기는 교실에서 핵심 기능이며, 가정에서도 핵심 기능이어야 한다. 아이들은 태어날 때부터 언어, 즉 대화하기, 듣기, 추론하기, 설명하기 등의 언어에 노출되어야 한다.

질문을 해 보겠다. 두 아이가 있다고 상상해 보자. 그중 애덤이라는 아이는 말하기, 듣기, 추론하기, 설명하기를 많이 하지 않는 가정에서 태어났다. 또 다른 아이 애런은 말하기, 듣기, 추론하기, 설명하기를 많이 하는 가정에서 태어났다. 이제 두 아이가 5세가 되어 학교에 입학한다. 그전까지 애런은 애덤보다 얼마나 많은 단어를 접하게 될까? 정답은 3,000만 개다.[11] 우와! 애런이 앞서가는 것은 당연하다. 우리가 아이에게 언어를 접하게 하는 것이 얼마나 중요한지 강조하는 이유가 이것이다. 하지만 여기서 중요한 것은 텔레비전을 보거나 게임을 하는 수동적인 방식이 아니라 대화를 통한 상호 작용이어야 한다는 점이다.

마태 효과Matthew effect는 신약의 한 구절(마태복음)에서 유래한 용어로, 흔히 '부자는 더 부자가 되고 가난한 사람은 더 가난해진다.'라고 의역한다. 이미 유리한 위치에 있는 사람에게는 더 많은 기회가 주어지고 불리한 위치에 있는 사람에게는 그 불이익이 가중된다는 뜻이다. 이 효과는 고스란히 우리 아이들에게도 적용된다. 8세가 될 때까지 아이가 '최소'로 간주하는 수준의 문해력과 수리력을 갖추지 못하면, 이후에도 따라잡기 어려워진다. 그렇기에 우리는 언어의 힘과 가정에서 언어 발달을 촉진하는 부모의 역할(특히 첫 5년 동안)을 강조한다. 부모의 역할은 언어를 사용하는 높은 수준의 상호작용 상황을 많이 만들어 내고, 찾아 내고, 반기는 것이다. 이것이 바로 모든 부모가 아이에게 책을 읽어 주어야 하는 이유다. 아이가 듣는 언어의 범위를 넓혀 주기 때문이다. 말하기, 듣기, 추론하기, 설명하기. 이것은 모든 학습의 기본 요소다.

9. 우리의 아이도, 우리도 완벽하지 않다는 것을 인정한다

지난 50여 년 동안 부모와 아이의 역할은 크게 변화했다. 부모는 아이를 더 많이 보호하게 되었고, 저녁 식사 전까지는 집에 들어오는 조건으로 아이가 거리를 돌아다니는 것 역시 허용되지 않는다. 어디든 아이를 데려다주고, 학교까지 아이가 걸어가는 일은 사람들의 눈살을 찌푸리게 한다. 이들 중에는 헬리콥터 부모(아이의 일거수일투족을 감시하며 아이의 모든 의사결정에 간섭하고 개입한다. - 옮긴이), 제설기 부모(아이가 실패와 좌절을 겪지 않도록 아이의 성공을 방해하는 장애물을 먼저 제거한다. - 옮긴이), 제트기 부모(아이의 일거수일투족을 감시하는 헬리콥터 부모에 반해 어느 정도 거리를 두지만 아이가 어려움을 겪는 상황이 되면 제트기처럼 빠르게 개입해 아이 대신 문제를 해결해서 아이의 독립성을 키우지 못한다. - 옮긴이), 눈송이 부모(장기적인 이익, 예를 들어 치아 건강을 위해 단기적인 희생, 이를테면 아이가 좋아하지 않는 양치질을 시키는 걸 힘들어한다. - 옮긴이), 마법 총알 부모(아이를 똑똑하게 만들기 위해 특별한 비법을 찾는다. - 옮긴이), 분재형 부모(아이가 완벽해지도록 환경을 완벽하게 통제하려고 계속 조정하며, 타인에게 아이를 잘 보이기 위해 아이의 대외적인 모습을 모니터링한다. - 옮긴이)가 많다.

세상에는 위험뿐만 아니라 기회도 있다. 위험하고 이상한 사람뿐 아니라 훌륭한 친구와 동료도 존재한다. 부모는 지나치게 보호적인 양육 태도를 경계해야 한다. 아이에게는 상황과 사람을 평가하고, 위험을 평가하고 완화할 수 있는 기술이 필요하다. 이를 위해서는 아이에게 위험 감수의 존엄성과 언제, 어떻게 거절해야 하는지에 관한 기술을 가르치는 양육이 필요하다.

10. 우리의 영향력을 평가하는 사람은 바로 우리다

전문성 개발에 관해 교사와 이야기할 때, 우리는 '교사가 가르치는 방식이 아니라 그 영향에 관심이 있다.'라고 강조한다. 양육에도 같은 논리가 적용된다. 중요한 것은 양육법의 순도가 아니라 아이에게 미치는 영향이다. 여기서 영향이란 부모가 아이의 학습에 긍정적인 효과를 미쳐 아이가 다양한 학습 전략을 갖고, 현재 자신의 이해 수준을 파악하며, 성공적인 학습을 위해 나아갈 방향을 명확히 하는 것을 의미한다. 이는 도전에 자신감을 가지고 학습에 도움을 주는 도구를 선택할 수 있는 아이로 키우는 것을 뜻한다. 또한 피드백을 구하고, 이해하고, 활용하고, 실수를 학습의 기회로 인식하며, 자신의 진도를 모니터링하고 학습을 조정할 수 있으며, 학습 과정에서 다른 사람들과 상호작용할 수 있는 아이를 의미한다. 이러한 자질을 개발하기 위해서는 가정이 학습에 개방적이고, 문제 해결에 참여하며, 학습자의 가장 친한 친구로서 실패를 반기며, 적절한 수준의 도전과 기대치를 설정하고 실행해야 한다. 이 모든 것이 어렵게 느껴질 수 있다. 하지만 '부모는 자신이 생각하는 것보다 더 많은 것을 알고 있고, 하나의 정답은 없다.'라는 스포크 박사의 조언을 기억하자.

결론

한마디로 이 책은 아이를 훌륭한 학습자로 키우기 위한 부모(또는 교사)를 위한 양육서다. 학습, 즉 배움이 무엇을 의미하는지, 학습이 일어나는지 어떻게 알 수 있는지, 학습의 핵심 기술은 무엇인지, 무엇보다도 '학습'에 중점을 둔다. 그렇지만 학교에서의 학습 내용, 즉 외국어나 음악, 수학 같은 면은 다루지 않는다. 이 책의 주제가 아니기 때문이다. 우리의 메시지는 간단하다. 부모는 아이를 경청하는 법을 배우고, 아이가 태어나면서부터 언어와 생각을 소리 내어 표현하는 환경을 조성하고, 아이가 어떻게 생각하는지 이해하고, 성장 과정에서 아이의 생각이 바뀌는 경이로움을 즐겨야 한다는 것이다. 아이가 이런 관점을 배우기를 원한다면 부모 역시 아이의 관점, 사고방식, 학습 방식을 통해 세상을 바라보아야 한다. 성공적인 양육이란 어른이 아이의 눈으로 자신을 바라보고, 아이가 스스로 자신의 교사가 되는 법을 배우는 것을 포함한다.

1부

배움의 분위기 형성하기

마인드 프레임 1

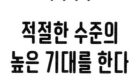

적절한 수준의
높은 기대를 한다

1. 아이는 기대의 세상 속에 태어난다

▸ 기대는 아이의 상호작용, 학습과 발달 방식의 기초를 형성한다.

▸ 기대에 성공적으로 부응하려면 아이에게 격려가 필요하며, 아이는 부모
  의 반응이 공정하기를 바란다.

2. 기대와 격려의 골디락스 원칙

▸ 목표는 기대치가 적절한 수준으로 도전적이며, 사회적으로도 적절하며,
  너무 쉽지도, 어렵지도, 지루하지도 않은 원칙을 따라야 한다.

▸ 기대치를 너무 낮게 설정하면 대부분 쉽게 달성하고, 너무 높게 설정하
  면 한동안은 노력해도 결국 달성할 수 없는 것에 대한 노력에서 생기는
  피로감과 무력감 때문에 포기하게 된다.

3. 애착은 기대치를 만든다

▸ 애착은 성인 보호자와 정서적 유대가 형성될 때 생긴다.

▸ 기대에 부응하기 위해서는 아이가 탐험하고, 실수하고, 실수로부터 배우고, 회복탄력성을 키우고, 언제 도움을 구하고, 언제 성실해야 하는지, 언제 멈추고 다른 사람에게서 배울지, 언제 어떻게 피드백을 구하고, 듣고, 처리할지, 이 모두를 해낼 수 있다고 여기는 높은 수준의 신뢰가 필요하다.

▸ 부모의 역할은 아이가 의존하거나 부모의 모든 지시를 따르게 만드는 것이 아니라, 자율성과 유능성에 대한 감각과 기술을 개발하게 돕는 것이다.

이 장에서는 아이에게 높은 기대치를 갖고, 그에 맞는 도전적인 목표를 세우며, 아이가 탐험하고 실수하며 회복력을 키울 수 있도록 높은 신뢰 수준의 가족 환경을 조성하는 것이 중요하다는 것을 설명한다.

> **카일 해티:** 첫째 엠마^{Emma}는 4세 때 특별한 아이였다. (모든 부모가 그렇게 생각하겠지만.) 걷기도 전에 사다리를 오르고, 첫돌이 되기 전에 완전한 문장으로 말하고, 호기심과 탐구심이 많아 주변 세상에 대해 더 많은 것을 알고 싶어 했다. 나는 첫째 엠마의 성장 과정과 막내 대니엘^{Danielle}의 성장 과정을 끊임없이 비교했다. 물론 내 아이들이 서로 다르다는 것을 알고 있고, 매일 아이들의 독특한 자질과 행동을 기념한다. 아이들이 각자 자기다운 사람이 되기를 바라지만 여전히 비교한다. 엠마는 10개

월에 걷기 시작했지만, 대니엘은 여전히 기어다니는 것을 좋아했다. 엠마는 돌이 되기 전에 완전한 문장으로 말했지만, 대니엘은 16개월이 되어도 여전히 문장을 연결하지 못했다. 엠마는 만드는 것을 좋아하고, 대니엘은 엉망으로 만드는 것을 좋아한다.

나는 두 딸에게 기대를 걸고 있고 그들이 잘하기를, 가능한 한 많이 배우기를 원한다. 하지만 나는 기대가 크다. 사실 대니엘에 대한 내 기대는 불공평하다. 물론 그 애는 엠마와 같은 속도로 발전하지 않지만, 괜찮다. 그 애는 엠마가 아니니까. 대니엘은 아직 말하지 못한다. 내가 대니엘에게 기대하는 것은 무엇일까? 대니엘은 호기심이 많고 주변을 탐험하는 것을 좋아한다. 또 놀라울 정도로 회복탄력성이 좋다. 놀면서 뛰어다니다가 넘어지기도 하지만 전혀 당황하지 않는다. 그냥 일어나서 계속 뛰어다닐 뿐이다. 부모로서 나는 내 아이들에게 기대하는 게 무엇인지, 그리고 그것이 내 아이들에게 받아들여질 수 있는지 생각해야 한다.

기대의 힘은 아이가 직면하는 수많은 세상에서 아이가 성장하는 방식을 지배할 수 있다. 기대를 소리 내어 말하지 않더라도 아이는 곧 자신에 대한 부모의 기대를 깊이 인식한다. 경계선을 형성하는 유아기, 규칙 지키는 법을 배우는 초등학교 시기, 자아를 확장하고 이의를 제기하는 청소년기, 부모로부터 배우고, 부모를 시험하며, 스스로 발전시킨 기대치를 결정하고, 구축하고, 실현하는 초기 성인기에 아이는 이 기대치를 인식하게 된다. 목표는 기대치를 적당히 도전적이고 사회적으로 알맞은 수준으로 설정해, 너무 쉽지도, 어렵지도, 지루하지도 않아야 한다는 원칙을 따르는 것이다.

교육 분야에서 가장 유명한 실험 중 하나는 미국 심리학자 로버트 로젠탈Robert Rosenthal과 초등학교 교장 출신인 레노어 제이콥슨Leonore Jacobson[1]이 수행한 '피그말리온 효과Pygmalion effect'라고 불리는 실험이다. 피그말리온은 자신이 만든 아름다운 여인 조각상과 사랑에 빠진 그리스 조각가였다. 그가 조각상에 키스하고 점을 찍자 조각상은 여인으로 변했고 그의 기대는 실현되었다. 이 실험에서 로젠탈과 제이콥슨은 교사들에게 학생 절반은 한 해 동안 '꽃을 피울 것'이고 절반은 그렇지 않을 것이라고 말했다. 모든 학생은 실험 전에 꽃을 피울 학생과 꽃을 피우지 않을 학생 집단으로 나뉘었다. 그러나 교사들은 이 두 집단이 시험 결과에 의한 것이 아니라 연구진이 무작위로 나눈 거라는 사실을 몰랐다. 당연히 연말에 꽃을 피우는 학생 집단이 꽃을 피우지 않는 학생 집단보다 우수한 성적을 거두었다. 연구진은 무작위로 두 학생 집단을 분류했는데도 꽃을 피우는 학생 집단에 대한 교사의 기대치가 더 높았기 때문에 이 차이가 발생했다고 결론지었다. 대담한 시도를 한 대부분의 연구와 마찬가지로 이 연구 역시 광범위하게 비판받았지만, 실험의 기본적인 메시지는 자주 재현되었다.[2]

이 연구 이후 많은 학자가 다양한 기대의 목록을 찾았다. 잠재적인 근거 목록도 길었다. 여기에는 젠더, 인종, 사회 계층, 고정 관념, 진단명, 외형, 언어 스타일, 학생 나이, 성격, 사회적 기술도 적용할 수 있다. 학생 배경, 이름, 형제자매, 한부모 배경 등과 교사와의 관계도 들어간다. 크리스틴 루비데이비스^{Christine Rubie-Davies}(뉴질랜드 오클랜드대학교의 교육학 교수. – 옮긴이)[3]는 기대치가 높은 교사는 모든 학생에 대해 그런 경향이 있고 기대치가 낮은 교사도 모든 학생에 대해 마찬가지 경향을 가져서 특정 영향력을 찾는 것은 별 쓸모가 없다고 주장했다. 루비데이비스는 학생들을 테스트한 결과를 교사들에게 제공한 뒤 학년 첫 달에 교사들이 자체적으로 평가하도록 권장했다. 그런 다음 교사들에게 연말의 학생 성취도를 예측해 달라고 했다. 그는 학급 내 모든 학생의 연간 성취도에 대해 높은 기대치를 가진 교사가 있는 반면에 낮은 기대치를 가진 교사도 있으며, 두 학생 집단 모두 교사의 기대치를 놀랍게도(높은 집단), 슬프게도(낮은 집단) 실현했다는 사실을 발견했다.

이 장에서는 적절한 수준의 높은 기대치를 제시하는 법, 아이가 이 기대치를 실현하도록 격려하는 법, 기대치에 대한 아이의 대처 전략을 기르는 방법을 설명한다.

1. 아이는 기대의 세상 속에 태어난다

아이는 부모로부터, 조부모로부터, 아이와 접촉하는 거의 모든 사람으로부터 비롯되는 기대의 세상으로 들어간다. 이 기대는 아이가 상호작용하고 학습하고 발달하는 방식의 기초가 된다. 기대치가 없으면 아이는 더욱 예측 불가능한 세상에 놓이게 되고, 언제 잘하는 것이 좋은 것인지를 알지 못하며, 최소한의 일만 하는 대신 발전 가능성을 알아차리지도 못한다. 높은 기대치는 기회를 제공하고, 더 많은 시도와 노력을 유도하며, 경기에 뛰면서 도전에 맞서는 짜릿함을 느끼게 돕는다.

부모의 기대에 대한 아이의 인식은 일찍부터 시작된다. 1~3세 사이에는 '마음의 이론', 즉 자신을 둘러싼 주변 세계를 보는 방식이 빠르게 발달하면서 타인과 어울리며 다른 사람의 관점에서 행동하는 법, 세상을 이해하는 법, 역량을 개발하는 방법, 현명한 선택을 배우는 법을 익히게 된다. 이 모든 것에 높은 수준의 신뢰가 필요한데, 유아기는 취약한 시기이므로 애착감 또는 정서적 유대감을 형성하는 것이 중요하다. 특히 탐색하고 실수하고 잘못으로부터 배울 수 있도록 신뢰를 쌓을 수 있다. 아이들은 정서적 대처(울기, 화풀이)와 문제 기반 대처(일어난 일을 재구성하고 효과적으로 학습하는 방법을 아는 것) 등 상황에 대처하는 방법의 중요성을 배운다. 이렇게 하기 위해 아이들은 인내심을 가져야 하고, 언제 끈기, 즉 그릿grit을 가져야 할지, 언제 도움을 구할지, 언제 성실해야 할지, 언제 멈추고 타인에게서 배울지, 언제 어떻게 피드백을 구하고 대처해야 할지 알아야 한다.

아이의 생애 초기에는 부모가 '앞에' 있어야 한다. 하지만 아이가 성장함에 따라 부모는 점차 책임을 내려놓고 아이 옆으로 이동해야 한다. 생애 초기에 적절하게 높은 수준의 기대치를 전달하면, 부모와 떨어져 있는 시간이 훨씬 더 많아지는 중요한 청소년기의 기초를 다질 수 있다.

우리 대부분은 10대 아이를 키우는 것이 어떤 일인지 들어 본 적이 있다. '청소년기' 개념은 수 세기 동안 사용되었으며 '성숙'을 의미한다. 1904년 미국의 심리학자 스탠리 홀Stanley Hall은 청소년기 개념을 정립한 책 『청소년기Adolescence』[4]를 썼는데, 그는 독일의 'sturm und drang', 즉 '폭풍과 스트레스' 개념에 흥미를 느꼈다. 그는 청소년기를 감정 기복, 이기심과 이타심, 좋은 행동과 나쁜 행동, 무감각과 무관심, 기분 장애, 위험한 행동, 부모와의 갈등 등 부정적인 과도기를 거치는 것으로 묘사했다. 그런데 청소년기가 꼭 폭풍과 스트레스의 시기일 필요는 없다. 특히 청소년기에 아이는 경계를 배우고, 가정은 여전히 안전한 안식처이며, 기대치의 적절성을 배울 수 있기에 이런 주장을 바로잡는 데 오랜 시간이 걸렸다. 그런데 안타까운 소식이 있다. 이제 청소년기는 더 긴 연령대를 포함하기 때문에 트윈에이저tweenagers(9~12세), 틴에이저teenagers(13~19세), 트웬테이저twentagers(20~27세) 등 새로운 명칭이 생겨나고 있다. 청소년기는 보통 생각하는 19세를 넘어 27세 정도에 이르는 기간으로 나타났다.

2 기대와 격려의 골디락스 원칙

기대치는 너무 높거나, 낮거나, 지루해서는 안 된다. 과제가 지루하지 않다면 많은 이가 더 높은 목표를 위해 노력한다. 또한 아이와 함께 기대치를 수정해야 할 수도 있다. 아이가 기대치 설정에 중요한 발언권을 갖고 있음을 부모는 분명히 인식해야 한다. 그러나 기대치를 너무 낮게 설정하면 목표 달성 가능성이 너무 크고, 너무 높게 설정하면 노력에 대한 피로감으로 목표 달성을 포기할 수 있으니 주의해야 한다고 앞서 말했다. 타이거 맘 tiger mom(중국계 예일대 교수 에이미 추아 Amy Chua의 책에서 소개된 양육 방식으로, 부모의 강력한 통제 아래 명문대 입학 등 목표 달성을 강요하는 교육 방식이다. 자녀와의 건강한 관계를 훼손하고 오히려 자녀의 자기 결정성 발달을 제한한다는 비판이 있다. ─옮긴이) 양육에 대한 전형적인 반응을 상기해 보자.

부모와 자녀 간에 높은 기대의 취지와 관심이 있고, 엄마와 아빠가 아이를 함께 양육하고 격려하는 데 있어 부모 사이에 합의가 이루어진다면 더욱 좋다. 부모의 의견 차이는 불안과 불화를 키울 수 있고, 이는 고스란히 자녀에게 영향을 준다. 일부 부모(특히 아버지)는 자신의 역할을 '도우미 아버지'로 여기지만, 오늘날에는 더 많은 아버지가 부양자이자 교사로서 아이의 양육과 성장에 적극적으로 참여하기를 원한다. 그들은 자녀의 삶에 존재하는 많은 다른 어른처럼 자신이 도움이 되고, 친밀하며, 자녀와 정서적 유대감을 갖기를 원한다. 자녀에게 적절한 기대를 할 뿐 아니라 자녀가 기대를 실현할 수 있게 돕고 싶어 한다.

20년 전만 해도, 부모가 둘인 가정에서는 어머니와 비교해 4분의 1 정도의 아버지만 아이와 함께 시간을 보냈고, 그들의 주된 역할은 경제적 부양에 그쳤다. 아버지의 친구들도 자녀와 함께 시간을 보내고 직장에서도 적극적으로 지원한다면, 아버지의 양육 참여는 큰 폭으로 증가한다. 이 책의 또 다른 주요 메시지는 아버지가 되는 일의 아름다움과 경이로움에 있다. 즉, 부부가 온전히 부모의 역할을 즐기고, 부모가 주는 것보다 아이에게서 더 많은 것을 받으며, 아버지가 되는 시간을 우선순위로 정할 수 있다는 점이다.

아이는 다양한 사람(엄마, 아빠, 선생님, 또래 친구 등)의 서로 다른 기대에 능숙하게 대처할 수 있다. 자라면서 다양한 지지 자원을 찾는 데 더욱 능숙해지고, 또래 친구들에게 더 많이 의지하기 시작하며, 가족, 학교, 놀이 공간에서 다양한 세계를 만들어 간다.

존 해티: 나는 6학년 우리 반이었던 아이, 차분하고 친절하며 부지런하고 공부에 집중하던 멋진 소녀 헤더를 여전히 기억한다. 내가 헤더의 어머니를 첫 학부모 상담에서 만났을 때, 헤더의 어머니는 "집에서처럼 학교에서도 걔가 멍청하게 구나요?" 하고 물었다. 학교는 헤더의 안식처였다. 헤더는 다른 방식으로 대처하는 법을 학교에서 배웠다. 그 아이는 말하고 행동하고 어울리는 법에 대해 학교에서는 집에서와는

다른 기대치를 가졌다. 초등학교 시절 헤더 스스로 터득한 수완과 적
응력은 아이가 10대가 되는 과정을 헤쳐나가는 데 큰 도움을 주었다.
나는 여전히 내 교직 생활에서 큰 보람을 느끼게 한 학생으로 헤더를
기억한다.

3. 애착은 기대치를 만든다

기대치 실현을 위한 전제 조건은 부모와 아이 사이의 건강한 유대
감, 이를테면 신뢰에 기반한 유대감이다. 영국의 심리학자 존 보울비
John Bowlby의 초기 연구 이후, '애착감feeling attached' 개념은 아동과 가족
에 관한 많은 연구 문헌을 지배했다. 그는 '영유아는 어머니(또는 어머
니를 대신하는 주 양육자)와 따뜻하고 친밀하며 지속적인 관계를 경험해
야 하며, 이 유대감을 통해 만족과 즐거움을 찾아야 한다.'라고 분석하
면서, '그렇지 않으면 정신 건강에 중대하고 돌이킬 수 없는 결과를 초
래할 수 있다.'라고 주장했다.[5] 이는 당시 많은 학자가 주장했듯이, 어
머니는 항상 집에 있어야 하고, 직장에서 일해서는 안 되고, 아이들을
어린이집에 보내서는 안 되고, 어머니 이외의 타인은 애착을 제공할
수 없다는 의미를 가진다. 하지만 여기서 더 나아가 보울비의 연구는
아이의 관점에서 애착에 대해, 즉 아이가 '애착'을 어떻게 느끼는지를
질문하는 데 초점을 두고 있다.

애착이란 무엇일까? 보울비[6]는 애착을 '특정 대상과 가까워지고 접촉하려는 강한 성향으로, 특히 겁나거나 피곤하거나 아픈 상황에서 가까이에 머물며 위안을 받고 신뢰를 구축하는 것'이라고 주장했다. 애착은 성인 보호자, 즉 애착 대상과 아동의 정서적 연결과 관련 있다. 애착은 위로, 지지, 양육 또는 보호가 필요할 때 친밀감을 높이기 위해 성인 보호자에게 선택적으로 의지하는 성향과 관련 있으며, 고통과 혼란의 시기에 가장 두드러지게 나타난다.

아이가 스트레스를 받으면 어떻게 할까? 갓 태어난 아이는 많은 성인에게 애착을 가질 수 있지만, 약 2~6개월이 지나면 '스트레스를 받을 때 누가 나를 돌봐 주는가' 등 주변 환경에서 예측 가능성을 찾으면서 조금 달라진다. 내가 울 때 누가 내 욕구를 가장 잘 채워 줄까? 내가 좋아하지 않거나 이해하지 못하는 일이 생기면 누구에게 의지해야 할까? 의지할 어른이 없다면 아이는 위축되고, 새로운 환경에 대한 두려움을 느끼며, 위험을 감수하거나 새로운 환경을 탐험하지 않고, 실수로부터 배우지 않는다. 이는 나중에 배우는 삶에 큰 보상을 제공하는 모든 핵심 기술을 배우지 못하는 결과를 초래한다.

예전에는 애착 결핍이 위탁 가정에서 주로 나타나거나 부모가 이혼한 사례와 관련이 있다고 여러 학자가 주장했다. 그러나 곧 애착의 질과 성격이 중요하며, 위탁 가정에 맡겨지거나 부모 이혼 등의 변화가 반드시 애착이 형성되지 않았음을 의미하지는 않는다는 것, 어떤 경우에는 아이가 새로운 상황에 처하기 전에 이미 애착이 덜 형성되기도 한다는 사실이 곧 밝혀졌다. 친밀한 접촉, 지속적인 일상(수면, 아침 기상, 식사 및 활동), 친근한 장난감 사용, 성인 갈등 상황에 대한 노출 감소 모두, 변화의 시기에 아이가 애착을 형성하는 데 도움을 준다.

캐나다의 심리학자 셰리 매디건Sheri Madigan과 동료 학자들[7]의 최근 메타 분석에 따르면, 오늘날에도 보울비의 애착 개념이 유효하다는 사실이 밝혀졌다. 유아기에 애착 형성이 되지 않으면 나중에 부정적인 행동을 할 위험이 약 30퍼센트 증가했다. 0~2세 시기의 애착은 이후 사회적 관계와 정서, 행동 패턴에 지속적인 영향을 미칠 수 있다. 이러한 초기 패턴은 아이가 교사, 다른 보호자, 형제자매 등 다른 성인을 만날 때 반복될 수 있다. 즉, 아이는 주변 환경의 갈등, 새로운 상황과 위협에 대처하는 방법을 내면화하여 내현화(불안, 무력감, 우울증, 품행 장애, 분노, 좌절 등)되거나 외현화(공격성, 난폭한 행동 등)되는 양극단의 속성을 갖게 된다는 주장이다. 힘들고 괴로울 때 아이는 누구에게 의지할까? 힘들고 괴로운 상황에서 0~2세 사이의 아이는 앞선 반응을 일으킬 가능성을 크게 한다. 여기서 중요한 문제는 성인의 보고보다 아이 자신의 사고방식, 감정 인식과 이해다. 부모가 이러한 반응을 어떻게 인식하고 대처하는지가 아니라, 아이가 새롭고 불편한 상황과 스트레스에 어떻게 반응하는가가 중요하다.

결론

　기대치를 인식하자는 메시지는 기대치를 적절한 수준으로 설정하고, 동시에 아이가 부모의 기대치를 '추측'할 필요가 없도록 투명하게 설정한 다음, 아이가 기대치를 충족하도록 돕고 격려하는 것이 부모의 역할임을 뜻한다. 이러한 기대치는 시간이 지남에 따라 바뀔 수 있지만, 항상 부모는 아이가 스스로 알지 못하는 더 높은 결과를 낼 기회를 타진해야 한다는 점 또한 명심하자. 적절한 수준의 도전적인 기대치를 실현하려면 부모와 아이 간의 정서적 유대감이 필요하다. 이러한 정서적 유대감이나 애착은 위로, 지지, 보살핌, 보호 또는 학습을 동반한다. 유대는 높은 수준의 신뢰로 이어져 아이가 탐구하고, 실수하고, 실수로부터 배우고, 회복탄력성을 키우고, 언제 도움을 구해야 할지, 언제 성실해야 할지, 언제 멈추고 타인에게서 배워야 할지, 언제 어떻게 피드백을 구하고 듣고 처리해야 할지 알게 해 준다. 또한 부모가 함께 있지 않을 때도 이러한 학습 과제를 수행하는 방법을 배움으로써 아이는 훌륭한 학습자의 자율성을 키울 수 있다.

마인드 프레임 2

아이에게 합리적인 요구를 하며, 적절한 반응을 보인다

1. 우리는 합리적인 부모이자 훌륭한 경청자다

▶ 부모는 신뢰할 수 있어야 하고, 신뢰할 수 있는 사람으로 보여야 한다. 말과 뜻이 분명해야 하고, 아이에 대한 높은 수준의 신뢰와 존중을 보여야 한다. 전문 용어로 말하자면, 부모는 권위가 있어야 하고 아이가 권위가 있도록 가르쳐야 한다. 권위 있는 양육(합리적 양육), 권위 중심적 양육(복종 강요 양육), 또는 허용적 양육(긍정, 비⒝처벌, 자유방임 양육)을 혼동하지 말자.

▶ 합리적 양육은 부모가 아이의 말을 잘 들어 주고, 합리적이고, 신뢰할 수 있고, 든든하고, 의지할 수 있는 사람으로 보임으로써 아이 역시 이 특성을 발달시키고 훌륭한 학습자가 되는 양육 방식이다.

2. 자기 결정성 개발의 중요성

▸ 자기 결정성을 키우려면 학습에 대한 책임을 부모에게서 아이에게로 점진적으로 넘겨주어야 자녀가 자율성, 관계성, 유능성을 키울 수 있다.

3. 대처 전략 개발의 필요성

▸ 부모의 중요한 역할은 아이가 예상치 못한 일에 부딪혔을 때, 또는 실패하거나 좌절했을 때 대처 전략을 세울 수 있도록 돕는 것이다. 대처 전략은 위협, 피해, 상실을 예방하거나 줄여서 고통을 낮추는 것을 목표로 한다.

▸ 대처는 아이의 도전 의식과 관련이 있으며, 시간이 지남에 따라 전략은 달라진다.

▸ 문제 중심 대처법과 정서 중심 대처법 모두 가르칠 필요가 있다. 문제 중심 대처는 스트레스 요인 자체를 직접적으로 다룬다. 여기에는 스트레스 요인을 제거, 회피하거나 그 영향을 줄이기 위한 조치가 포함된다. 정서 중심 대처는 스트레스 요인으로 인해 유발되는 고통을 최소화한다.

이 장에서는 잘 반응하고 경청하는 부모가 되는 것이 훌륭한 부모라는 개념을 소개한다. 부모 또한 아이로부터 이와 같은 반응과 경청을 원한다. 목표는 아이의 자율성(부모가 없을 때 집 안팎에서 똑같이 행동하고 반응함), 타인과의 관계(자신과 타인에 대한 존중 포함) 기술을 개발하고, 자신의 세계에서 노력하는 유능성을 키우는 것이다.

1. 우리는 합리적인 부모이자 훌륭한 경청자다

아이가 신뢰하고 존중하며 따르는 부모가 되려면 어떻게 해야 할까? 권위 있는 분위기에 위엄 있고 자신감 있는 부모가 되려면 어떻게 해야 할까? 어떻게 하면 자녀에게 민감하고 적절하게 반응하며, 훌륭한 경청자이자 신뢰와 조언의 원천이 될 수 있을까? 이는 권위 있는 부모의 자질, 또는 합리적이고 경청하는 부모의 자질이다. 합리적이라는 말은 이성을 키우고 신뢰를 쌓아야 한다는 의무가 담겨 있다. 이는 훌륭한 경청자가 되어야 할 책임을 시사한다. 또한 우리 아이가 본받기를 바라는 올바름에 대한 감각을 나타낸다.

지난 40년간의 연구 결과, 권위 있는 양육 방식(합리적 양육 방식)이 무엇보다도 효과적이라는 사실이 밝혀졌다.[1] 이는 무엇을 의미하며, 다른 양육 방식과 어떻게 다를까? 여기서 더 중요한 것이 있다. 무엇을, 언제, 어떻게 합리적으로 하고 경청한다는 것일까?

'신뢰할 수 있고, 의지할 수 있고, 존경받을 수 있다.'라는 권위의 의미부터 살펴보자. 즉, 합리적이라는 뜻이다. 여기서 흥미로운 점은 아이가 부모를 이러한 속성을 가진 존재로 보는 것이다. 이는 교실에서 교사가 학생의 눈으로 학습을 바라볼 때 학습이 극대화된다는 비저블 러닝 연구의 중요한 메시지를 강조한다. 마찬가지로 가정에서도 부모가 아이의 눈으로 양육을 바라볼 때 아이의 발달이 극대화된다.

이 형태의 양육은 다른 양육 방식과는 상당히 다르다. 1966년 미국의 발달심리학자 다이애너 바움린드^{Diana Baumrind}는 권위 중심적 양육, 허용적 양육, 권위 있는 양육의 중요한 차이점을 소개했다. 바움린드의 3가지 양육 방식을 정리하면 다음과 같다.[2]

권위 중심적 양육 : 아이를 정형화하고 통제하고 평가하는 것을 목표로 한다. 부모는 아이를 자기 기준에 맞추며, 순종을 미덕으로 여기고, 처벌이나 수치심을 자기 기준에 맞추기 위한 도구로 중요시한다. 기준은 높을 수도 있고(타이거 맘처럼) 낮을 수도 있지만('넌 나처럼 너그러워도 돼.') 아이는 자율성이 낮고, 가정과 사회의 위계 질서에서 자신의 위치를 익혀야 한다. 권위 중심적 부모는 더 큰 지혜를 부여받았기에 무엇이 옳은지 알고, 아이는 이 세상에서 자신의 위치를 받아들여야 한다. 부모는 성 안에 있고 아이는 문 앞에 있다.

허용적 양육: 부모는 자유로운 영혼이다. '아이는 자기만의 시간과 방식으로 어린 시절의 번데기에서 나온다.' 부모는 벌주지 않고 긍정하는 태도로 행동하고, 아이와 상의하며, 가족 규칙에 대해 충분히 설명한다. 이들은 아이가 부모를 제 행동이나 생각을 만들고 수정하는 존재, 모방하기에 이상적인 존재가 아니라 유용한 자원으로 인식하도록 장려한다. 아이는 높은 수준의 자율성을 부여받고, 학습에 대한 통제력 또한 커지며, 부모의 결정에 거의 영향을 받지

않는다.

권위 있는 양육: 위의 두 유형 사이에 위치한다. 권위 있는 부모는 아이에게 길잡이가 되고, 대화를 주고받도록 권하며, 자녀와 의견을 나눈다. 하지만 언제나 무조건적인 양보를 하지는 않는다. 이유형의 부모는 자녀에게 자율성과 자제력, 공정성, 자신과 타인에 대한 존중심을 키울 것을 지향한다. 아이가 어디에서 어떻게 성장하기를 원하는지 그 기준과 기대에 대한 견해를 아이에게 전달하지만, 아이의 개별 관심사와 각자의 고유한 방식도 인정한다.

표 1에는 미국의 발달심리학자 클라이드 로빈슨Clyde Robinson과 동료 학자들이 부모 자신이 어떤 양육 유형에 속하는지 평가하기 위해 개발한 척도의 문항이 일부 실려 있다. 전체 문항을 그대로 옮기기에는 길기 때문에, 표의 예시 문항에 따라 자신(또는 부모나 배우자)을 평가해 보면 3가지 양육 유형을 이해하는 데 도움이 될 것이다. 이 문항을 소개한 목적은 자신을 명확하게 분류하는 게 아니라 3가지 양육 유형을 파악하는 것이다. (제대로 평가하려면 133개 항목의 전체 척도가 필요하다.)

권위 있는 양육(합리적 양육·경청하는 양육) 문항의 점수를 계산하려면 온화함과 관여, 합리적 추론/유도, 민주적인 의사결정 참여, 좋은 성격/편안함 등 총 12문항의 응답 점수를 더한 수 12로 나눈다. 허용적 양육 문항 점수의 경우에는, 허용적 후속 조치 3문항, 잘못된 행동

묵인하기 3문항, 자신감 부족 3문항 등 총 9문항의 점수를 더한 후 9로 나눈다. 권위 중심적 양육 문항 점수의 경우에는, 언어적 적대감 3문항, 체벌 3문항, 비이성적이고 징벌적인 전략 3문항, 부족함 3문항 총 12문항의 응답 점수를 더하고 12로 나눈다.

이제 1에서 5 사이의 3가지 점수가 나온다. 이 점수는 3가지 항목 중 가장 높은 점수와 가장 낮은 점수를 나타낸다. 3가지 항목의 점수는 척도의 기준점과 관련 있다. (1=전혀, 2=가끔, 3=보통, 4=자주, 5=항상) 이 질문들은 전체 척도의 일부에 불과하며 결과는 참고용일 뿐, 신뢰도가 높지는 않다는 점을 기억하자. 하지만 부분 척도를 완성하면 3가지 양육 유형에 대한 이해를 높일 수 있다.

합리적이고 경청하는 양육

합리적 양육, 경청하는 양육의 긍정적 영향을 뒷받침하는 증거는 많다. 하지만 논리적으로 사고하고 경청하는 것만으로는 충분하지 않다. 더 많은 것이 필요하다. 합리적이고 경청하는 부모의 '콘텐츠', 즉 합리적인 요구를 하고 아이에게 민감하고 적절한 반응을 보이는 부모의 행동은 아이의 자기 결정성 발달과 관련이 있다.

앞으로 돌아가서 합리적이고 경청하는 부모에 대한 설명을 다시 읽어 보자. 대체로 자율성, 공정성, 합리성, 이의 제기, 기준 제시와 기대치에 대한 설명을 강조한다. 물론 우리 가운데 일부는 다른 결과를 얻을 것이고, 그 결과는 문화에 따라 다를 가능성이 크다. (예를 들어, 많

■ 표 1 ― 3가지 양육 유형

권위 있는 양육(합리적 양육·경청하는 양육) 문항	전혀	가끔	보통	자주	항상
온화함과 관여					
학교에 다니는 자녀의 문제나 걱정을 알고 있다.	1	2	3	4	5
자녀가 속상해할 때 위로하고 이해해 준다.	1	2	3	4	5
자녀가 자신의 고민을 털어놓도록 격려한다.	1	2	3	4	5
합리적 추론/유도					
아이 행동의 결과를 설명한다.	1	2	3	4	5
아이의 좋은/나쁜 행동에 대해 어떻게 느끼는지 설명한다.	1	2	3	4	5
아이가 잘못했을 때 아이와 대화하고 이유를 설명한다.	1	2	3	4	5
민주적인 의사결정 참여					
가족의 계획을 세울 때 아이의 의향을 존중한다.	1	2	3	4	5
자녀가 가족 규칙에 의견을 제시할 수 있게 허용한다.	1	2	3	4	5
자녀에게 무언가를 바라기 전에 아이의 마음을 살핀다.	1	2	3	4	5
좋은 성격/편안함					
아이와 함께 편안하게 지낼 수 있다.	1	2	3	4	5
아이에게 인내심을 보인다.	1	2	3	4	5
아이와 함께 장난치고 논다.	1	2	3	4	5
허용적 양육 문항	전혀	가끔	보통	자주	항상
허용적 후속 조치					
벌을 주기보다 벌을 주겠다고 위협할 때가 더 많다.	1	2	3	4	5
자녀가 무언가에 대해 실랑이를 벌이면 굴복한다.	1	2	3	4	5
자녀에게 물질적 보상을 주어 행동을 통제한다.	1	2	3	4	5

잘못된 행동 묵인하기

자녀가 다른 사람을 방해하는 걸 내버려둔다.	1	2	3	4	5
자녀가 다른 사람을 괴롭히는 걸 내버려둔다.	1	2	3	4	5
자녀의 잘못된 행동을 묵인한다.	1	2	3	4	5

자신감 부족

자녀의 잘못된 행동을 어떻게 해결해야 할지 잘 모른다.	1	2	3	4	5
자녀를 훈육하는 데 어려움을 겪는다.	1	2	3	4	5
자녀의 잘못된 행동에 대해 훈육하면 자녀가 부모를 싫어할까 봐 두렵다.	1	2	3	4	5

권위 중심적 양육 문항	전혀	가끔	보통	자주	항상

언어적 적대감

자녀에게 분노를 폭발시킨다.	1	2	3	4	5
자녀와 말다툼한다.	1	2	3	4	5
자녀가 잘못된 행동을 할 때 고함을 치거나 소리를 지른다.	1	2	3	4	5

체벌

아이를 훈육하는 방법으로 체벌을 사용한다.	1	2	3	4	5
말을 듣지 않으면 아이를 꽉 잡는다.	1	2	3	4	5
합리적 추론보다는 처벌로 자녀를 훈육한다.	1	2	3	4	5

비이성적이고 징벌적인 전략

별 설명 없이 자녀의 권리를 빼앗음으로써 처벌한다.	1	2	3	4	5
별 설명 없이 자녀를 혼자 어딘가에 보내는 것으로 처벌한다.	1	2	3	4	5
별 정당한 이유 없이 처벌을 위협으로 사용한다.	1	2	3	4	5

부족함

자녀에게 무언가를 하라고 시킨다.	1	2	3	4	5
자녀를 발전시키기 위해 꾸짖고 비판한다.	1	2	3	4	5
자녀의 행동이 기대에 미치지 못할 때 꾸짖거나 비판한다.	1	2	3	4	5

은 동양 국가에는 서양 국가에서는 잘 드러나지 않는 '가족에 대한 자부심' 개념이 있다. 타이거 맘의 신념은 자녀가 가족의 자부심을 보여 주고, 가족을 실망시키지 않으며, 그러기 위해 잘해야 한다고 동기를 부여하는 것이다.) 타이거 맘 현상은 순종과 자기 수양의 중요성을 강조하는 훈육 원칙에서 비롯한다. 따라서 부모의 양육 목표는 이 특성을 개발하는 것이다.

경청은 합리적이고 자녀의 의견에 주의하는 부모의 주요 속성이다. 나(존 해티)는 대학원 수업에서 심리학자 칼 로저스Carl Rogers, 정신과 의사 프리츠 펄스Fritz Perls, 심리학자 앨버트 엘리스Albert Ellis가 같은 내담자와 상담하는 비디오를 보면서 로저스를 처음 접했다.[3] 우리는 그 후 이 주제에 더 깊이 파고들게 됐는데, 경험주의자이자 심리치료사인 로저스의 엄격함에 강렬한 인상을 받았다. 로저스의 강력한 주장 중 하나는 내담자와의 상호작용을 '공감적 경청reflective listening'으로 시작해야 한다는 것이었다. 시간이 지나면서 이것은 '음, 더 말해 보세요.'라는 진부한 상담 표현이 되어 버렸고, 내담자의 말을 앵무새처럼 되풀이하는 것으로 변질되었다. 원래 로저스가 개발한 경청은 치료자가 내담자의 말을 주의 깊게 듣고 존중하며(반드시 따라야 하는 것은 아니지만) 진정성을 보여 주고 있음을 내담자에게 나타내는 것이었다.[4] 그다음 이런 공감적 연결을 넘어 이해를 타진하고 내담자가 삶의 장면에 어떻게 반응하는지 확인하는 과정에서 내담자가 자신이 의미한 것, 반응 여부 방식, 자신의 대처 전략에 대한 치료자의 해석을 수정하거나 거부할 수 있게 하되, 충동적인 해석으로 넘어가지 않도록 하는 주의가 필요했다.

부모에게도 마찬가지다. (이러한 기술을 아이에게 가르칠 때 더욱 효과적이다.) 부모가 빈 화면을 보여 주는 것이 아니라 공감적 경청을 통해 아이와 긍정적인 관계를 구축하고, 신뢰와 이해의 폭을 넓히며 아이에게 경청의 기술을 본보기로 보여 줌으로써 나중에 아이와 함께 목표를 이루는 데도 도움이 된다. (목표가 많을수록 아이가 이를 채택할 가능성이 낮아진다.) 부모는 자신이 들은 내용의 이해 정도를 확인하기 위해 '지금 내가 말하는 것이 정확히 네가 하려는 말이니? 만약 아니라면 내가 제대로 이해할 수 있게 도와줄래?'라고 묻는다. 이를 통해 아이의 실제 경험을 자녀와 이야기하고 아이의 입장에 서서 아이가 자신의 세계를 어떻게 구성하는지 볼 수 있다. (물론 여기에 반드시 동의하는 것은 아닐 수 있다.) 이는 아이가 들은 것을 다시 말한다는 뜻에서 반영이나 공감과는 거리가 있다. 아이가 자신의 말을 다시 듣고, 자신이 표현한 것의 정서적 본질을 듣고, 다른 사람의 해석을 듣도록 허용한다는 측면에서 더 큰 반영이라고 할 수 있다. 우리가 말하는 것은 우리가 뜻하는 것이 아닌 경우가 많기에, 공감적 경청은 내담자가 자신의 의도를 더 잘 표현하는 법을 깨닫게 하는 강력한 방식이다.

양육은 때로 경청과 거리가 멀다. 대화의 초점을 자녀에게서 부모로 바꾸어서 아이가 자신이 한 말, 들은 말, 부모가 한 말을 이해했는지 확인하고 부모의 관점에서 세상을 보는 것을 돕는 역할을 해야 할 때가 오기 때문이다. 우리는 가치나 갈등에 대한 자녀의 피드백을 들고 자녀의 사고방식과 관점에서 이들의 잘못이나 논리를 풀어 가는 논의를 반긴다. 무엇보다 중요한 것은 경청을 통해 우리가 차이를 포용하고 이해하며, 경청에 대한 존중을 보여 줄 수 있다는 점이다.

미국의 심리학자 존 메디나[John Medina]는 '합리적이고 경청하는 기술'을 가르치는 3가지 기본 규칙으로 명확하고 일관된 규칙, 설명이 있는 규칙, 신속한 부정적 강화(처벌과 혼동하지 말 것)를 제시한다.[5] 그는 부정적 강화가 바람직한 행동을 강화한다는 사실을 훌륭한 예로 제시했다.

> 어렸을 때 손가락에 화상을 입으면 찬물에 담가야 즉각적으로 통증이 완화되어 불쾌한 경험이 사라진다는 사실을 알게 되었을 것이다. 어떤 반응이 효과가 있으면 반복하는 경향이 있다. 다음번에 불쾌한 자극인 화상을 입었을 때는 바로 가까운 세면대로 달려갈 확률이 높아진다. 불쾌한 자극을 제거(또는 회피)함으로써 반응이 강화되었기 때문에 이를 부정적 강화라고 부른다. 어떤 행동이 멋진 경험으로 이어질 때 그 행동을 반복하고 싶어 하는 긍정적 강화와는 다르다.

2. 자기 결정성 개발의 중요성

자녀의 자기 결정성을 키우려면 부모가 학습에 대한 책임을 점진적으로 자녀에게 넘겨줄 필요가 있는데, 이는 자녀의 자율성을 키우는 것이 목적이다. 자녀의 삶을 통해 자기 결정성을 가르치는 더 많은 방향을 제시하는 것이다. 때로 의사결정에 자율성을 주는 일은 자녀의 자율성 사용과 부모가 바라는 자율성 사용 사이에 갈등을 유발할 수 있다. 따라서 갈등 해결을 위한 부모와 자녀의 대처 전략을 개발하는 것이 중요하다.

자기 결정성 이론은 심리학에서 가장 많은 지지를 받는 이론 중 하나다. 미국의 저명한 심리학자 에드워드 데시Edward Deci와 리처드 라이언Richard Ryan이 개발한 이론으로,[6] 자율성, 유능성, 관계성이라는 3가지 주요 요인으로 구성된다. 이 3가지 요인은 함께 작용하여 인간으로서의 감각을 형성하고 동기 부여와 성취감의 근간을 이룬다. 합리적이고 경청하는 부모가 아이와 가족 안에서(그리고 부모로서 자신을 위해) 길러야 하는 요소다.

▶ **자율성 욕구:** 아이가 자신의 행동이 자신의 것이라고 느낄 때 충족된다.
▶ **유능성 욕구:** 아이가 눈앞에 놓인 과제가 자신의 능력 범위 내에 있다고 느끼고 환경을 어느 정도 통제하거나 예측할 수 있을 때 충족된다.
▶ **관계성 욕구:** 아이가 공동체, 집단 또는 가족에 애착을 갖고 받아들여질 때 충족된다.

이 3가지 욕구가 부모, 교사, 주변 사람들에 의해 뒷받침될 때 아이의 동기 부여, 심리적 안녕감, 학업 성과가 최적의 상태로 향상할 가능성이 커진다.

3. 대처 전략 개발의 필요성

카일 해티: 놀이터에 간 엠마는 평소처럼 미끄럼틀 아래로 재빨리 미끄러져 내려가다가 다시 곧장 미끄럼틀 위로 뛰어 올라가고 있었다. 그런데 미끄럼틀을 타려고 계단을 올라가는 도중에 그만 계단 하나를 헛디뎌 넘어졌다. 엄마는 별일 아니라고 생각했다. 금속 계단 때문에 소리가 더 크게 울렸을 뿐이다. 하지만 엠마는 아직 일어나지 않았다. 아이는 무엇을 어떻게 할지 망설이고 있었다. 분명 겁을 먹었으나 다치지는 않았다. 엠마의 엄마는 잠시 기다린다. 엠마의 얼굴은 무슨 일인지 혼란스러운 표정에서 '내 세상이 끝났어.'라고 말하는 것 같은 표정으로 변한다. 엠마는 비명을 지르며 엄마를 향해 달려가 다쳤다고 말한다. 엄마의 아늑한 품에 안긴 엠마는 여전히 울며 보채고 있지만 다친 것은 아니다. 엠마는 무엇보다 넘어진 일이 창피하다. 이때 엄마는 어떻게 해야 할까? 작은 '실수' 때문에 우는 아이에게 엄마는 어떻게 반응해야 할까?

엄마는 엠마가 다친 것을 인정하고 위로해 준다. 엄마는 "아이고, 괜찮아? 걱정하지 마. 여기 있어."라고 말하며 아픈 부위에 붕대를 감아 주고, 엠마는 이제 다 나았다며 행복해한다. 아이는 조금 느리지만 행복하게 다시 놀고 있다. '마법의 붕대'가 효과가 있었던 것이다.

하지만 잠깐만, 왜 붕대일까? 엠마는 베이거나 피도 나지 않았는데. 그저 넘어져서 과민 반응을 보였을 뿐인데(3세 아이에게는 지극히 정상적인 반응이다), 그 붕대는 무슨 역할을 했을까?

바로 '대처 전략'으로 쓰였다. 엠마는 상처는 아프고, 아픈 상처에는 밴드를 붙인다는 걸 알고 있다. 그런데 엄마는 일어난 일에 잘 대처한 걸까, 아니면 회복탄력성 부족을 붕대로 가린 것일까? 어느 쪽이든 엠마는 마법의 붕대가 통증을 없애 주었기 때문에 고통을 극복했다. 하지만 다음에 엠마가 넘어진다면 어떻게 해야 할까?

굳이 말할 필요 없는 상황을 가리기 위해 덮개를 사용하거나 임시방편으로 해결하는 것은 그저 응급 처치일 뿐, 해결책이 아니다. 이 상황에서는 임시방편이 필요했을 뿐이다. 물론 엠마는 회복했고, 행복하게 놀이를 계속할 수 있었다.

뇌의 정서적인 부분과 논리적인 부분을 재연결하는 능력, 즉 공황 모드에서 이성 모드로 전환할 수 있는 능력은 회복탄력성과 상황 대처 능력을 키우는 데 중요하다. 엄마는 여기서 잘못한 것이 없지만 빠른 조치를 취하느라 엠마가 정서적 회피 모드에 있다는 사실은 무시했다. 만약 엄마가 다른 조치를 취하면서 지금 일어난 일에 관해 이야기했다면 엠마가 일을 해결하도록 도울 수 있었을 것이다. "응, 내가 넘어졌어, 그래, 조금 다쳤어, 무엇보다 겁이 많이 났어." 이 과정을 통해 엠마는 '난 많이 다치지 않았어. 다시 넘어지지 않으려면 내가 무엇을 해야 하지? 조금 속도를 늦출 필요가 있구나.' 하고 깨달았을 것이다. 따라서 다음에 엠마는 방금 무슨 일이 일어났는지 혼란스러울 때, 모두에게 더 나은 결과를 가져올 대처 방법을 떠올릴 것이다. 유사한 상황에서 아이와 이 문제를 어떻게 접근하고 이야기하느냐에 따라 대처 전략을 만들 수 있고, 아이도 더 강해질 수 있다.

스트레스 상황에서 합리적인 부모가 되는 일이 더욱 중요하다는 점을 기억하자. 지난 수십 년간 '스트레스'에 대한 우리의 이해 방식은 크게 변화했다. 1980년대 미국의 심리학자 리처드 라자루스^{Richard Lazarus}와 수전 포크먼^{Susan Folkman}[7]의 선구적인 연구 이후, 스트레스 연구는 스트레스에 관한 논쟁에서 스트레스 대처 방법에 대한 논쟁으로 옮겨 갔다. 코로나19 기간 동안 우리는 아이들의 스트레스에 대한 다양한 주장을 들었고, '부모의 80퍼센트가 아이의 안녕을 걱정한다.' 같은 헤드라인을 읽었다. 아마 80퍼센트에 초점을 맞추는 대신 나머지 20퍼센트가 걱정하지 않는 이유를 묻는 것이 핵심일 수 있다. 우리가 집중할 것은 걱정이나 스트레스가 아니라 걱정과 스트레스를 다루는 대처 전략이니까. 아이는 스트레스에 직면했을 때 회복탄력적인 대처 전략을 가지고 있는 경우가 많으며, 그렇지 않은 아이라면 최적의 대처 전략을 가르쳐야 한다.

스트레스는 기대했던 일이 예상대로 일어나지 않을 때, 이러한 기대의 실패 또는 좌절을 다룰 수 있는 능력을 넘어설 때 발생한다. 또한 스트레스를 다루는 능력에 부담을 주는 상황에 직면하고 스트레스에 대응할 적절한 대처 전략이 없을 때 발생한다.

부모의 중요한 역할은 대처 전략을 세우는 것이지만, 부모가 스트레스를 통제할 수는 없다. 솜이불로 아이를 감싸는 것은 결코 좋은 양육 전략이 아니다. 대처는 위협, 피해, 손실을 예방하거나 줄여 고통을 줄이는 것을 목표로 한다.

라자루스와 포크먼은 문제 중심 대처와 정서 중심 대처를 신중하게 구분했다.

문제 중심 대처: 스트레스 요인 자체를 직접적으로 다루는 것으로, 스트레스 요인을 제거하거나 회피할 수 없는 경우 그 영향을 줄이기 위한 조치를 취한다.

정서 중심 대처: 스트레스 요인으로 인해 유발되는 고통을 최소화하는 것을 목표로 한다. 스트레스를 줄이는 방법에는 여러 가지가 있는데, 정서 중심 대처에는 자기 진정(부정적인 생각 되돌아보기)부터 스트레스 상황에서 벗어나려는 시도(회피, 부정, 희망적 사고)까지 다양한 반응을 포함한다.

연구진은 2가지 유형의 대처가 동시에 가능하다는 점에 유의했다.

예를 들어, 효과적인 정서 중심 대처는 부정적인 고통을 감소시켜 문제를 더 차분하게 바라보게 함으로써 더 나은 문제 중심 대처를 끌어낸다. 골프 선수 타이거 우즈 Tiger Woods가 나쁜 샷을 했을 때의 반응을 예로 들면, 그는 다섯까지 세면서 부정적인 생각을 표현하고 허용한다. 다섯을 세는 순간, 그 샷을 다시 칠 수 없음을 인정하고 새로운 마음으로 다음 샷을 향해 나아가는 문제 해결 능력을 발휘한다.

이 전략은 스포츠 코칭에서 많이 사용한다. 선수가 캐치볼을 놓쳤을 때, 다섯 셀 때까지 감정을 표현하게 한 다음, 다섯이 되면 선수는 팀으로 돌아와 서로를 응원하고 경기를 이어 간다. 그렇지 않으면 부정적인 정서와 반응이 쌓여서 나중에 문제를 일으킬 수 있다.

문제 중심 대처 전략에는 여러 가지가 있다.

관여 대 분리 전략: 부모는 스트레스 상황을 다루거나(관여), 스트레스에 대한 반응(일반적으로 정서)에 집중할 수 있다(분리). 이후 문제를 해결하고, 전략을 짜고, 계획을 세우고, 행동과 반응을 조정할 수 있다.

인지적 재구성 전략: 부모는 상황을 다시 생각하거나(인지적 재구성), 기대치를 낮추거나, (가급적 다른 공략 방법으로) 다시 시도할 수 있다. 정보를 찾고, 읽고, 관찰하고, 다른 사람에게 물어보고, 도움을 구할 수 있다.

의미 중심적 태도: 부모는 스트레스 상황의 학습적 이점을 살펴보고, 역경에서 이로운 점을 찾고, 상황을 덜 부정적으로 재구성하는 등 의미 중심적 태도를 취할 수 있다. 또한 자립적으로 행동하고, 정서를 표현하고, 타인으로부터 자신을 보호하고, 감정과 행동을 조절할 수 있다.

능동적 대처: 부모는 적극적으로 대처하면서 해결 과정이 어려울 수 있음을 깨닫고 도와줄 자원을 찾을 수 있다. (또는 과제를 스스로 포기할 수 있다.) 많은 학생이 학습에 투자하지 않는 이유는 그러한 투자가 성공으로 이어질 가능성이 낮다는 것을 알고 있기 때문이다. 그런데 왜 신경 써야 하겠는가? 부모는 위안과 지원, 사회적 보증을 구하고 주변의 모든 자원을 활용할 수 있다.

정서 중심의 대처는 초점을 바꾸고(다른 것 보기), 의도적으로 주의를 분산시키는 활동을 계획하며, 정서적 반응을 다툼이나 분노 표출, 무력감으로부터 벗어나는 도피 경로로 사용하는 것 또한 포함한다. 표 2에는 정서 중심 대처 전략 일부와 문제 중심 전략으로의 방향 전환에 대한 개요가 정리되어 있다.

대처 전략을 이해하면 도전이란 개념이 떠오른다. 과제를 수행할 때 성인이나 아이가 좋은 방향(희망, 열정, 설렘)으로 도전하거나, 도전에 직면했을 때 이를 거부할 수 있다. (이때 부정적인 반응을 경험하는 경우가 많다.) 또는 현재 수준과 유사하게 기준을 설정해 도전이 되지 못할

정서 중심 대처	증상	긍정적 해결책
조절	주의 산만, 인지적 재구성, 최소화	반응 조절하기
협상	거래, 설득, 우선순위 설정	새로운 옵션 찾기
무력감	혼란, 인지적 피로	행동의 한계 도달하기
도피	회피, 철수, 부정	상황에서 벗어나기
위임	불평하기, 투덜대기, 자기 연민	한계 찾기
사회적 고립	사회적 철수, 숨어 있기, 타인 회피	물러나기
굴복	넘겨주기, 거리 두기	도전 포기
적대적	타인 비난, 공격성 투사	제약 조건 제거하기

뿐 아니라 성장하지도 못하고 오히려 도전으로 가득 찬 세상을 두려워하는 법을 배우거나, 이 무서운 세상에서 자신을 지탱할 수 있는 정서 중심의 대처 전략을 개발할 수도 있다. 양육자의 중요한 역할은 아이에게 도전에 대응할 수 있는 최적의 대처 전략을 가르치는 것이다.

아이들은 연령에 따라 각기 다른 대처 전략을 발달시킨다. 초기(0~2세)의 문제 해결에는 반복과 연습, 노력이 필요하며, 2~5세 사이에는 도움을 요청하는 대처 전략을 배우고, 6세 이후에는 더 많은 전략과 계획을 세울 수 있다. 초등학생이 되면 사회성을 추구할 가능성이 커지며, 10대가 되면 적어도 스트레스 요인에 반응하는 방식에서는 더 자립적이 될 것이다. 아이들이 커 갈수록 더 자주 문제 상황을 재구성하거나 재구조화하는 문제 해결 전략을 사용할 수 있다. 또한 부정적인 감정을 진정시키기 위해 자기 대화self-talk를 사용하며, 문제 해결을 위한 대안적 해결책을 제시할 수 있다.

많은 가족이 스트레스 상황에 특징적인 반응을 보인다. 또한 어떤 가족은 스트레스 요인을 최소화하는 반응('별일 아니야', '그냥 넘어가자')을, 어떤 가족은 걱정만 하는 반응을, 어떤 가족은 화를 내고 폭언을 하거나 말 공격에 의존하는 반응(엉뚱한 사람에게 화풀이)을, 어떤 가족은 실패를 재협상, 재도전, 도움을 요청할 기회로 삼거나, 어떤 가족은 도전의 우선순위나 성공 기준을 낮추는 등 도전 가치가 없는 것으로 재구성하는 반응을 보일 수 있다. 대처 전략이 무엇이든, 부모가 아이에게 부정적인 스트레스 상황에서 어떻게 반응하도록 가르치느냐에 따라 아이의 학교 학습에 큰 영향을 미칠 수 있다.

실패는 스트레스로 이어질 수 있다. 2016년 미국의 심리학자 카일 해모비츠Kyle Haimovitz와 캐럴 드웩은 실패를 약화의 원인으로 보는 부모와 실패를 향상의 원인으로 보는 부모를 조사했다. 제목이 주요 메시지를 잘 표현한다. '실패에 대한 부모의 견해로 예측하는 아이의 고정/성장 지능 사고방식' 등이다. 연구진은 실패가 학습과 성장을 촉진하는 강화 경험이라고 믿는 부모(실패는 곧 향상이라는 사고방식)가 실패가 학습과 생산성을 저해하는 약화 경험이라고 믿는 부모(실패는 곧 약화라는 사고방식)와 비교해 아이에게 장기적으로 긍정적인 영향을 미친다고 주장한다. 후자는 아이에게 더 많은 불안을 내비치고, 학습 개선 방법보다는 그 결과에 집중하며, 능력은 고정되어 있고 변화할 수 없다는 메시지를 보낸다.

연구 팀은 부모들에게 다음과 같이 질문했다.

1. 실패의 효과는 긍정적이며 이를 활용해야 하는가?
2. 실패를 경험하면 학습과 성장이 촉진되는가?
3. 실패를 경험하면 성과와 생산성이 향상되는가?
4. 실패를 경험하면 학습과 성장이 저하되는가?
5. 실패를 경험하면 성과와 생산성이 저하되는가?
6. 실패의 영향은 부정적이므로 피해야 하는가?

실패에 대한 사고방식은 아이들이 아주 어릴 때부터 나타난다. 해모비츠와 드웩은 실패가 아이를 향상시키는 것으로 보는 부모는 '좌절이나 실패가 아이에게 미칠 영향에 대해 덜 걱정하면서 학습과 개선 방법에 초점을 맞춰 아이의 수행에 접근'하는데, 실패가 아이를 약하게 한다고 믿는 부모일수록 아이는 부모가 학습과 발전보다는 결과와 성적에 관심을 가진다고 생각할 가능성이 크다고 말한다. 이는 부모가 아이의 실패에 대해 학습보다는 능력이나 성과에 더 많은 관심을 기울이는 방식으로 반응하기 때문이다.

미국의 심리학자 존 가트맨John Gottman은 정서 중심 대처 전략에 크게 주목했다.[8] 이 과정에는 아이에게 공감하고(즉, 아이의 눈으로 세상을 보기) 부정적 감정에 대처하는 법을 적극적으로 가르치는 것이 포함된다. 따라서 부모는 자녀의 감정을 무시하거나 그저 용인하는 태도를 취하지 말고, 아이가 스스로 대처하는 방법을 찾도록 맡겨야 한다. 감정 코칭emotion coaching에는 5단계가 있다.

1. 아이의 감정에 주의를 기울인다.
2. 아이의 감정 표현을 친밀감을 형성하고 교육할 수 있는 완벽한 순간으로 인식한다.
3. 공감하는 마음으로 경청하고 아이의 감정을 인정한다.
4. 아이가 자신의 감정을 말로 표현하는 법을 배울 수 있도록 돕는다.
5. 아이가 문제를 해결하거나 화나는 상황을 적절하게 처리하도록 도울 때 적정한 한계를 정한다.

가트맨이 5~8세 학생 집단을 추적 관찰한 결과, 부모가 정서 중심 대처 전략을(서로 간에 그리고 아이와 함께) 사용한 5세 아동은 학업 성취도가 더 높고 문제 행동이 더 적었다. 또한 충동적인 반응을 억제하는 능력이 더 뛰어났고 신체적으로도 더 건강했다. 이러한 결과가 나온 중요한 이유 중 하나는 가족 안에서 정서를 인식하고 정서 대처 전략을 길러 주는 가정에서는 새로운 상황에서 유용하고 적절한 언어와 기술을 배우게 되는데, 정서를 무시하거나 부정하거나 학습 기회로 여기지 않는 가정에서는 새로운 정서 상황에 대처하는 학습이 거의 이루어지지 않기 때문이다.

결론

핵심은 부모가 어떻게 아이와 신뢰와 유대감을 쌓고, 아이에게 높은 수준의 신뢰와 존중을 보여 줄 수 있는가, 그 방법에 관한 것이다. 아이에게 합리적이고 민감하며 적절한 반응을 보이는 것도 포함한다. 아이의 입장에 서서 자신을 바라보자. 아이는 부모의 눈으로 세상을 보는 데 어려움을 겪을 수 있지만, 부모는 어른이기 때문에 아이 입장에서 부모를 볼 수 있다. 목표는 아이의 자율성과 관계성을 개발하고, 아이가 세상을 해석하고 반응하는 역량을 키우는 것, 즉 흔히 말하는 자기 결정성을 키우도록 돕는 것이다.

특히 예상치 못한 상황, 실패, 좌절, 기대에 미치지 못한 스트레스 상황에 대처할 수 있도록 아이의 대처 전략을 개발하는 것이 핵심 기술이다. 대처는 위협, 피해, 손실을 예방하거나 줄여 고통을 줄이는 것을 목표로 한다. 부모는 아이의 말을 경청하고 스트레스와 실수, 실패를 겪을 때 아이와 함께 노력할 수 있음을 보여 주어야 한다.

마인드 프레임 3

부모는 혼자가
아니다

1. 한 마을에서 자라던 아이는 이제 거대한 마을에서 자란다

▸ 아이는 여러 가지 면에서 제각기 다르며 다양한 공동체에서 살아간다.

▸ 아이는 다양한 맥락에서 표현하고, 이해하고, 상호작용하는 방법을 배워
야 한다.

2. 타인의 힘― 형제자매, 친구, 학폭 가해자

▸ 같은 가족 안에서도 아이는 가족을 다르게 경험한다.

▸ 아이는 타인과의 관계, 자신의 경험, 타인의 반응에 대한 학습된 반응, 그리
고 세상이 어떻게 작동하는지에 대한 자신의 이론을 만들며 성장한다.

▸ 타인으로부터 갈등을 배우고 대처 전략을 개발한다. 아이는 (특히 갈등 상
황에서) 타인의 관점을 이해하는 법을 배워야 한다.

▸ 우정은 함께하는 활동, 상호 모방, 그리고 호혜성의 개념에서 자라난다.

3. 10대는 부모보다 친구와 함께 있기를 더 원한다

- ▸ 10대는 자신의 평판(다른 사람들이 자신을 어떻게 보기를 원하는지)을 쌓고 또래로부터 인정받길 바란다.

- ▸ 10대 아이가 평판이 없다는 것은 외로움의 원인이 될 수 있음에 주의한다.

- ▸ 또래 집단은 청소년기에 사회적 평판을 시작하고 또한 이를 발전시키는 바탕 역할을 한다. 개인이 선택하는 평판의 유형과 참여 행동에 따라 이 집단은 많은 영향력을 발휘한다.

이 장에서는 다른 사람의 힘을 강조한다. 아이가 자라면서 혼자가 아니듯이, 부모도 양육 과정에서 혼자가 아니다. 어른이 된 우리도 아이와 마찬가지로 다른 가족 구성원, 친구들, 혹은 나쁜 사람들과의 관계를 경험한다. 다른 사람들과 함께 생활하고 함께 일하는 일은 외로움을 막는 데 중요한 역할을 하며, 사회적 기술과 태도를 가르치는 중요한 교사인 동시에 사회적 감수성을 기르는 열쇠다.

카일 해티: 나는 1990년대의 미국에서 자랐다. 엄마, 아빠와 함께 텔레비전을 보던 시간이 기억에 남아 있다. 당시 박사 과정 공부를 하던 엄마에게는 책이나 컴퓨터와 떨어져 있는 시간이 소중했다. 여행을 좋아하는 아빠는 엄마와 우리들과 함께 앉아 있는 것만으로도 즐거워했기 때문에 무슨 프로그램을 볼지 고민하는 일이 거의 없었다. 나는 부모님과 함께한 이 평온한 시간을 소중히 여겼다. 엄마가 보고 싶어 한 것은

드라마 〈풀하우스Full House〉였다. 1987년부터 1995년까지 인기리에 방영된 이 드라마를 여러분 모두 기억할 것이다. 〈풀하우스〉는 세 딸을 키우기 위해 도움이 필요했던 방송인 대니 태너, 엘비스에 열광하는 처남 제시, 그리고 그의 어린 시절 절친 코미디언 조이가 주인공이었다.

시리즈 전체에 걸쳐 세 딸의 삶에는 다양한 사람이 등장했다. 하지만 이들 모두 소녀들의 행복과 양육이라는 동일한 목표를 가지고 있었다. 전혀 어울릴 것 같지 않은 세 사람이었지만, 그들의 다양한 캐릭터는 웃음과 공감, 배움이 있는 탄탄한 토대를 제공했다. 가족이 바라던 전통적인 가정은 아니었지만, 사랑과 보살핌, 재미와 일상이 있는 가정이었다.

우리는 〈풀하우스〉를 비롯해 그와 비슷한 드라마들에서 많은 것을 배울 수 있었다. 수년 동안 아이의 삶에 영향을 미치는 여러 집단의 사례가 등장했다. 이 모든 것이 우리에게 말하는 것은 무엇일까? 바로 다양한 사람이 아이의 인생에서 중요한 역할을 한다는 것이다. 예로 든 텔레비전 드라마는 뜻밖의 상황을 바탕으로 하지만, 일반적으로 형제, 삼촌, 이모, 조부모, 그리고 운이 좋으면 증조부모의 역할도 아이가 성장하는 데 중요했다. 보모나 오페어au pair(집안일을 도우며 언어를 배우는 입주 외국인 유학생.-옮긴이)도 아이를 키우는 데 중요한 역할을 한다. 우리 삶에 함께하는 모든 사람은 각자 다른 역할을 수행하며, 다른 방법으로는 얻을 수 없는 경험과 보살핌을 제공함으로써 우리가 하나의 어엿한 사람이 될 수 있도록 돕는다.

1. 한 마을에서 자라던 아이는 이제 거대한 마을에서 자란다

앞 장에서는 형제자매가 같은 부모 밑에서 자라면서도 어떻게 서로 다를 수 있는지 이야기했다. 아이들은 서로 다른 잠재력을 가지며, 각자의 삶을 다르게 인식하고 다르게 경험한다. 또한 다른 사람들과의 다양한 상호작용을 통해 세상을 바라보는 관점도 제각기 달라진다. 가족 구성원 모두는 다음 장인 '마인드 프레임 4'에서 이야기할 능력(이를테면 지식이나 기술), 의지(성향), 열정(동기)으로 개념화된 개인적 자원을 지닌다.

아무리 완벽한 환경에서 자란다고 해도 모든 아이가 천재 과학자나 노벨상 수상자, 세계적인 인권 운동가가 될 수는 없다. '7세까지 아이를 데려오면 원하는 대로 만들어 주겠다.'라고 장담하는 사람들이 있더라도, 특히 '원하는 것'이 지적 능력이라면 오늘날의 세상에서 그런 일이 일어날 가능성은 거의 없다. 폐쇄적인 옛날식 고립된 가족 세계는 이제 외부의 영향에 의해 타격을 받고 있다. 타라 웨스트오버^{Tara Westover}는 폐쇄적인 가정에서 자신이 겪은 경험에 관해 책을 썼는데, 그녀의 책『배움의 발견^{Educated}』(아버지의 공교육에 대한 불신 때문에 16년간 학교에 다니지 못하다가 케임브리지대학교와 하버드대학교에서 공부하게 된 웨스트오버의 회고록이다.-옮긴이)은 폐쇄적인 가정에서 벗어난 아이들의 지혜와 배움의 힘에 대한 강력한 메시지를 담았다.

우리는 여기서 무엇이 더 중요하냐고 물으며 지루한 '유전이냐 환경이냐'의 논쟁으로 돌아가지 않을 것이다. 뉴질랜드의 심리학자 제임스 플린^{James Flynn}(지능 측정 방식이 만들어진 후 해마다 사람들의 지능만 높아지고 다른 능력은 희생되는 현상이 지능의 '플린 효과^{Flynn Effect}'인데, 이 지능 연구의 권위자로 유명하다.—옮긴이)은 이 문제를 잘 요약한다.[1] 그는 평균보다 조금 더 크고 재빠른 아이를 상상해 보라고 말한다. 이 아이는 농구를 즐기고 많이 뛰기 때문에 이내 농구 연습을 풍부하게 할 수 있는 환경으로 개선할 것이다. 그다음 학교에 가면 초등학교 코치가 아이를 보고 "넌 우리 팀에 합류할 가치가 있어."라고 말한다. 당연히 운동 능력은 더욱 향상되고, 고등학교 팀에 들어가면 더 좋은 코칭을 받을 수 있다. 이처럼 피드백 선순환을 통해 작은 유전자 이점은 큰 경기력 향상의 기회로 바뀔 수 있다. 부모의 역할은 아이에게 배우고, 탐색하고, 피드백을 들을 기회를 제공함으로써 아이의 잠재력을 극대화하는 것이다. 딜레마는 이 작은 이로움을 아는 것이며, 이는 아이가 다양한 스포츠, 활동, 경험을 선택할 때 부모가 주의 깊게 지지해 주어야 한다는 뜻이다. 내(존 해티) 두 아들은 거의 모든 스포츠를 시도했다. 카일은 10대 중반이 되어서야 수중 하키에 정착하여 2006년 영국 셰필드에서 열린 세계 선수권 대회에서 금메달을 획득했다. 수중 하키는 경기를 볼 수 없고, 응원의 의미도 없으며, 심판에게 따질 일도 없이, 관중석에 앉아 죄책감 없이 책을 읽을 수 있기 때문에 부모에게는 실로 완벽한 스포츠다.

아이는 자기만의 강점과 세계관 등 자신의 자질을 가지고 가족에게 온다. 그러나 부모는 교사, 친구, 미디어, 여러 사람과의 관계 등 사회화 역할을 통해 자녀의 자질을 향상시키고, 조정하고, 실현하는 데 도움을 준다. 아이들은 집에서 배운 것을 집에서 실행하고, 학교에서 배운 것을 학교에서 실행하며, 친구들 사이에서 배운 것을 친구들 사이에서 실행할 가능성이 크다. 아이들은 '코드 전환', 즉 서로 다른 환경의 규범을 배우는 법을 빠르게 익히며, 그렇지 못하면 이는 갈등의 원인이 될 수 있다. 아이들도 어른과 같은 사람이지만 그들은 서로 다른 맥락에서 표현하고 이해하고 상호작용하는 법을 배워야 한다.

2. 타인의 힘 – 형제자매, 친구, 학폭 가해자

같은 가족 안에서도 아이들은 가족을 다르게 경험한다고 앞에서 이야기했다. 서로 다른 상호작용을 경험하고 부모, 형제자매, 친구들을 각자의 렌즈를 통해 바라본다. 이 모든 것이 흥미로운 방식으로 결합해 같은 가족 안에서도 각각의 아이에게 다른 환경을 조성한다.

형제자매는 무작위로 태어난 두 아이만큼이나 서로 다를 수 있다는 점에 주목할 필요가 있다. 예를 들어, 미국의 심리학자 샌드라 스카 Sandra Scarr 는 형제자매 간의 IQ 차이는 약 12~13점이며, 인구 집단에서 무작위로 뽑힌 두 사람의 IQ 차이는 18점에 불과하다고 지적했다.[2] 따라서 형제자매는 무작위로 선택된 두 아이의 IQ 차이와 비슷한 정도다. 스카는 또한 성격, 흥미, 태도 및 정신 병리 측면에서 형제자매가 무작위로 짝을 이룬 아이들만큼 다르다는 것을 보여 주었다. 따라서 같은 가족의 자녀는 낯선 두 아이만큼이나 다를 수 있다.

중요한 것은 형제자매가 좋은 방향으로든 나쁜 방향으로든 서로 어떻게 상호작용하고 발전하는지에 달려 있다. 그들은 이야기하고, 감정을 공유하고, 스트레스에 대한 대처 전략을 보여 주고, 서로를 흉내 내며 세상에 대한 이해를 함께 발전시켜 나간다. 만 2세부터 다른 형제자매(특히 나이 많은 형제자매)와 따뜻하게 대화할 수 있는 관계를 맺으면 사회적 이해 능력과 언어 발달이 크게 향상될 수 있다. 다른 사람과 상호작용하는 법, 나누는(또는 나누지 않는) 법, 분노와 스트레스에 반응하는 법, 부모에게 대처하는 법 등을 배운다. 4세가 되면 나이 많은 형제가 있는 아이는 형제 없는 4세 아이보다 2배 이상 인지적 대화를 많이 한다. 즉, 생각하고 기억하고 아는 것을 훨씬 더 많이 이야기하고 나눈다. 물론 유치원의 연상 친구들로부터도 정보를 얻을 수 있지만, 여전히 형제 있는 아이가 유리하다. 장남이 유리하다는 주장과는 달리, 장남이 아니어도 얻을 수 있는 것이 많다. (저자들은 모두 차남이다.)

가족 환경에 스트레스가 많을수록 형제자매는 큰 차이를 보이는 경향이 있는데, 이는 다시 한 번 가족 안에서 아이 각자가 기능하는 데 차이가 있음을 보여 준다. 형제자매가 친구를 사귀면 질투심이 커지거나 친밀감이 감소하여 서로에게 영향을 미칠 수 있다. 모든 아이가 형제자매와 긍정적인 관계를 맺는 것은 아니며, 여기서 괴롭힘이 시작되기도 한다. 가정에서 괴롭힘당하는 아이들은 학교에서 괴롭힘당하고 적응에 문제를 겪을 가능성 역시 크다.[3]

아이는 타인과의 관계, 자신의 경험, 타인의 반응에 대한 학습된 반응, 세상이 움직이는 이론의 발전 속에서 성장한다. 한 가정에서도 어떤 아이는 끈기가 없고(쉽게 포기한다), 매우 활동적이며, 감정(좌절, 분노, 슬픔)을 강하게 표현할 수 있다. 어떤 아이는 끈기가 있고(계속 시도한다), 중간 정도의 활동성을 보이며, 감정(기쁨, 행복, 호기심)을 강하게 표현할 수 있다. 또는 다른 조합일 수도 있다. 이렇듯 형제자매는 같은 가족 구조와 환경에서도 각기 다르게 자란다.

앞서 언급했듯이, 초기의 작은 차이는 서서히 커질 수 있다. 부정적인 기분을 자주 보이는 아이는 시간이 지남에 따라 더 위축될 수 있고, 감정 기복이 심한 아이는 어른에게 더 의존할 수 있으며, 신뢰가 높은 아이는 더 모험적인 성향이 될 수 있다. 형제자매 간에 '잘 맞는다'라는 느낌이 부족하면 서로 비판하거나 불화를 일으킬 수 있다. 그렇기 때문에 부모는 특히 자기 조절 능력의 발달을 돕고 아이 스스로 교사가 되는 기술을 가르치는 등 개입이 필요하다. 이러한 기술을 통해 아이는 자신이 다른 사람에게 미치는 영향을 생각해 볼 수 있으며, 이를 통해 차이를 수용하고, 상황 전환(상황에 따라 말하고 행동하는 법을 배우는 것)을 배우고, 언제 어떤 일을 무시해야 하는지, 갈등을 언제 어떻게 해결해야 하는지 알게 된다. 아이 스스로 교사가 되면서 습득한 기술은 아이가 세상을 이해하려고 노력할 때 부모와의 갈등을 완화하는 데도 유용하다.

아이의 말다툼을 해결하기 위해 지속적으로 개입하는 부모는 가족 간 갈등이 있을 때 아이가 스스로 문제를 해결하는 기술을 가르칠 기회를 놓칠 수 있다. 그러나 부모의 개입이 거의 또는 전혀 없는 경우, 나이 많은 형제자매는 자신이 생각하는 규칙을 따르도록 동생을 지배할 가능성이 크다.

성공적인 형제자매 관계의 실마리는 아이가 말다툼에서 다른 사람의 관점, 즉 공감을 키우는지의 여부에 달려 있다. 공감 능력이 향상하면 형제자매의 세계를 더 잘 이해하고(반드시 동의하는 것은 아니지만), 자기 견해를 더 효과적으로 고려할 수 있으며, 타인을 더 공정하게 대할 가능성이 커진다. '공정성'은 아이들이 부모, 형제자매, 교사에게 바라는 것 중 항상 높은 순위를 차지한다. 부모로서 잘못을 지적할 상황에서는 잘못한 사람이 중심이 아닌, 잘못한 일 자체에 관해 언급하는 것이 현명하다. 기억하자. 아이들은 부모를 지켜보고 있다. 부정적인 것은 부정적인 것을 낳고, 이성적인 것은 이성적인 것을 낳으며, 경청은 경청을 낳고, 수용과 공정성은 수용과 공정성을 낳는다. 형제자매와 상호작용할 때, 아이는 긴장에 대처하는 부모의 방법을 따라 행동할 수 있다. 공정한 기준을 세우고 이 가족에서 '정상normal'이 되는 것이 무엇을 뜻하는지를 분명히 하는 것이 중요하다.

형제자매는 청소년기 초기(12~14세)에 더 중요한 관계로 보이는데,

이때 형제자매가 있으면 우정, 신뢰, 친밀감이 더 잘 형성되고, 특히 새로운 청소년기 도전을 헤쳐 나가고 부모의 그늘에서 벗어나는 데 중요한 역할을 한다(Lam & Solmeyer, McHale, 2012). 또한 형제자매는 부정적인 삶의 사건(죽음, 이혼, 위탁 가정 입양, 가족의 중병)이 일어났을 때나 괴롭힘에 대처할 때도 중요하다.

형제자매의 '뒷좌석 경쟁backseat-of-the-car rivalry' 관계는 누구나 아는 문제다. 형제자매 간의 사랑이 부족한 게 문제라는 말이 아니다. 오히려 형제자매와의 갈등에서 다양한 사회적 기술을 배울 수 있다는 게 중요하다. '마인드 프레임 2'에서 언급했듯이, 피할 수 없는 갈등이 생겼을 때 주의를 집중할 점은 갈등을 다루는 대처 전략을 세우는 것이다. 아이들이 자신의 입장을 분명히 말하고, 상대의 관점에서 세상을 바라보며, 눈물을 흘리거나 감정을 드러내지 않고 논쟁을 이어 가며 관점을 주고받는 방법을 가르치는 것은 필수적인 대처 전략이다. 다른 많은 갈등 상황(괴롭힘, 부부 싸움을 지켜보는 것)과 마찬가지로, 중요한 것은 갈등이 아니라 대처 전략이라는 점을 강조하고 싶다.

분리하기, 처벌하기, 위협하기, 무시하기는 상대적으로 효과가 없다. 협력적 문제 해결은 자주 일어나는 일은 아니지만, 긍정적인 결과와 연관해 가장 많은 지지를 받았다.[4]

10대 시기에는 형제자매 간에 가진 것을 나누고, 누가 무엇을 '소유할지' 결정하고, 상대를 아프게 하거나 당황케 하거나, 창피를 주는 일이 갈등의 원인이 되는 경우가 많다. 갈등 대처 기술을 배우고, 상대의 생각에 대한 공감 능력을 키우고(동의할 필요는 없지만 다른 견해를 인정하는 것), 단호한 중재를 하는 것이 10대 아이와 부모 모두에게 필요한 핵심 기술이다. 부모가 부정적 감정을 드러내면 자녀는 갈등에 대한 부모의 반응을 모방할 수 있다.

아이가 자랄수록 친구를 가지는 일은 점점 더 중요해진다. 소속감은 아이의 행복에 필수적이지만 종종 간과되는 부분이다. 예를 들어, 아이가 학교나 학급을 옮길 때 얼마나 잘 적응하는지 예측할 수 있는 지표 중 하나는 첫 달에 친구를 사귀는지 여부다.[5] 물론 친구가 자주 바뀔 수 있지만, 특히 10대 초반에는 친구의 존재가 매우 중요하다. 부모가 아이를 위해 친구를 만들어 줄 수는 없지만, 놀 기회가 생기면 친구들과 함께하도록 권할 수 있고, 소셜 미디어를 통해서도 건실한 친구의 존재를 격려하고 친구에 관한 이야기를 나눌 수 있도록 응원하면 된다. 강조하지만, 청소년기에는 친구가 매우 중요한 자리를 차지한다. (이 주제는 나중에 더 자세히 설명하겠다.)

유년기의 우정은 함께하는 활동, 모방, 그리고 호혜성 개념을 통해 성장한다. 아이가 상대방을 중요한 자원으로 인식하면(12~18개월), 활동 중심에서 사회적 관계 자체에 초점을 맞추는 방향으로 바뀐다. 아이는 행사, 놀이, 그리고 활동에 함께 참여한다. 또래와의 상호작용을 통해 우정이 생겨나지만, 이 시기에는 아직 자기중심적이라 우정이라는 개념이 적절하지 않다. 언어 발달과 사회적 흉내 내기, 공상 놀이를 통해 아이가 다른 사람과 함께하는 과정에서 안전, 공정성, 예측 가능성을 배우면서 우정의 모습은 더욱 구체화된다. 배움이 늘어남에 따라 다른 사람이 자신의 상호작용 능력을 높일 수 있다는 것 또한 깨닫는다. 놀이 조직 구성은 약 2.5~3세에 시작되며, 이후에는 놀이에서 역할을 분담하고 활동의 의미와 즐거움을 공유할 수 있다.

초기 우정이 늘 지속되지는 않지만, 타인과 상호작용하는 기술, 우정을 주고받으며 참여하는 법, 다른 사람이 있을 때 친사회적 기술을 키우는 방법을 배우는 기초 시기라 할 수 있다.

물론 갈등도 있다. 이는 정상적인 현상이며, 중요한 것은 갈등에 대한 반응이다. 협상하고, 다툼을 해결하며, 상처와 고립감을 느끼지 않고 상황이나 상대에 저항하는 방법을 배우는 것은 사회적 상호작용과 우정을 유지하는 법을 배우는 기회다. 언어가 발달함에 따라 아이는 갈등에 대처하는 더 많은 기술을 습득한다. 모든 우정에는 수용과 거절이 있고, 그 사이에 미묘한 차이가 존재하며, 시간이 지남에 따라 많은 것이 변화한다. 상대가 아이를 있는 그대로 받아들이고 아이 역시 우정에 기여할 수 있는지 여부가 중요하다. 친구는 도움을 줄 수도 있고 서로 실망할 수도 있다. 부모는 '이것이 정상 상황'이라는 메시지를 아이에게 전달해야 한다. 앞서 설명한 것처럼 대처 전략은 우정을 쌓고 유지하는 데 중요하다.

거의 모든 아이가 언젠가 한 번은 괴롭힘을 당한다. 부모가 할 수 있는 일이 거의 없기 때문에 이는 부모에게도 매우 고통스러운 일이다. 아이를 안아 주고 이야기를 들어주는 것만으로는 충분하지 않을 뿐 아니라, 괴롭힘당하는 아이들을 마주하는 것은 끔찍한 일이다. 우리 역시 이런 일을 겪었다. 아이들 사이에 괴롭힘은 흔한 일이며, 때로는 짧게, 때로는 길게, 때로는 빠르게 왔다가 사라지기도 하고, 때로는 지속되기도 한다. 괴롭힘에는 말로 비하하고, 때리고, 밀치고, 나쁜 소문을 퍼뜨리고, 놀리고, 뒷말의 대상으로 삼는 것이 포함된다.

괴롭힘의 성격은 미취학 아동기부터 아동기 후반까지 변화할 수 있다. 이 시기에는 언어적 공격(모욕, 비하, 위협)이 신체적 공격을 점차 대체한다.[6] 또한 유아기와 비교해 아동기 중반의 공격적 행동은 도구적(물건을 소유하거나 특정 공간을 차지하려는 것이 아닌) 성격이 덜하고, 개인 특성에 대한 적대감이 커진다. 청소년기 초기에는 보복성 공격, 교우 관계에서의 괴롭힘, 뒷말, 따돌림이 있을 수 있다. 초등학교 고학년부터 고등학생 시기에는 또래 집단에 속하는 것이 더욱 중요해지는데, 또래들 앞에서 '잘하는' 모습을 보이는 것이 가장 중요하다. 소문은 대개 '집단 내' 사람들 사이에서 '집단 외부' 또는 '개인'에 대한 말이 나돈다. 존중받을 만한 평판을 얻지 못하는 것은 많은 청소년에게 두려운 일이 된다.

특히 소셜 미디어에서 뒷말, 뒷소문의 힘은 지독하다. 뒷말은 그 자체로는 나쁘지 않다. 때로 사람들을 더 가깝게 만들고, 상호 간에 유대감을 형성하며, 자기 개방과 자기표현의 바람직한 측면으로 이어질 수도 있다. 다른 사람을 희생시키면서 자신의 평판을 높일 수 있고, 긍정적인 자아상self-image을 투영하고 유지하는 데 도움이 된다. 또한 충성심, 자기 개방, 신뢰, 지지를 공유하는 우정 모임을 끈끈하게 연결하는 데 도움을 준다. 하지만 뒷말이 괴롭힘의 수단이 될 경우, 악의적이 될 수 있다.

최근에 경험 많고 현명한 한 학교 교장 선생님과의 대화에서 "6년 전과 지금의 학교를 비교할 때 가장 달라진 점이 무엇인가요?" 하고 물었다. 그는 '그 당시'에는 폭력이 많았고, 운동장에서 싸움이 벌어졌고, 싸워서 코피 흘리는 아이들이 많았다고 했다. 지금은 그런 일이 사라졌다. 오늘날의 폭력은 대개 그 피해가 잘 드러나지 않는다. 과거에는 피투성이가 된 코를 치료하고, 싸움을 멈추고, 경찰에 신고할 권한이 있었다. 하지만 최근 소셜 미디어를 통한 괴롭힘은 영혼을 갉아먹고, 상당히 만연하며, 드러나기도 전에 피해를 입히고, 이를 막기가 참으로 어렵다. 학교, 가정, 사생활의 경계를 넘나드는 이 신종 괴롭힘은 누가 책임져야 할까?

부모가 아이의 친구를 누구로 할 것인지를 두고 이 기준에 따라 학교를 선택하는 것은 당연한 일이다. 괴롭힘은 고통스럽다. 괴롭히는 아이들은 권력을 동경하고 자신이 힘이 있다는 이미지를 키우고 싶어 한다. 강하고, 거칠고, 강력한 존재로 보이고 싶어 하고, 많은 사람이 있는 곳에서 누군가를 괴롭히는 행동을 하는 경향이 있다. 많은 아이에게 괴롭힘은 고의적인 선택이며, 규율에 순응하지 않는 강력한 인물이라는 평판을 쌓기 위한 수단으로 쓰인다. 괴롭힘의 형태가 노골적이든, 은밀하든, 신체적이든, 사이버 공간이든 상관없이 괴롭힘을 가하는 사람은 자신의 평판을 높이고자 하는 욕망으로부터 동기를 부여받는다.

미국의 심리학과 교수 로빈 코왈스키Robin Kowalski와 동료[7]는 사이버 괴롭힘cyber-bullying의 상관 관계에 관한 131개 연구를 메타 분석했다. 오프라인에서 괴롭힘당하는 아이는 온라인에서도 괴롭힘당할 가능성이 크다. 온라인 괴롭힘을 가하는 아이들은 분노 수준이 높고, 위험한 행동을 하며, 인터넷 사용량이 많고, 도덕적 해이를 보이며, 과잉 행동을 하는 경향이 있다. 괴롭힘을 줄이는 중요한 요소로는 안전하고 긍정적인 학교와 가정 분위기를 조성하고, 아이의 온라인 경험과 감정에 관해 경청하고 대화하며, 온라인에서 일어나는 일을 어느 정도 모니터링하는 방법이 있다. 하지만 부모가 아이의 스마트폰을 통제하는 일은 아무 효과가 없다는 점을 기억하자. 요는 통제가 아니라, 아이의 온라인 상호 작용에 관해 함께 소통하는 것이다. 사이버 괴롭힘이 피해자에게 미치는 영향은 현저한 성취도 감소로 이어진다.

괴롭힘을 줄이는 데 긍정적인 영향을 미친 학교 폭력 방지 프로그램에 부모는 참여하고 또래는 참여하지 않는 협력적 집단 활동을 포함하여, 학교 전체 차원의 접근을 사용하는 방법이 있다.[8] 가장 성공적인 프로그램으로는 핀란드에서 개발되었지만 전 세계적으로 널리 사용하는 핀란드의 키바KiVa, 노르웨이의 올베우스Olweus 프로그램(핀란드와 노르웨이에서 실시하는 학교 폭력 예방 프로그램으로, 학생들에게 학폭 방관자 역할을 생각해 보게 하고 피해 학생을 도울 방법을 고민하고 의견을 나누도록 구성되어 있다. 우리나라에서도 한국교육개발원이 만든 어울림 프로그램 69종을 활용한다. - 옮긴이)이 있다.[9]

부모는 아이가 괴롭힘 문제를 논의할 수 있도록 적극적으로 도울 수 있으며, 일찍 시작할수록 더 좋다. 이미 아이와 부정적인 결과 없이 안전하고 신뢰할 수 있는 방식으로 대화를 나누는 부모는 아이가 괴롭힘에 대해 논의할 수 있도록 잘 준비된 셈이다. 안전하고 신뢰할 수 있는 대화가 '일상적'이지 않은 경우라면, 가정에서(특히 청소년과) 이러한 대화를 시작하기가 훨씬 어렵다. 경청하는 양육 방식이 이 문제에는 가장 좋다. (마인드 프레임 2) 아쉽게도 권위 중심적이거나 자유 방임적 접근 방식은 괴롭힘을 줄이거나 괴롭힘을 당하는 아이에게 미치는 영향을 사전에 줄이는 데 별 효과가 없다.

아이가 갈등을 해결하기 위해 언어적 또는 신체적 공격성을 사용하기 시작하거나, '복수'에 대해 이야기하거나, 특히 친구에 관한 감정을 이야기하는 것을 꺼리거나, 협력 게임이나 활동의 실력이 떨어지거나, 다른 사람을 깔보기 시작하는 징후가 있는지 살펴봐야 한다.

아이와 괴롭힘 문제에 관한 대화의 물꼬를 트는 방법으로, 학교 점심시간이 어떤지, 쉬는 시간에 누구와 함께 어울려 노는지, 학교에서의 사회생활을 주제로 아이와 정기적으로 대화를 나누자. 다른 아이들이 별명을 부르거나 밀치는지 물어보고 어떻게 대응하는지 물어보자. 일상적인 질문부터 시작해 괴롭힘에 대한 보다 구체적인 질문으로 넘어가되, 취조나 추궁이 아니라 대화여야 한다는 점을 기억하자.

아이가 괴롭힘을 당하고 있다고 말하는 데는 시간이 걸릴 수 있다. 사이버 괴롭힘에 대해 질문할 때도 같은 접근 방식을 사용해 아이의 온라인 활동에 대해 정기적으로 대화하고, 친구나 낯선 사람과 관련해 예기치 못한 반응이 있는지 물어봐야 한다. 아이에게 어떤 일이 있기를 바라는지, 부모가 어떻게 해 주면 하는지를 자녀가 말하도록 이야기를 이끌어야 한다. 아이에게 이것은 안전의 문제이며, 부모가 함께 대처할 문제임을 알려 주자. 학교, 교사, 타인에게 대응할 때 괴롭힘 행동을 따라 하지 않도록 가르치자. 괴롭힘은 부모가 멈추게 하고 싶은 바로 그 행동이다. 아이에게 나쁜 본보기가 되지 않도록 하자.

괴롭힘은 심각한 문제이므로 심각하게 받아들여야 한다. 절대 사소한 문제로 치부하거나 그냥 넘어가지 말자. 이러한 반응은 괴롭힘 당하는 학생과 괴롭힘을 가하는 학생 모두에게 적용된다. 아이가 당하거나 가하는 괴롭힘을 해결할 열쇠는 바로 부모다. 그러니 조기에 도움을 요청하고 학교 교직원과 이야기하자.

3. 10대는 부모보다 친구와 함께 있기를 더 원한다

몇 년 전, 우리 팀(애너마리 캐럴Annemaree Carroll, 스티븐 호턴Stephen Houghton, 케빈 더킨Kevin Durkin, 존 해티)은 감옥에 수감된 청소년을 대상으로 20년간의 연구 프로그램을 시작했다.[10] 연구 목표는 (a) 청소년 범죄가 17

세 전후로 감소하는 이유, (b) 범죄에 입문하고 관심을 유지하는 인과 관계, (c) 청소년 범죄가 주로 집단 범죄인 이유를 파악하는 것이었다. 우리 팀은 이 3가지 문제를 설명하는 데 도움이 되는 '평판 강화' 기반 모델을 구축했다. 이 모델이 청소년 대부분에게 10대 전반에 걸쳐 적용 가능하며, 평판이나 평판을 높일 수단이 없는 청소년 집단에는 큰 문제가 있다는 것을 알아내는 데 그리 오랜 시간이 걸리지 않았다.

첫째, 청소년기에는 세상이 변한다는 점을 유념하자. 친구는 부모보다 더 영향력이 커지고, 때로는 부모보다 발달에 중요한 존재가 되기도 한다. 주디스 해리스Judith Harris[11](『양육 가설The Nurture Assumption』의 저자. –옮긴이)는 어른으로 성장하는 과정에 유전자도 중요하고 또래도 중요하지만, 부모는 중요하지 않다고 주장했다. 해리스는 아이들은 유전자 덕분에 이미 서로 다른 모습으로 세상에 태어나며, 부모는 이러한 어린 시절의 차이로 인해 아이를 다르게 대하며, 이 차이는 자라면서 더욱 커질 수 있다고 말한다. 아이들은 부모와 함께 있을 때와 또래 친구들과 있을 때 자신의 행동이 달라질 수 있고 또 다르다는 것을 곧 배우게 된다. 바로 여기에서 강력한 자아가 시작된다. 사회적 비교는 친구 관계에 상관없이 아이가 자신을 발견하고 자아를 찾는 데 중요한 부분이다. 아이가 또래 집단과 공유하는 세계는 행동을 변화시키고, 타고난 성향을 바꾸며, 어른이 되었을 때 어떤 사람이 될 것인지를 결정한다.

해리스는 죄수의 목표가 성공적인 교도관이 되는 게 아닌 것과 마찬가지로 아이의 목표는 성공적인 성인이 되는 것이 아니라고 이야기한다. 아이의 목표는 성공적인 아이가 되는 것이다. 따라서 또래의 영향력은 성인의 영향력보다 더 강하며, 특히 10세 이후부터 더욱 강해진다. 또래 집단 안에서 어른의 역할은 최소화된다. 특히 청소년기에는 그 역할이 미미하다. 청소년에게 양질의 시간은 부모와 보내는 시간보다 또래와 함께 보내는 시간이다. 또래 집단 안에서는 불평등이 지배적이다. 밀고 밀리며 변화하는 상황을 잘 다루고, 거부당하는 우정이나 사랑 속에서 불평등을 극복하는 일은 불평등한 어른의 세계에서 살아남는 데 중요한 학습이 될 수 있다. (불평등을 옹호하는 것은 아니다.)

한 연구 팀이 청소년에게 1주일 동안 무작위 간격으로 활동, 기분, 함께하는 사람을 표시하게 했다.[12] 저명한 미국 심리학자 미하이 칙센트미하이Mihaly Csikszentmihalyi와 리드 라슨Reed Larson은 청소년들이 일반적으로 1주일 동안 학교 수업 시간을 제외하더라도 깨어 있는 시간 중 거의 3분의 1(29%)을 또래와 보내는 것으로 계산했다. 이는 부모나 다른 성인과 함께 보내는 시간(13%)의 2배가 넘는 수치다. 게다가 청소년기의 또래 상호작용은 아동기 중기의 또래 상호작용과 비교해 성인의 지도와 통제가 덜한 상태에서 이루어진다. 청소년은 또래 집단을 좋아한다.

또래 범죄 집단에서 어떤 일이 일어났는지 연구했을 때, 우리 팀은 이 집단의 구성, 결속력, 지속성이 운동선수나 음악가, 영재, 동아리 등 다른 또래 집단의 행동 방식과 거의 다르지 않다는 점을 확인했다. 몇

년 후 명백한 사실이 드러났다. 청소년은 자신의 평판을 높여 주는 또래 집단에 속하는 것을 좋아하지만, 많은 청소년이 어떤 영역에서도 평판을 얻지 못하거나, 자신이 존중받을 수 있는 또래 집단이 없었다. 여기에서 우리는 청소년의 외로움, 혼돈, 절망, 약물 사용 상황을 목격했다.

'평판'은 다른 사람들이 한 개인에 대해 내리는 평가다. 평판의 필요성은 청소년기 또래 집단의 중요성을 강조한다. 아는 사람들 간의 직접적인 상호작용을 통해서, 혹은 뒷말, 소문, 소셜 미디어나 기타 커뮤니케이션을 통해 평판을 간접적으로 평가할 수 있다. 특히 청소년은 평판을 형성하는 데 있어 주변 사람들의 중요성을 인식하며, 실제로 사회적 인식에 민감하다. 이를 통해 특정 방식으로 자신을 표현하고 자신의 고유한 인격적 자질을 인정받는다.

학교 폭력 가해자에 관한 주된 이야기를 생각해 보자. 이들은 종종 짝을 이루어 활동하며 서로 간에 평판을 쌓는다. 다른 친구들에게 평판을 인정받지 못하면 자신이 인정받을 자격이 실제로 있다는 것을 보여 주기 위해 폭력을 사용하기도 한다.

학교 총격 사건에 대한 적용[13]

2000년 이후 미국에서는 학교 총격 사건으로 300명 이상 사망자가 발생했다. 총기의 존재, 총격 사건으로 인한 대중의 관심, 범인의 정신적 문제와 동기는 모두 연관되어 있다. 그러나 우리 팀의 지난 20년간의 연구에 따르면 근본적 원인이 더 있다는 사실이 밝혀졌다. 근본 원인을 파악하고 대응한다면 많은 총격 사건을 예방할 수 있다. 많은 청소년이 총기에 접근할 수 있고, 자신이 겪은 괴롭힘에 대한 복수를 원한다. 하지만 대다수는 또래와 교사를 살해하는 데 나서지 않는다.

10대에 의한 대규모 학교 총격 사건을 예방하려면 총기 살인을 저지르는 사람의 심리를 이해하는 것이 중요하다. 총기 살인을 저지르는 공통적인 근본 원인은 자신의 평판을 높이고자 하는 범인의 열망이다. 또래의 인정과 지위 향상에 대한 열망은 영재부터 운동선수, 학급의 장난꾸러기까지, 청소년 범죄와 일반적인 행동의 공통적인 동기다. 대규모 학교 총기 난사 사건을 저지른 범인에게 미디어 보도로 인해 생기는 인지도는 그들이 갈망하는 악명을 얻는 수단이 된다.

지난 20년간의 연구에 따르면, 청소년의 목표와 행동의 핵심적인 구조에는 또래 평판이 중요하다는 사실이 입증되었다. 예전에는 평판을 얻기 위해서 가까운 사람들의 존재가 필수적이었다. 누군가 직접적으로 행동을 목격하거나 다른 사람에게 이야기를 전달해야 했다. 그러나 소셜 미디어 도입과 광범위한 사용으로 인해 이제는 가까운 이들이 평판을 얻는 데 필수적이지 않다. 학교 총격 사건 범인은 순식간에 전 세계에 악명을 떨치며, 때에 따라서는 추앙과 모방의 대상이 된다.

학교 총격 사건 범인은 종종 혼자 또는 짝을 지어 활동하며 전사, 수호자 또는 과거의 잘못에 대한 복수 등 일련의 신념을 구축한다. 이들은 다양한 친구와 어울리기보다는 폐쇄된 세계에 자신을 감추고, 폭력적인 컴퓨터 게임, 채팅 사이트, 온라인 소셜 네트워크에서 안도감을 찾고 있다. 종종 자신의 컴퓨터에 성명서를 작성하고 저장해, 총격 사건이 끝난 후에는 세상과 공유한다. 그들은 자신이 통제할 수 있는 세상을 만들려고 시도하며, 그들에게 가장 중요한 것은 자신의 신념을 또래로부터 인정받는 것이다.

이들의 치밀한 계획은 흔히 감정이 없고 목적 지향적이며, 방해가 되는 사람에 대한 공감 능력이 부족하며, 자신을 배짱 있는 남성으로 인식한다. 스스로 고립시키면서 부모와 교사의 관심을 피한다. 부모가 무심코 아이에게 총을 안전하고 재미있게 쏘는 방법을 가르치거나, 아이를 방에 혼자 있게 내버려두어 그릇된 신념 체계를 강화하는 일도 있다. 학교 총격 사건 범인 대부분이 합법적인 총기를 소지한 가정에서 나타난다.

이들은 사건을 계획한 날이 가까워질수록 자신의 계획을 더욱 철저히 보호하고 지키기 때문에 적발하기가 더 어렵다. 그러나 명성이 높아질 것을 기대하여 총격 사건을 암시하거나 유출하는 경우 또한 많다. 결국 이들은 또래에게 자신이 명성을 얻을 자격이 있고 인정받아야 한다는 것을 보여 주기 위해 총격 사건을 실행에 옮긴다. '나를 봐, 나는 진짜다. 나는 똑똑하다. 나는 성명서를 갖고 있다. 나는 다른 사람을 지배하고 통제할 수 있다. 나는 존중받아야 한다. 나를 봐, 나는 이 일을 위해 오랫동안 계획을 세워 왔어. 이제 내가 진짜로 주목할 가치가 있다는 것을 모두 알게 될 거야.'라고 외치는 미개함을 드러낸다.

모든 청소년은 평판을 얻기 위해 노력한다. 그러니 모두가(또래 친구, 부모, 교사) 자신의 지위를 높이려는 청소년의 시도를 인식해야 한다. 아이들 말에 귀를 기울이고, 친구들에 관해 묻고, 함께 시간을 보내고, 아이들이 어떻게 존중받고 싶어 하는지 알아내야 한다. 전체 청소년 약 3분의 1이 또래의 인정을 받는 데 어려움을 겪고 있으며, 이는 흔히 관계 단절로 이어져 자신의 평판을 높이기 위한 내면 세계를 구축하는 일로 이어진다. 청소년 학교 총격 사건 범인은 약물 남용, 폭력, 범죄, 동물 학대 등의 전과가 있는 경우는 드물지만, 범행 대상 중 적어도 한 명 이상에 대해 불만을 품고 있으며 공개적인 난동을 목표로 삼는 경우가 많다. 다른 사람들에게 '저 애는 이상하다. 특이하다.'라고 여겨질 때가 많고, 이것이 조기 경보일 수 있다.

　　총격 사건이 발생하면 언론은 범인 이름과 사진, 지속적인 사건 보도를 통해 범인을 미화하거나 찬사를 보내지 않도록 보도 내용에 책임을 져야 한다. 여기에는 부상자나 사망자 수의 증가를 알리지 않는 것도 포함한다. (특히 숫자는 피해자의 인격을 비인격화할 수 있으므로 주의해야 한다.) 현재 언론이 대규모 학교 총격 사건을 보도하는 방식은 범인이 대량 학살범으로 유명해질 뿐만 아니라 악명도 얻을 수 있다는 점을 보여 준다. 이는 또래들 사이에서 평판을 얻으려는 다음 청소년에게 먹이를 주는 것이다.

　　청소년은 자신이 바라는 자아상을 구축하고 다른 사람들에게 표현하는 방법을 통해 자기 평판을 구축하는 주체다. 청소년의 삶에서 평판은 품행, 외모, 비행, 범죄 등 모든 면에서 중심적인 역할을 한다. 또래 집단은 청소년기에 사회적 평판을 시작하고 발전시키는 데 근본적인 역할을 하며, 개인이 선택하는 평판 유형과 그들이 참여하는 행동에 대해 큰 통제력을 발휘한다.

평판을 향상하고 유지하는 일은 모든 청소년에게 중요하다. 이러한 행동을 보여 주는 대상과 자신을 포함해 타인에 대한 인식과 묘사 또한 개인의 자아상 형성만큼이나 중요하다. 일부 청소년의 경우, 의도적으로 선택한 평판이 집단 가입의 기준이 되며, 또래에게 깊은 인상을 심어 주고 인정을 얻기 위한 수단이 된다. 또한 이는 개인과 집단을 위한 자기 보호와 구제 전략이기도 하다. 청소년이 다른 사람에게 어떻게 보이고 싶어 하는지를 아는 일은 청소년을 이해하는 데 매우 중요하다. 아이의 친구(흔히 부모가 알기를 원하지 않는)를 알면 우리의 아이가 어떻게 인식되는지 이해할 수 있다.

준비하자. 평판을 쌓고 유지하기 위해 많은 청소년이 매우 구체적이고 도전적인 목표를 선택하고 이를 달성한다. 이것이 일부 청소년이 '평판'을 얻는 방법이자 위험한 일에 뛰어드는 이유다. 생각 없는 행동이 아니라 평판을 얻고자 하는 사람들에게 깊은 인상을 남기는 행동이라 할 수 있다. 그들은 가족, 형제자매, 집과는 별개로 자신만의 평판을 쌓고 싶어 하며, 이는 잘못하면 부모에게는 가슴 아픈 일이 될 수 있다. 이것은 사랑이나 감사가 부족하다는 신호가 아니라 청소년이 되는 과정의 일부다. 청소년이 평판에 대해 가지는 생각을 우선 이해하고, 청소년이 가족 안에서 자아를 형성하고 탐색할 수 있는 가정 생활을 만들어 가는 것이 중요하다.

많은 청소년의 경우에 또래의 수용과 부모의 수용이 자연스럽게 일치하는 데 비해, 어떤 아이들은 부모의 거부가 평판의 일부라는 점을 기억하자. 또래 집단에 소속감을 얻지 못하는 청소년을 안타깝게 여기자. 외로움은 치명적이다. 일부 청소년은 외톨이가 되기도 한다. 물론 고통스럽지만 때로는 혼자 있는 일이 멋진 고독이 될 수 있다. 청소년은 자신이 선택한 평판을 쌓고 보호하기 위해 큰 노력을 기울인다. 그러다가 16~18세가 되면 사랑이 싹트고 커플이 생겨난다. 그 이후에는 집단에 의한 평판 향상이 훨씬 덜 중요해진다.

결론

부모는 혼자가 아니다. 세상에는 놀라운 힘을 가진 사람들이 많다. 부모로서 자녀와 자녀의 친구들을 성장하게 하는 일은 성공적인 양육의 주요 과제다. 세상은 가까워졌다. 자녀는 수많은 공동체에 적응하며 살아가고, 새로운 친구 집단을 만들고 유지하고 조정하는 법을 배울 기술이 있다. 특히 또래 친구들에게 인정받고 평판을 얻는 것이 무엇보다 중요한 청소년기에 외로움은 결코 즐거운 일이 아니기 때문이다.

2부

잘 배우는 아이로 성장하는
기초 쌓기

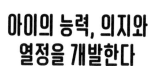

마인드 프레임 4

아이의 능력, 의지와 열정을 개발한다

1. 능력 개발하기 – 작업 기억, 실행 기능

▸ 학습의 원동력은 사고하는 방식, 정보를 처리하는 방식과 관련된 실행 기능이다. 실행 기능에는 집중하는 능력, 여러 과제나 아이디어 간 전환 능력, 들어오는 정보에 따라 생각을 업데이트하는 능력 등 3가지 주요 구성 요인이 있다.

2. 의지 개발하기 – 자신감과 성장 마인드셋 growth mindset

▸ 아이들은 부모와 함께, 부모 때문에, 부모도 모르게 성격을 발달시킨다.

▸ 가장 중요한 성격 요인은 도전적인 과제를 해내려는 자신감, 도움을 구할 수 있는 자신감, 다른 사람들과 협력해 결과를 만들려는 자신감, 스스로를 배우려는 사람으로 볼 수 있는 자신감, 피드백을 구하고 행동할 수 있는 자신감, 실패의 경험을 즐길 수 있는 자신감 등 여러 측면의 자신감을

키우는 것이다.

3. 열정 개발하기 - 열정과 투자

▸ 동기는 참여, 행동 또는 행동에 대한 투자를 결정하는 것과 관련 있다.

▸ 모든 사람은 최적의 발달과 기능 발휘를 위해 관계성, 유능성, 자율성을 느끼려는 근본적인 욕구를 가진다.

▸ 아이는 단순히 과제를 완성하는 것이 아니라, 과제를 통해 얻는 즐거움과 가치, 긍정적인 학습에 영향을 미치는 외부 요소(보상)를 통해 과제에 능숙해지는 법을 배워야 한다.

이 장에서는 학습의 3가지 핵심 개념, 즉 아이의 능력, 의지, 학습의 열정을 개발하는 방법을 설명한다. 단순히 부모로부터 물려받고 태어나며 얻는 기능뿐만이 아니라, 첫 20년 동안 아이의 뇌는 계속 성장하고 중요한 방식으로 변화한다. 목표는 도전적인 학습을 해낼 수 있는 능력(기술)과 자신감을 기르고, 학습에 열정을 쏟는 것이다.

카일 해티: 학령기 아이를 둔 모든 부모라면 2020년 코로나19 원격 수업 기간에 아이를 학생으로 보는 것이 어떤 일인지 경험해 보았을 것이다. 모든 부모는 아이를 학교에서 예의 바르고, 의욕이 넘치며, 계속 질문하고, 열심히 노력하고, 자신의 생각에 도전하는 호기심 많은 학습자의 모습으로 상상하고 싶어 한다. 하지만 팬데믹 기간 동안 부모는 집에서 학생으로서 아이의 실제 모습을 볼 수 있었다.

내가 교사로서 경험한 데 따르면, 부모가 학생으로서 자기 아이를 생각하는 이미지는 현실과 약간 달랐다. 봉쇄 기간 동안 부모들로부터 받은 가장 큰 불만은 아이가 의욕이 없고 학교에서처럼 열심히 공부하지 않아서 다시 학교로 돌아가길 원한다는 것이었다.

일부 부모에게는 직면하기 힘든 현실이었지만, 아이들이 새롭고 무섭고 혼란스러운 상황에 놓이게 되면서 부모는 아이가 얼만큼 자기 조절력이나 학습 능력이 있는지, 그리고 이 기술을 개발하는 것이 왜 중요한지 확인할 수 있었다. 자기 조절에는 '멍청한 사람'으로 보이는 것을 두려워하지 않고 질문하고, 학습에 투자하고, 실수할 수 있는 능력이 포함된다. 원격 학습 중에 잘 해내고 변화를 보인 아이들이 꼭 학업적으로 뛰어난 아이들은 아니었다. 자기 조절(및 실행 기능)이 강한 아이들이 가장 성공적이었다. 이 결과의 교훈은 가정과 학교 모두 자기 조절(및 실행 기능)을 이해하고, 가치 있게 여기며, 이를 가르쳐야 한다는 것이다.

우리 해티 집안에는 세 명의 남자아이가 있는데, 서로 큰 차이가 있다. 이렇게 차이가 큰데 어떻게 가족일 수 있는지 궁금할 때도 있다. 형제자매 중에서도 대체로 첫째와 둘째의 차이, 둘째의 외모, 막내의 장점에 대한 온갖 속설이 가득하다. 그러나 메타 분석 연구에 따르면, 출생 순서에 따른 효과는 신기루에 불과하다.[1] 기껏해야 막내가 더 자유분방하고 반항적이라는 점이지만, 아주 작은 차이이므로 막내에게 이를 적용한다고 가정할 때 주의가 필요한 정도다.

모든 아이는 저만의 능력, 세상을 보는 방식, 시간과 지성에 투자하는 동기, 개성을 제각기 발달시킨다. 앞서 언급했듯이, 아이들은 어릴 때부터 '마음의 이론', 즉 세상을 보는 방식을 발전시키는데, 이 관점은 시간이 지남에 따라 변하지만 분명 고유한 특징을 가진다. 아이의 사고방식과 세상을 보는 방식을 이해하는 것이 아이를 존중하는 첫걸음이지만, 그렇다고 부모가 아이의 사고방식에 동의하거나 그대로 받아들여야 한다는 뜻은 아니다. 그것이 바로 부모가 부모인 이유다.

이 장에서는 아이의 목소리를 경청하고 발전시키는 일의 중요성과 아이가 상황마다 실패와 성공에 어떻게 반응해야 할지, 어떤 요소가 도움이 될지를 설명한다. 또한 각자 고유한 목소리를 만들어 내는 아이의 다양한 특성을 살펴본다.

1. 능력 개발하기 – 작업 기억, 실행 기능

'마인드 프레임 1'에서 어린아이가 자신의 세계에 관한 이론을 구축하는 것의 중요성과 이것이 부모, 형제자매, 세상과 상호작용의 기초를 형성하는 방식에 관해 말했다. 아이는 성장하면서 새로운 상황과 딜레마에 직면하고 학교에 진학하여 세계관이 크게 확장된다. 부모 역시 이런 상황에 맞춰서 아이가 '마음의 이론'을 발전시키도록 도와야 한다.

마음의 이론은 세상을 해석하고 이해하는 데 필요한 능력뿐 아니라 반응하고 사고하고 정보를 처리하는 방법과도 관련이 있다. 실행기능은 산만하거나 충동적으로 행동하지 않고 집중하는 능력, 여러과제나 아이디어 간에 전환하는 능력, 과제와 관련하여 들어오는 정보를 모니터링하고 업데이트하는 능력과 관련이 있다. 집중력은 작업 기억과 관련이 있다. 1956년 미국의 심리학자 조지 밀러^{George Miller}는 '7 더하기 또는 빼기 2'라는 유명한 글을 통해 대부분 인간은 단기기억으로 한 번에 5~9개 정도만 저장할 수 있으며(이후 연구에 따르면 4~7개 정도라고 한다), 이것이 학습에 걸림돌이 될 수 있다고 주장했다.[2] 과제 간 전환 능력 또는 유연한 사고는 다른 사람의 생각에 동의하지 않더라도 적용, 변경 또는 수정하거나 고려하는 능력이다. 모니터링 및 업데이트 능력은 투입 정보나 새로운 상황을 고려하고 최신 이론이나 해석으로 개선하는 능력이다. 이러한 능력은 모두 학업에 참여하고, 형제자매나 또래들과 함께하는 데 필요한 능력이다.

우리 대부분은 무수한 잘못된 믿음을 가지고 있는데도 각자의 세계에서 잘 살아가고 있다. 지구가 우주의 중심이고 태양과 행성이 지구 주위를 돈다고 믿는다고 가정해도 지구가 태양 주위를 돈다는 현실은 변하지 않으며, 부정적인 영향을 받는 사람은 없다. 사람들은 현실과 일치하지 않는 무수한 세계관을 갖고 행복하게 살고 있다. 하지만 자신의 세계관과 반대되는 증거가 그들 앞에 놓이면 사람들은 어색함을 느끼고 자신의 신념과 맞서게 된다. 새로운 아이디어에 저항

할 수 있지만 이것이 최적의 학습 기회일 때가 많다.

예전에 나(존 해티)는 태양 주위를 도는 행성 이미지를 사용한 적이 있다(그림 3). 한 노벨상 물리학자가 내게 이메일을 보내 어떻게 행성 운동에 대해 그렇게 무지할 수 있는지, 어떻게 도리어 잘못된 정보를 퍼뜨릴 수 있는지 묻고, 즉시 삭제해 달라고 요청했다. 태양으로부터 차례로 행성의 이름과 순서를 배우는 과정에서 이 이미지를 본 적이 있을 것이다. 그러나 물리학자의 말이 맞다. 이 다이어그램은 궤도 경로, 각 행성과 태양과의 상대적 근접성을 잘못 나타내며 행성의 회전에 대한 잘못된 세계관을 만든다. (실제 태양계의 모습은 해왕성 바깥에서 보면 태양계에서 가장 큰 태양이 점으로 보이고, 그보다 작은 수성, 금성, 지구, 화성의 공전 궤도는 거의 보이지 않는다. 따라서 저자가 소개한 사진은 왜곡된 점이 많다. 실제 태양계의 모습을 느껴 보고 싶으면 다음 사이트를 참고하자. https://joshworth.com/dev/pixelspace/pixelspace_solarsystem.html – 옮긴이) 어린이를 위한 학습 대부분은 이것과 비슷하다. 아이들은 자신의 세계관을 갖고 있다가 그것이 잘못된 것으로 드러나면 다시 배워야 한다. 초기 세계관을 그대로 유지하면 새로운 정보를 수용하는 데 큰 문제가 생길 수 있기 때문이다.

마음의 이론은 아이가 자라면서 큰 변화를 겪게 되는데, 때로는 뇌 발달에 따른 자연스러운 과정이기도 하지만 대부분 부모의 가르침, 학교 교육, 또래와의 상호작용, 미디어와 기타 사회적 상호작용에 의해 영향을 받는다.

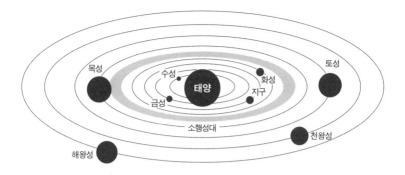

■ 그림 3 ─ 태양 주위의 행성 회전에 대한 일반적이지만 오해의 소지가 있는 묘사.

우리가 강조하는 뇌 발달의 영역은 자기 조절, 실행 기능과 관련이 있다. 자기 조절은 학습을 어느 정도 통제할 수 있는 능력을 말하고, 실행 기능은 정보를 처리하는 법과 자신을 관리하는 법에 관한 것이다. 이 2가지가 더해져서 세상을 이해하고 학습하는 방법과 다른 사람과 상호작용하는 방법을 아는 데 필요한 능력을 형성한다.

자기 조절에는 다음과 같은 많은 영역이 있다.

자기 조절은 정서 조절과도 관련 있는데, 예를 들어 어떤 문제를 해결할 인지적 자원이 없는 사람은 좌절감을 느끼거나 반대로 문제를 해결하려는 의지가 불타오를 수 있다. 또는 화를 내거나 자신을 이런 상황에 처하게 만든 다른 사람을 비난하거나 공격할 수도 있다. 부모는 아이가 이런 감정을 표현하는 것을 본 적이 있을 것이다. 마찬가지로 부모도 문제에 부딪혔을 때 감정을 표출한다.

자기 조절은 또한 문제 해결을 위해 도움을 구하거나(구하지 않거나),

유연성	아이디어 간 전환 능력
주의 조절	작업을 지속할 수 있는 능력
개념 형성	아이디어를 서로 연관 짓는 방법
실수 처리	실수에 반응하는 방법
작업 기억	단기 기억에 정보를 저장하는 방법

인내하거나, 다른 사람들이 주는 도움을 판단하기 위해 그들과 상호 작용하는 방식과도 관련이 있다. 아이가 자기 조절력을 키우도록 돕는 일이 학습을 돕기 위해 부모가 할 수 있는 가장 중요한 일 중 하나이다.

가장 큰 변화는 자기 조절 능력의 발달과 관련 있다. 실행 기능처럼 새로운 전문 용어로 표현되는 3가지 주요 핵심 학습 능력이 있는데, 이는 아이의 자기 조절 능력을 강화하는 데 도움이 된다. 실행 기능은 주로 생각하는 방식 또는 정보를 처리하는 방법과 관련 있다. 실행 기능의 3가지 주요 구성 요인인 억제, 과제 전환, 모니터링 및 업데이트는 이후 학습을 가장 잘 예측하는 요인이자 원인이므로 어릴 때부터 길러 주는 게 중요하다. 또한 실행 기능은 3Rs(읽기^{reading}, 쓰기 ^{writing}, 셈하기^{arithmetic})를 배우는 데 중요하다. 그렇지만 아이에게 더 적합한 맥락(놀이, 이야기 듣기, 부모 및 또래와의 일상적인 상호작용)에서 발달할 수 있고 그래야 한다는 점에서 '콘텐츠 프리$^{contents\ free}$'(별도의 교육 프로그램이 아니라 일상에서 부모, 또래와 어울리고, 연령에 맞는 이야기를 직접 접하는 경험을 하는 게 중요하다는 뜻. - 옮긴이)라는 점에 유의하자.

'억제'라는 첫 번째 요인은 주어진 과제에 집중하고 산만해지지 않도록 하는 능력이다. 쉽게 산만해지지 않게 하는 이 능력은 학습된 능력이며, 아이가 7세 정도 되어야 의미 있는 방식으로 나타난다. 이 능력을 더 일찍 가르칠 수 있지만 어린아이에게 높은 수준의 억제력을 기대해서는 안 된다. 아이를 진정시키기 위해 약을 먹일 필요도 없으며, 대신 아이가 요구하는 것에 주의를 기울임으로써 산만함을 피하는 기술을 가르칠 수 있다.

두 번째는 다른 과제나 아이디어를 오가는 전환 능력이다. '멀티태스킹multi tasking'이라고 부르기도 하지만, 실제로 한 번에 두 과제를 하는 것은 불가능하기 때문에 정확한 명칭이 아니다. '원숭이 착각 Monkey Illusion'(『보이지 않는 고릴라The Invisible Gorilla』에 소개) 실험을 시청하는 것이 좋은 방법이다. (흰색과 검은색 옷을 입은 선수들이 농구공을 패스하는 동영상을 틀어 흰색 팀의 패스 횟수를 세도록 지시하자, 영상 중간에 고릴라가 등장해도 약 절반의 피험자가 고릴라를 보지 못했다는 결과를 발견했다. 이 실험을 통해 우리 대부분은 한 번에 하나의 과제만 할 수 있음을 보여 주었다. www.youtube.com/watch?v=IGQmdoK_ZfY - 옮긴이) 이 영상은 한 과제에 너무 몰두한 나머지 다른 중요한 정보를 보지 못하는 상황을 보여 준다. 즉, 부모가 아이에게 여러 가지 지시를 내리면 아이가 일부만 듣고 정작 중요한 부분에는 집중하지 않을 수 있으므로 지시를 명확하게 하는 것이 중요하다는 것을 강조한다.

　세 번째 구성 요인은 정보를 모니터링하고 업데이트하거나, 작업 기억에서 내용을 구성하고 조작하는 능력을 기르는 것이다. 정보가 여전히 과제와 관련성이 있는지 확인하고 더 관련성 높은 정보로 생각을 수정하거나 업데이트하는 것도 포함한다.

　이 3가지 요인 중 하나라도 어려움을 겪는 아이는 읽기나 여러 과목에서 어려움을 겪는 경우가 많다. 취학 전 아이가 이 3가지 능력을 키우도록 돕는 일은 아이에게 큰 차이를 만들 수 있다. 방법은 여러 가지가 있다. 예를 들어, 아이가 하던 일을 적절하게 멈출 수 있는지, 하나의 상황이나 활동에서 다른 상황으로 자유롭게 전환할 수 있는지, 과제를 끝내기 위해 정보를 머릿속에 담아 둘 수 있는지 등을 관찰하자. 아이와 함께 과제를 시작하기 전에 계획하고 정리한 다음, 과제를 수행하는 동안 잠시 멈추고 어떻게 진행하고 있는지 평가하자. 지시 사항을 단계별로 나누고 관련한 정보를 암기하면 보상하자. 과제 수행 동안 오류나 실수를 발견하면 이를 환영하고, 실수를 고치도록 가르치되, 지적하거나 꾸짖는 것이 아니라 개선 방법을 찾는 학습 탐정이 될 수 있게 돕자. 또한 읽기 또는 과제 수행 중 잠시 멈추고 다른 과제와 정보로 주의를 돌린 다음 원래 과제로 돌아오게 한다. 문제를 해결할 다른 방법을 생각해 보게 이끌고, 과제와 학습 전략을 상세하게 알려 주자. 그리고 아이가 잊어버리거나 잘못 해석하고 의문을 품을 때, 유연하게 대처하는 법을 보여 주는 본보기가 되자.

웹에는 작업 기억 능력 개발을 돕는 다양한 프로그램이 있다. 일부 프로그램에서는 운동, 마음 챙김, 비디오 게임을 권하는데, 이 방법들도 도움을 주지만, 가장 큰 도움은 실제 과제의 맥락에서 해당 능력을 구체적으로 가르치는 일이다.

실행 기능의 3가지 구성 요소로 돌아가 보자. 다음은 아이의 자기 조절 발달에 중요한 요소다.[3]

억제: 필요할 때 자동적·일반적 반응을 의도적으로 억제하는 능력. 억제력 평가를 위한 일반적인 과제는 9가지 색상의 단어 세트(파란색, 녹색, 노란색 등)를 보여 주되, 각 단어를 단어가 말하는 색이 아닌 다른 색으로 표시하는 것이다. (파란색이란 글자를 빨간색으로 칠한다.) 그다음 가능한 한 빨리 단어를 읽고 반복하되, 단어의 색을 말하도록 요구한다. 2차 정보를 억제하는 동시에 한 가지 측면(색상 또는 단어)에 집중해야 하므로 첫 번째보다 두 번째가 더 어렵다. 억제 능력은 아이가 성장하고 배우면서 주변의 수많은 산만함을 피하려면 꼭 필요하다. ADHD나 유사한 행동 진단을 받은 아이는 억제 능력이 낮은 경우가 많다. 좋은 소식은 우리가 억제 능력을 가르칠 수 있다는 것이다.

전환: 인지적 유연성 또는 과제 전환 능력. 여러 가지 작업 사이를 오가는 능력으로, 일반적으로 2가지 이상의 간단한 결정 과제를 수행하고 특정 단서 또는 순서에 따라 과제 간에 전환하는 능력과 관련이

있다. 예를 들어, 카드 세트를 색깔별로 분류하도록 요구하고, 중간에 숫자로 분류하도록 했다가 다시 그림과 그림이 아닌 카드로 분류하도록 전환할 수 있다. 전환은 규칙 변화를 처리하도록 요구하며, 이전 규칙 목록을 억제하거나 억제할 수 없는데도 계속 적용하면 오류가 발생할 수 있다. 그러나 멀티 태스킹 개념을 뒷받침하는 증거는 없다. 오히려 '전환'은 한 과제에서 다른 과제로 주의를 돌리는 속도다.

모니터링과 업데이트: 작업 기억에 의해 저장된 내용을 조작하는 능력. 인간은 능력과 상관없이 한 번에 기억할 수 있는 정보 항목의 수가 제한되어 있다는 측면에서 작은 두뇌를 가졌다고 할 수 있다. 대부분 어른은 한 번에 최대 서너 개의 정보 항목만 작업 기억에 저장할 수 있다. 10초 동안 다음 숫자를 기억해 보자.

8   2   6   5   9   7   1   0   6

이제 이 숫자들을 가린 다음 일어나서 방 반대편 끝으로 걸어가 생일 축가를 혼자서 불러 보자. 그다음에 제시된 순서대로 숫자를 떠올려 보자. 대부분은 3~4개 항목을 순서대로 기억한다. 이것은 머리가 좋고 나쁨이 아니라 우리의 뇌가 단기 기억에 한정된 양의 정보를 저장하도록 제한받는다는 뜻이다. (어떤 사람은 이것을 전화번호로 볼 수도 있다. 826 597 106처럼, 정보 덩어리 3개로만 기억하면 된다는 뜻이다. 정보를 덩

어리로 묶어서 작업 기억의 제한된 용량을 개선하는 전략인 청킹Chunking은 아이에게 작업 기억에 더 많은 것을 저장하는 법을 가르치는 데 사용할 수 있는 기술 중 하나다.)

실행 기능의 3가지 영역은 모두 인지 발달에 특히 중요하며, 지능이나 IQ보다 학업 성취도 변동성을 더 정확하게 예측할 수 있는 요인이다. 각 구성 요소는 학창 시절 내내 발달하고 16세 정도까지 향상될 수 있다. 그런 후 30대 초반까지 점차 감소한다. 이때쯤 우리는 일반적으로 사고력을 유지하기 위해 이 3가지 기술을 언제 어떻게 사용할지 파악하게 된다.

부모는 아이에게 자신의 말이 무엇을 뜻하는지, 무엇을 요구하는지 명확히 해야 한다. 하지만 무엇보다 중요한 것은 아이가 부모가 요구를 듣고 이해하고 실천할 수 있는지 확인해야 한다는 점이다. 이렇게 하면 아이가 요청의 불필요한 부분을 억제하고, 부모가 실제로 말한 것에 집중하여 즉각 작업 기억을 활용해 수행하도록 도울 수 있다. 요청 내용이 여러 가지일 때, 아이가 여러 가지 요청 사항을 파악하고 이해할 수 있도록 도와야 한다.

아이가 실행 기능의 3가지 구성 요인(억제, 전환, 모니터링 및 업데이트 기술)을 키우도록 돕는 강력한 방법은 성공이 어떤 모습인지 아이에게 설명하는 것이다. 과제의 기준을 보여 주면 과제에 집중하고 성공 가능성을 높이는 데 도움이 되니, 어떤 것이 성공인지 예를 제시하고 본보기를 보이자.

실행 기능의 점진적인 발달은 뇌의 발달과 관련이 있다. 뇌는 근육도 아니고 기계도 아니지만, 뉴런을 발화하고 화학 반응을 일으키는 '배선 및 발화' 구조라는 점에 유의하자. 전문 용어를 사용하면 시냅스 사이에 새로운 경로, 즉 중추 신경계의 뉴런 간 연결을 만들어야 한다. 뇌는 변화할 수 있기 때문에 '뇌 가소성'이라는 개념이 생겨났다. 그러나 일반적으로 9~13세 사이에 전전두엽 피질(뇌의 앞부분)이 크게 성장할 때가 되어야, 아이가 실행 기능의 3가지 요인을 실제로 더 잘 제어할 수 있다.

실행 기능의 3가지 구성 요소, 억제, 전환, 모니터링 및 업데이트가 연령에 따라 어떻게 발달하는지 살펴보자.[4]

출생~2세: 뇌가 뉴런 사이에 가장 많은 수의 새로운 연결을 형성하고 뇌의 크기가 커지는 시기. 생후 7~12개월 사이에는 뇌의 뉴런 간 시냅스 형성이 급격히 증가한다. 또한 이때 아이는 사물을 관찰할 수 없더라도 존재한다는 것(사물의 영속성)을 이해하기 시작하며, 생각과 행동이 분리되는 단계이기도 하다.

이 시기에 전전두엽 피질을 포함한 뇌의 전두엽 영역이 빠르게 증가한다. 이러한 발달에 따라 어린아이는 산만해지지 않고, 한 번에 더 많은 아이디어를 머릿속에 담는 법을 배우며, 작업 기억력이 향상되어 집중력이 좋아진다. 유아기의 주의력 차이로 이후 아동기의 반응 억제 능력을 예측할 수 있다.

2~7세: 실행 기능의 3가지 측면이 모두 중요한 시기는 3~5세다. 억제는 전환, 모니터링과 업데이트보다 조금 더 이른 나이에 발달한다. 대부분의 연구에 따르면 아이의 억제력은 약 2~5세부터 오랜 기간에 걸쳐 발달하는 것으로 나타났다. 예를 들어, 미국의 발달심리학자 스테파니 칼슨^{Stephanie Carlson}[5]의 연구에 따르면 2~3세 사이에 간식을 억제하는 능력이 극적으로 변화하는 것을 확인했다. 이 연구에서 2세 아동의 50퍼센트는 20초 동안 간식을 먹지 않고 기다릴 수 있었다. 반면 3세 아동은 1분 동안 간식을 먹고 싶은 충동을 참을 수 있었다. 4세 미만 어린이는 말이나 행동을 억제하는 것이 매우 어렵다. 자신의 감정이나 생각을 무조건 툭툭 내뱉거나 심지어 신체적으로 공격하기도 하는데, 즉각적으로 말하거나 행동하려는 충동을 아이들이 통제하지 못한다는 것을 뜻한다.

2~7세 사이에는 특히 부모가 아이를 도와줄 때 생각을 전환하는 능력이 급격히 발달할 수 있다. 생후 15~30개월까지는 업데이트 능력에서 극적인 변화를 관찰할 수 있다. 3~5세 사이에는 업데이트 능력에 큰 변화가 일어난다. 7세가 되면 감소한다. 아이가 성장함에 따라 5세 미만 아이에게는 복잡했던 전환, 억제, 업데이트 기능이 5세 이후에는 관리 가능한 수준으로 바뀐다.

7~11세: 이 시기 동안 여러 관점을 동시에 결합해 서로 다른 접근 방식으로 세분화하고 순서를 정하면서 아이의 사고는 더욱 유연

해진다. 꾸준하고 지속적인 실행 기능의 성장은 계획과 주의력 조절의 본거지인 전전두엽 피질의 해부학적 변화와 궤를 같이한다. 억제와 전환 능력은 모두 선형적인 궤적을 따라 향상되어, 11세쯤 되면 성인에 가까운 수준에 도달한다. 그러나 업데이트 능력은 청소년기까지 계속 향상되어 약 15세에 성숙한다.

11~16세: 성인이 되는 시기로, 피아제 발달 마지막 단계인 11~16세의 형식적 조작기에는 추상적이고 가설적인 사고가 특징이다. 이 단계에서 아이는 어떤 학습 전략을 사용할지 더 잘 조정하고, 학습에 대해 더 잘 성찰하며, 다양한 관점과 대안을 고려할 수 있게 된다.

사고 능력은 0~15세 사이에 발달하고 변화한다는 점을 부모가 인식하는 것이 중요하다. 이 시기 적절한 순간에 이 능력을 배우지 못한다면 아이에게 주의를 집중하고, 산만해지지 않고, 여러 요구나 아이디어 사이에서 전환을 고려하도록 요구하는 일은 불가능할 수 있다. 우리는 자주 주의력이 부족하거나, 아이디어 사이를 오가거나, 생각을 업데이트하고 모니터링하지 못하는 학생에게 서둘러 낙인을 찍는다. 아이가 그 꼬리표를 달고 살도록 강요할 수 있기 때문에, 그러는 대신 이 능력을 가르치는 데 세심하게 접근해야 한다. 아이에게 너무 많은 것을 기대하기보다 인내심을 갖고 기다리자. 시간이 지나면서 아이의 뇌가 성장함에 따라 능력 또한 발달할 것이다. 너무 성급하게 판단하지 말고 잘못된 낮은 기대치를 설정하는 라벨링labeling을 하지 말아야 한다.

라벨링은 커다란 부정적인 영향을 미칠 수 있다. 비슷한 능력을 가진 두 아이를 두고 한 명에게는 이를테면 파괴적 성향, 난독증, 아스퍼거 증후군 라벨을 붙이고, 다른 한 명에게는 라벨을 붙이지 않는다고 가정한다면 어떨까? 그 결과 꼬리표(라벨)가 붙은 학생은 꼬리표가 붙지 않은 학생에 비해 부정적인 영향을 크게 받는다.[6] 자폐증, 아스퍼거 증후군이나 관련 라벨이 진짜가 아니라고 말하는 게 아니라, 라벨링을 조심하라는 뜻이다. 아이는 아이일 뿐이다. 어떤 라벨이든 특정 능력을 길러 내기 위해 더욱 집중적인 개입이 필요할 수 있다는 한정적인 의미로만 쓰여야 한다. 의사가 우리의 질병을 진단할 때, 라벨을 사용하여 사람마다 적절한 치료를 시행하는 것과 같은 이치로 이해하자. 마찬가지로 학교에서도 라벨과 진단은 교육 프로그램의 첫 단계일 뿐이다. 아이에게 잘못된 낮은 기대치를 부여하는 라벨을 붙여서는 안 된다.

억제, 전환, 업데이트 능력이 성인 수준에 도달하는 연령은 다음과 같다.

억제: 약 11~12세에 성인 수준에 도달.

전환: 약 15세까지 성인 수준에 도달하지 못함.

업데이트: 약 15세까지 성인 수준에 도달하지 못함.

이는 뇌가 발달을 멈춘다는 것을 뜻하지 않는다. 지금 여기서 이 문장을 읽는 동안에도 우리의 뇌에는 변화가 일어나고 있다. 뇌는 지속적으로 재생되고, 시냅스 연결이 발달하며, 강화 수준이 낮은 시냅스를 제거한다. 성인이 된 우리는 산만함을 억제하고, 아이디어를 전환하고, 생각을 업데이트하고 모니터링을 훨씬 잘하지만, 우리 아이들의 경우에 이는 가르쳐야 하는 능력이며, 이 능력을 배우는 데 가장 큰 제약은 뇌의 성숙과 성장 단계일 수 있다. 이때 부모는 자녀에게 어떤 능력이 필요한지, 과제를 성공적으로 완수하는 것이 어떤 모습인지 명확하게 제시하는 과제를 구성해 차이를 만들 수 있다. 또한 한 가지 능력에 장기적이고 지속적인 집중을 요구하기보다는 다양한 요인을 제공함으로써 아이가 다양한 능력 사이를 이동할 수 있도록 도울 수 있다.

놀라운 점은 뇌 발달과 실행 기능에 관한 최근의 연구가 70여 년 전 피아제가 주장한 내용을 뒷받침한다는 점이다. 뇌는 특히 0~2세 사이에 많은 변화를 겪지만 나이가 들어도 발달을 멈추지 않는다. 이런 변화는 교육과 학습의 결과라는 점을 기억해야 한다. 이런 변화와 유아기의 중요성은 왜 유아기에 언어가 중요한지, 왜 아이의 마음을 발달시키기 위해 인내심을 갖고 질문을 환영하고 대답하기를 포기해서는 안 되는지를 말해 준다. 그리고 아이에게 억제하고, 전환하고, 업데이트하고, 모니터링하도록 가르치는 일의 중요성을 강조한다. 이러한 가르침은 아이에게 리탈린(ADHD 치료에 쓰이는 향정신성 의약품 중 하나. – 옮긴이) 약을 먹이는 것보다 중요하고 강력하다. 이 3가지 능력을 개발함으로써 아이는 소란하고 분주하고 때로는 당황스러운 세상을 이해할 수 있다.

2. 의지 개발하기 – 자신감과 성장 마인드셋

아이의 인격은 부모와 함께, 부모 때문에, 부모도 모르게, 부모와 상관없이 발달한다. 부모는 성격 발달에 막대한 영향을 미친다. 성격 또는 기질은 의지 그리고 의지 발달과 관련이 있다. 수십 년에 걸쳐 연구자들은 빅 5 성격 특성에 집중했다. (물론 논쟁도 있다.)

성격 특성 빅 5는 다음과 같다.

- ▶ **외향성**: 붙임성과 의욕 수준.
- ▶ **우호성**: 호의와 친절함 수준.
- ▶ **성실성**: 조직화와 근면 수준.
- ▶ **정서적 안정성**: 냉정함과 평온함 수준.
- ▶ **경험에 대한 개방성**: 창의성과 호기심 수준.

5가지 모두 최적의 양육에 긍정적인 영향을 미친다. 한 연구에서는 빅 5와 부모-아이 관계의 3가지 주요 요인으로 따뜻함, 통제력, 자율성의 관계를 살펴보았다.[7] 이 3가지 관계 요인에서 높은 점수를 받은 부모는 아이와 긍정적인 상호작용을 더 잘 시작하고 유지할 수 있었다. 더구나 우호성과 정서적 안정성에서 높은 점수를 받은 부모는 아이의 자율성을 더 지지하는 것으로 나타났다. 그러나 부모의 성격에 의존하기에는 높지 않은 수준이다.

마찬가지로 아이의 성격이 바람직한 학교 성과와 관련이 있다고 주장하기는 어렵지만, 성격을 완전히 무시하는 것도 요점을 놓치는 것이다. 아이의 삶의 기회를 높이기 위해 부모는 아이가 사교적이고, 친절하고, 직업 윤리를 갖고, 침착하고, 경험에 개방적이기를 바란다.

학교 학습과 밀접한 관계가 있는 성격 특성 중 하나는 자신감으로, 도전적인 과제를 수행할 수 있는 자신감, 도움을 구할 수 있는 자신감, 다른 사람들과 협력해 성과를 낼 수 있는 자신감, 자신을 학습자로 여기는 자신감, 피드백을 구하고 실천할 수 있는 자신감이다. 틀리는 것을 두려워하지 않고, 도전을 두려워하지 않고, 실패를 두려워하지 않는 아이로 자라는 것이 목표다. 즉, 과감하게 틀릴 수 있고, 도전할 수 있으며, 실패할 수 있고, 그 실패로부터 배울 수 있는 아이로 키우는 것이다. 실패할 위험이 없다면 도전이라고 할 수 없다. 골디락스 원칙에 따라 아이가 적절한 높은 수준의 도전 과제를 세울 수 있도록 돕는 것이 중요하다.

아이가 비디오 게임을 하는 것을 지켜보자. 아이는 스스로 높은 난이도를 설정한다. 이는 실패해도 혼나거나 멍청하다는 소리를 듣지 않는다는 것을 알기 때문이고, 한편으로는 게임을 통해 연습하고 배울 기회가 있다는 것을 알기 때문이다. 또한 잘하는 것이 좋은 것이라는 점을 알고, 게임이 너무 쉬우면 재미가 없다는 것을 알기 때문이다. 따라서 학교에서의 학습, 집안일, 형제자매와의 상호작용 등 생활의 다른 측면에도 이 원칙을 적용해 보자.

아이에게 성공 기준을 세우는 방법을 가르치고, 연습을 통해 배울 수 있는 다양한 옵션을 주며, 자신의 성과를 모니터링하도록 가르치자. 실패했을 때 절대 비난하지 말자. 실패는 학습자에게 가장 좋은 친구다. 만약 자녀가 실패하면 눈살을 찌푸리거나 꾸짖었고, 성공을 위한 가르침이나 시간을 제공하지 않았다면 아이가 안전한 목표를 설정하고, 도전을 피하며, 안전하게 수행할 헛된 목표를 만들더라도 놀라지 말자. 부모의 방임 결과 아이가 성공적인 학습자가 되기 위한 핵심 능력을 개발하는 데 실패했기 때문이다.

최근 주장 중 하나는 부모가 아이의 자율성, 유능성과 관계성을 개발하는 토대로 그릿(열정적 끈기)과 성장 마인드셋을 갖도록 가르칠 필요가 있다는 것이다. '그릿'과 '성장 마인드셋'은 중요하다. 그러나 이러한 용어는 제대로 알려져 있지 않다.

드웩은 성장 마인드셋 연구를 개척했고, 미국의 심리학자 앤절라 더크워스 Angela Duckworth는 그릿을 성공의 근간이 되는 핵심 개념으로

부각시켰다.[8] 두 학자는 우리 모두 성장/고정 마인드셋을 갖고 있으며, 그릿 역시 역할을 한다는 점에 주목했다. (범죄자와 일부 '못된 아이'도 높은 수준의 그릿을 보일 수 있다는 점에 주의하자.) 중요한 것은 역경, 실패, 실수, 새롭고 도전적인 문제와 상황에 직면했을 때 아이가 어떻게 생각하느냐는 문제다. 이런 상황에서는 아이를 포함한 모든 사람이 그릿(결단력)과 성장 마인드셋을 발휘해야 한다.

> **존 해티:** 호주 국제 회의에 참석한 우수한 교사들에게 내년도 기조 연설자로 누구를 원하는지 물었다. 가장 많이 언급된 사람은 캐럴 드웩이었다. 그런데 나는 성장 마인드셋 프로그램의 효과에 대해 잘 알았다. 어떻게 저명한 연구자에게 그 프로그램의 효과가 낮다고 말할 수 있을까? 당황한 나는 시드니의 한 고급 레스토랑에서 드웩과 그녀의 남편 데이비드를 만나기 전, 1년간 3가지 전략을 세웠다.
>
> 첫 번째 과정. 나는 "캐럴, 당신은 연구에 대한 비판에 어떻게 대처해요?"라고 물었다. 그녀는 좋진 않아도 비판이 우리의 연구를 더 발전시켜 준다며, 학자들은 그렇게 생각해야 한다고 말했다. 그 후 우리는 인신공격과 우리의 연구가 어떻게 잘못 해석되는지에 관해 이야기를 나누었다.
>
> 핵심 과정. 나는 "캐럴, 내 생각에 순수한 성장 마인드셋 같은 건 없는 것 같아요."라고 말했다. 캐럴은 나이프와 포크를 내려놓고 날카로운 눈빛으로 응시했다. "존, 당신처럼 순수한 성장 마인드셋을 가지고 있다

고 생각하는 게 가장 자주 보이는 고정 마인드셋이에요." 캐럴은 사람들이 성장 마인드셋과 고정 마인드셋 중 어느 쪽도 가지고 있다고 믿지 않으며, 사람들이 고정 마인드셋에 빠졌을 때 성장 마인드셋으로 돌아갈 수 있는 기술을 배울 필요가 있다고 강조했다. 동시에 성장 마인드셋을 가지고 있더라도 포기해야 할 때를 알아야 한다고 했다.

마지막 과정. 나는 캐럴이 그 주제에 관해 쓴 모든 자료가 든 커다란 파일을 꺼냈다. "캐럴, 성장과 고정 마인드셋이 중요한 경우가 하나 있다고 생각해요. 역경, 도전, 실수, 실패, 무력감의 순간에 성장 마인드셋을 갖는 게 커다란 긍정적 변화를 가져온다는 당신의 말에 나 역시 주목하거든요. 그런데 성공의 기준을 이해하거나 도달하는 데 어려움을 겪고 있는 아이들에게는 성장 마인드셋이 큰 차이를 만들 수 있지만, 이미 기술, 높은 수준의 자신감, 다양한 학습 전략을 지닌 경우에는 고정 마인드셋이 문제가 되지 않을 수 있어요." 우리는 합의에 도달했다. 그녀가 설명했듯이 그녀 또한 이 부분을 수년간 숙고해 왔기 때문이다. (www.edweek.org/education/opinion-misinterpreting-the-growth-mindset-why-were-doing-students-a-disservice/2017/06 참조)

성장 마인드셋, 회복탄력성, 그릿, 마음챙김을 개발하는 프로그램 대부분이 기대보다 효과가 미미한 이유는 두어 가지다. 첫째, 이러한 특성을 사용하기에 최적의 시간이 따로 있다. 둘째, 프로그램 대부분은 프로그램 안에서 이 특성을 가르치는 것을 목표로 하지만 특정 상황에서 적용하는 데는 실패하기 때문이다. 이 프로그램을 하면서 실력이 향상된 학생들이 음악, 체육 또는 수학으로 돌아가면 여전히 '이 과목을 잘할 수 없어.'라고 생각하는 것을 볼 수 있다. 실제로 드웩은 원하는 특성을 향상하게 할 수는 있었지만 특정 상황으로 옮기는 데는 실패했기 때문에 첫 번째 프로그램(뇌과학)을 중단하게 됐다고 설명했다. 드웩은 현재 성장 마인드셋을 개발하기 위해 다양한 맥락을 설정한 더 많은 프로그램 세트를 개발하고 있다.

그렇다면 성장 마인드셋을 사용하기에 최적의 시기가 있다는 것, 언제 써야 할지를 가늠하고 이해하는 것이 중요하다. 바로 아이가 실패하고, 혼란스럽고, 불안하고, 힘들어할 때다. 따라서 아이가 이 상황에 처했을 때는 특히 주의를 기울여야 하며, 제대로 하지 못했다고 야단치거나 노력을 무시하는 게 아니라 배우고 발전할 기회로 삼아야한다. 실패는 학습자의 가장 좋은 친구가 되어야 한다.

몇몇 한계에도 불구하고 성장 마인드셋과 그릿을 과제에 성공하기 위한 높은 수준의 자신감 구성 요인으로 본다면, 이 두 중요 개념을 올바른 관점으로 바라보는 데 도움이 된다. 아이에게 어떤 과제('방 청소하기')를 하라고 요구할 때 핵심적인 질문은 아이가 해낼 자신감이 있는지 여부다. 따라서 아이가 과제를 시작하기 전에 성공이 어떤 것인지 구체적으로 설명해 주어야 한다. (과제에 소요되는 시간, 아이가 괴로워하고 불평하는지 또는 그 반대로 과제를 즐겼는지 여부로 성공을 측정해서는 안 된다.) 아이는 성공으로 간주할 만큼 충분히 잘 해냈을 때를 알아야 한다. 그러면 과제를 성공적으로 완수하기 위해 얼마나 많은 그릿이 필요한지 이해한다. 아이의 그릿이 학습을 멈추게 할 때가 있다. 예를 들어 실패한 전략에 매달리다가 결국 "나는 이것을 할 수 없어."라고 말하는 등 잘못된 것에 그릿을 발휘할 수 있기 때문이다. 좋은 그릿의 핵심 개념은 과제에 집중하고, 도움을 구하고, 성공을 향한 진행 상황을 모니터링하는 방법을 배우는 성실함이라는 점을 기억하자. 따라서 성공 개념을 가능한 한 명확하게 정의하고, 진행 상황에 피드백을 제공하며, 아이가 도움을 요청하거나 필요로 할 때 도움을 주고, 역순이 아니라 순서대로 과제를 지속할 수 있도록 부모는 도와야 한다.

성공에 대한 자신감이 부족하면 아이가 고정 마인드셋을 취하고 남 탓을 하거나 자신에게 능력이 없다고 주장하며 노력을 기피할 수 있다. 성공으로 이끄는 작은 단계를 세우고, 작은 성취를 위해 필요한 능력을 가르치며 성공을 향한 과정을 중요하게 여기면, 불안감을 줄이고 자신감을 높여 아이들이 성장 마인드셋을 키울 수 있다. 과제를 할 수 없다는 아이의 이전 믿음을 극복할 수 있도록 도와야 한다.

기억하자. 이러한 능력을 개발하려면 아이가 도전하기 불편해하고 실패 위험이 높은 과제를 하는 게 가장 효과적이다. 이 능력의 개발은 아이의 학습 초기에 시작할 수 있다. 드웩과 동료들[9]의 연구에 따르면, 어려운 과제 완성을 포기했거나 부모가 포기를 허락한 아이는 이후에도 과제를 끝까지 완수할 수 없다고 믿을 가능성이 컸다. 또한 과제를 지속하거나 도움을 받은 아동보다 앞으로의 성취에 대한 기대치가 낮았다.

부모가 아이의 미완성 과제를 비판한 경우, 아이들은 자기 과제에 대한 원래의 긍정적 평가가 낮아지고, 다시 과제를 하겠다고 답할 가능성이 줄었으며, 비판받은 결과물을 개선하기 위한 건설적인 해결책을 제시할 가능성도 낮아졌다. 아이들은 자신의 과제를 '못한 것'으로 여긴다. 또한 자라는 과정에서 자신에게는 과제를 끝내는 데 필요한 기술을 배울 능력이 부족하다고 생각한다. 자신감, 성장 마인드셋, 가치 있는 과제를 성취하려는 그릿을 기르는 것은 일찍부터 시작되며, 실패에 대한 부모의 반응에 큰 영향을 받는다.

미국의 교사이자 작가 제시카 라헤이Jessica Lahey는 『실패의 선물Gift of failure』을 쓰면서 아이를 위해 무언가 하는 행위와 좋은 양육을 동일시하는 일을 멈추는 게 얼마나 어려운지, 좋은 양육은 스스로 할 수 있는 일을 하도록 내버려두는 것이며 이것이 아이를 위하는 일이라고 말했다.[10] 또한 실패에 대한 부모의 두려움이 어떻게 자녀의 학업을 저해하는지, 자녀가 탁월한 사람이 되게 하려면 왜 자녀가 가진 결점을 인정하고 이를 자녀 인생의 중요한 부분으로 삼도록 해야 하는지 그 이유를 설명한다.

실패를 학습의 가장 좋은 친구로 삼아야 한다. 농구 선수 마이클 조던Michael Jordan의 포스터나 테니스 선수 세레나 윌리엄스Serena Williams의 포스터를 벽에 붙이자. '진정한 챔피언은 얼마나 많이 이기는지가 아니라,

부상이나 시합에 패배했을 때 어떻게 회복하느냐를 더 중요하게 생각한다.'라는 말을 인용한 포스터 말이다.

조던에게서 '실수로부터 배우는 것'의 개념을 살펴보자.

나는 선수 생활을 하는 동안 9,000개 이상의 슛을 놓쳤다. 거의 300번의 경기에 패했다. 26번은 승부를 결정짓는 슛을 던질 수 있다고 믿고 던졌다가 놓쳤다. 나는 내 인생에서 실패를 거듭하고 또 거듭했다. 그래서 성공할 수 있었다.

이것이 바로 '아이'를 칭찬하면서 '동시에' 그들의 활동에 대해 피드백이나 의견을 제공하는 것을 경계해야 하는 주요 이유다. 아이는 자신에 대한 부분, 즉 칭찬만 기억하고 자신의 과제에 대한 피드백은 간과하기 때문이다. 칭찬을 많이 하되, 칭찬과 과제에 대한 피드백을 분리하자. 과제에 대한 피드백을 과제 수행자에 대한 칭찬으로 흐리지 말자. 너무 잦은 칭찬은 학습 부족의 원인이 아이에게 있다는 생각을 강화한다. 반면에 아직 특정 수준에 도달하지 못했을지라도 열린 마음으로 배우면 더 높은 수준의 성과로 학습하고 과제를 완수할 수 있다는 것을 아이들이 깨닫게 하자.

요점은 이것이다. 모르는 것, 힘들어하는 것, 실수하는 것은 아이에게 배움의 기회이지, 자신의 한계, 능력, 학습 능력 부족에 대한 증거가 아니라는 것을 가르쳐야 한다. 앞서 말했듯이 실패는 학습자의 가장 좋은 친구가 되어야 한다. 아이를 교정하려고만 하거나 완벽한 성과를 기대하는 부모는 아이를 실패하게 만든다. 역경에 직면했을 때, 스스로 배우지 않는 부모는 좋은 본보기가 될 수 없다. 아이와 함께 실패하는 법을 배우고 실패를 통해 배우는 것을 즐기자. 아이와 함께함으로써 해낼 수 있다는 마음가짐을 키우고, 어려운 일을 시도하는 것은 시간과 노력을 투자할 가치가 있으며, 더 어려운 도전은 해야 할 가치가 있고, 배우고, 배우고, 배우는 일에는 집중할 가치가 있다는 마음을 키워 주자.

3. 열정 개발하기 – 열정과 투자

어떻게 해야 아이가 훌륭한 학습자가 되도록 동기를 부여할 수 있을까? 아이에게 어떤 일을 왜 했는지 물어볼 때 부모는 아이가 그 일을 의도적으로 시작했다고 가정한다. 하지만 사람이 하는 모든 행동이 의도, 생각 또는 동기에 의해 일어나는 것은 아니다. 아이들은 움직이고, 행동하며, 가만히 앉아 있는 법이 거의 없다. 모든 것은 사전에 계획하거나 생각하거나 고려한 것이 아니다. (성인도 마찬가지다.) 동기는 어떤 행동에 참여하고, 행동하고, 투자하기를 선택하는 일과 관련 있다. 부모는 아이에게 어떤 행동을 한 까닭을 물어볼 때, 설명 이상의 것, 즉 왜 저것을 하지 않고 이것을 했는지, 또는 아예 하지 않았는지 타당한 이유를 묻는다. 동기에 대한 이런 질문은 감정을 자극할 수 있으므로 효과적인 접근법이 아니다.

더 좋은 접근 방식은 자녀에게 성공이 무엇을 뜻하는지 이야기하고, 목표 또는 성공에 도달하려는 방법에 대한 기대를 전하는 것이다. 목표를 향한 과정이 순조롭지 않은 경우라면 무엇을 어떻게 할 것인지 대화하고, 성공할 것이라고 어느 정도 자신하는지 살피고, 만약 성공하지 못할 경우라면 정서나 성취 측면에서 아이에게 어떤 영향을 미칠지 헤아리며 대화하는 것이다.

아이는 과제를 완성하고 싶어서, 친구나 형제자매 또는 부모에게 잘 보이고 싶어서, 내재적 또는 외재적 보상을 위해서, 또는 에베레스트산을 등반하는 사람들이 산이 그곳에 있기 때문에 오르는 것처럼 다양하게 동기를 부여받을 수 있다. 동기는 그 일이 가치 있고 재미있어서, 미래 계획의 일부이고 유용하다고 생각해서, 또는 그 행위 자체에 가치가 있기 때문이다.

동기는 성공하지 못하는 결과를 방지하거나 손실과 창피함을 피하려는 마음에서 비롯될 수도 있다. 성공 또는 실패는 자신 또는 외부 요인(그가 나를 이렇게 만들었어. 내 잘못이 아니야. 그게 일을 방해했어. 운이 없었어.)에 기인할 수 있다. 사람들은 흔히 성공은 자신의 노력으로, 실패는 다른 사람이나 다른 요인 탓으로 돌리는 경향이 있다. 이러한 확증 편향은 매우 흔한 일이다. (그리고 누구나 그렇다.)

좋은 일, 좋은 행동, 성공에 대한 보상은 무엇일까? 앞에서 우리는 널리 지지받는 강력한 동기 이론인 자기 결정성 모델에 관해 논의했다. 이 모델은 모든 인간이 최적의 발달과 기능 발휘를 위해 관계성, 유능성, 자율성에 대한 근본적인 욕구를 가진다는 전제를 바탕으로 한다.

자녀가 도움을 요청할 때, 눈앞의 과제에 대한 근거와 설명을 분명하게 제시하는 등 한계를 명확히 함으로써 이러한 특성을 개발할 수 있다. 또한 아이의 감정과 관점을 알아차리고, 선택권을 주며, 주도성을 장려하고, 아이의 정서(특히 죄책감, 걱정, 불안, 자신감 부족)를 인식해야 한다. 또한 통제 기술 사용을 최소화하는 게 중요한데, 이를 무조건적인 허용, 규칙 부재 또는 방임과 혼동해서는 안 된다. 실제로 가정에 규칙이 부재하고 혼란스러움이 느껴지는 것은 부정적이며 피해야할 일이다. 캐나다의 신경과학자 크리스타 앤드루스Krysta Andrews와 동료 학자들은 규칙이 없고, 예측 불가능하며, 주변 자극(예를 들어 소음과 어수선함)이 많은 가정은 아이의 실행 기능 발달과 부정적인 관계가 있다는 것을 발견했다.[11]

성공하려면 아이가 과제를 완성할 수 있도록 부모의 책임감을 조금 내려놓아야 한다. 또한 부모는 아이가 과제를 하는 동안과 완료 이후에 성공 또는 실패의 원인을 아이의 행동에 돌려야 한다. 부모는 아이가 과제에 무엇이 포함되는지, 과제를 성공적으로 끝내면 어떤 모습인지 미리 알 수 있도록 도와줄 책임이 있다. 또한 부모는 성공을 최대한 끌어낼 환경을 제공하고, 아이가 자신의 행동과 과제를 어떻게 생각했는지 경청한다.

외적 보상이 있을 때 아이의 동기가 더 높아지는지에 관한 질문이 자주 제기된다. 대답은 수십 년간 한결같았다. "아니오. 보상과 금품에 의존하지 마세요. 예상치 못한 보상이라면 나쁘지 않습니다. 하지만 보상이 과제 수행의 이유라면 장기적인 효과는 전혀 좋지 않습니다. 특히 부모가 아이를 통제하는 수단으로 보상을 제공하면 아이에게서 과제에 대한 주도권을 키우고 과제를 지속하려는 개인적인 동기를 감소시키기 때문에 더욱 그렇습니다."

데시와 동료들은 128개 연구를 종합해 보상이 내재적 동기를 체계적으로 약화한다는 것을 보여 주었다.[12] 가장 큰 부정적 영향은 물질적 보상, 완료 보상, 참여 보상, 돈, 상품, 상 같은 금품 유형 보상이었다. 부모(또는 교사)의 통제력이 낮은 상태에서 과제를 완성한 경우, 언어적 보상이 결과에 대한 긍정적인 효과가 더 컸다. 외적 보상을 예상치 못한 경우, 그 효과가 부정적이지는 않으나 0이었다. 따라서 예상치 못한 보상(언어적 또는 물질적 보상)을 제공하는 것은 중요하지도, 도움이 되지도 않는다.

보상의 효과가 낮거나 부정적이라는 이 연구 결과는 보상, 스티커, 칭찬을 좋아하는 많은 사람을 놀라게 한다. 하지만 중요한 것은 보상이 학습에 대한 더 깊은 참여로 이어지지 않는다는 점이다. 참여 의지 대신에 보상을 받으려는 동기가 생기고, 보상을 받지 못하면 보상의 원인이 된 과제에 대한 흥미를 잃게 된다. 이는 아이의 행동에 동기를 부여하기 위해서는 보상에 신경 쓰지 말고, 더 흥미로운 과제를 제공하고, 과제 내에서 선택의 폭을 넓혀 적절하게 도전할 수 있도록 하며, 아이에게 점진적으로 책임감을 부여하는 지원 구조를 제공하고, 실패를 학습과 도움을 구할 기회로 여기는 신뢰 환경을 만들자는 메시지다. 우리는 아이가 과제를 단순히 끝내는 것이 아니라 학습에 숙달하는 법을 익히기를 바란다. 왜냐하면 과제를 통해 얻는 기쁨, 가치, 긍정적 학습 경험 같은 외부 요인이 바람직하기 때문이다. 아이들은 다음 단계로 나아가기 위해 비디오 게임을 한다는 사실을 기억하자. 보상은 더 많은 도전과 더 많은 학습이다.

결론

　모든 학습 장면에서 자녀는 자신의 능력, 의지, 열정을 발휘하며, 우리는 아이가 이 3가지 특성을 향상하게 하려고 한다. 이러한 특성은 고정되어 변하지 않는 게 아니라 자녀에게 보여 주는 부모의 기대로 인해 나아질 수 있다.

마인드 프레임 5

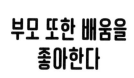

부모 또한 배움을 좋아한다

1. 임신한 순간부터 아이의 뇌는 생의 마지막까지 발달한다

▶ 특히 감각 운동에서 전조작기(상징적 사고), 구체적 조작기, 형식적 조작기(추상적 사고)로 이동하면서 계속 변화한다.

▶ 학습은 사고, 행동, 배려, 감정, 관계, 행동 등 많은 것을 관리하고 생각하는 방법과 관련한 실행 기능에 좌우된다.

▶ 실행 기능에는 주의가 산만해지거나 충동적으로 행동하지 않고 억제하고 집중하는 능력, 여러 과제 간 또는 아이디어 간 전환하는 능력, 과제 관련성을 위해 들어오는 정보를 모니터링·업데이트하는 기술 등 3가지 주요 구성 요소가 있다.

2. 학습에서 놀이의 역할

▶ 유아기에는 놀이보다는 언어, 무조건 언어가 중요하며, 놀이를 통해 언

어가 발달할 수 있다.

3. 학습이란 무엇인가? - 컴퓨터 게임이 주는 메시지

▸ 도전, 열정, 실패, 실수 탐색, 피드백, 호기심, 서사, 정서, 완급 조절, 학습자의 다양한 역할, 학습이라는 게임의 참여가 보상이라는 점. 컴퓨터 게임에서 학습의 속성에 대해 많은 것을 배울 수 있다.

이 장은 배움에 대한 자녀의 사랑을 키우는 것을 목표로 한다. 특히 청소년기 초기에 주의가 필요한 3가지 중요한 처리 과제, 즉 집중하고 산만해지지 않는 능력, 여러 작업을 전환하는 능력, 정보를 모니터링하고 업데이트하는 기술을 설명한다.

카일 해티: 나는 좋은 학습자가 아니었거나, 적어도 내가 잘 배우고 있다고 생각하지 않았다. 개념을 이해하는 데 오랜 시간이 걸렸고, 어려운 일이 생기면 스스로 의심하며 최소한의 노력만 했다. 초등학교, 중학교, 심지어 대학교에서도 마찬가지였다. 공부가 어렵다는 것을 알았고, 배움에 대한 긍정적인 태도를 갖추지 못했다. 하지만 나는 내 인생에서 하고 싶은 일이 무엇인지 알았기에 포기하지 않았다. 우습게도 그것은 교사가 되어 학교로 돌아가는 것이었다.

새로 문을 연 학교에서 처음 교사로 일하기 시작했을 때, 나는 모든 학급을 대상으로 하는 학습 모델 개발을 맡았다. 그때부터 나는 학습이 실제로 어떤 것인지 이해하기 시작했다. '와, 어렸을 때 이걸 알았더라면 좋았을 텐데.'라고 생각했다. 몇 년 동안 학습 모델을 사용해 학습자에게 사용법을 가르친 후 나는 대학으로 돌아갔다.

이번에는 전체 과정의 평균 학점을 B+로 받아야 했다. 얼마나 잘했는지에 더 중점을 두어야 했다. 'C학점 받으면 학위를 받겠네.'라는 식으로 졸업 자격에 필요한 것만 하려 했던 대학 시절의 사고방식이 떠올랐다. 이제 나는 '모르는 것'을 피드백을 구할 기회로 여기고, 내가 이해한 것과 이해하지 못한 것에 관해 동료들과 이야기하고, 새로운 학습 방식을 시도했다. 첫 번째 논문을 마쳤을 때 나는 B+로 과정을 마무리했다. 드디어 해냈다는 생각이 들었다. 자신감이 많이 생겼는데 이 일이 우연이 아니라는 것을 증명하고 싶었다. 다음 논문에서도 같은 결과가 나왔다. 이후 내 학점은 A-, A, A+로 이어졌다. 나는 대학원 과정 전체를 평균 A 학점으로 마치고 졸업했다. 전에는 경험해 보지 못한 일이었다. 믿을 수 없었다. 드디어 나는 공부하는 법을 알아낸 것이다. 즉, '모르는 것'을 긍정적으로 보는 관점이 중요했고, 실제로 효과가 있었다.

예전에 학습과 발달에 있어 타고난 능력과 환경 중 무엇이 더 중요한지에 관해 많은 논쟁이 있었다. 전자는 사람의 잠재력은 정해져 있다는 주장에 근거한 것이었고, 후자는 '첫 7년 동안 어린아이를 내게 맡기면 나는 어른이 된 그를 너에게 주겠다.'라는 예수회 격언으로 요약된다. 그러나 이 단락을 읽고 있는 지금도 뇌는 환경과의 상호작용으로 인해 항상 변화하고 있으므로 이 극단적인 주장들은 모두 옳지 않다. 뇌의 변화를 이해한다는 것은 부모가 아이의 사고와 학습 발달에 중추적인 역할을 한다는 것을 인식할 수 있음을 뜻한다. 이 장에서는 뇌의 중요한 변화에 관해 대략적으로 설명한다.

1. 임신한 순간부터 아이의 뇌는 생의 마지막까지 발달한다

우리는 앞에서 피아제를 언급했다. 피아제는 어렸을 때 자연사에 매료되었다. 10대 초반에 연체동물에 관한 논문을 쓰고, 박사 학위를 받은 후에는 최초의 지능 검사 개발자인 프랑스의 심리학자 알프레드 비네Alfred Binet와 테오도르 사이먼Theodore Simon과 함께 일했다. 피아제는 아이들이 검사를 할 때 저지르는 오류에 더 많은 관심을 기울였고, 자신의 세 자녀가 (잘못된) 답을 어떻게 설명하는지를 연구했다. '오류'에 관한 연구는 오랜 역사를 가지며, 다음 마인드 프레임에서 또 다룰 것이다. 그는 자녀 관찰을 통해 오늘날까지도 여전히 아이의 사고 발달을 이해하는 데 큰 가치를 지닌 정신 발달 모델을 개발했다.

앞서 소개한 연구에서 비커에 담긴 물을 폭이 넓고 키가 작은 유리잔과 폭이 좁고 키가 큰 유리잔에 부었을 때 아이들이 보여준 반응을 떠올려 보자. 물의 양은 같았지만 약 4~5세까지의 아이들은 키가 큰 유리잔에 물이 더 많다고 우겼다. 뇌가 어느 정도 발달한 후에야 아이들은 둘 다 같은 양의 물이라는 것을 인식할 수 있었다. 그는 아이가 어떻게 다르게 추론하는지를 보여 주는 연구를 많이 수행했으며, 아이가 성장하는 4가지 주요 단계를 제안했다. 물론 그를 비판하는 비평가들도 있었고, 오늘날 아동발달학 분야에서는 그를 한자리 차지하는 학자 정도로 가르치고 있다. 하지만 부모가 아이가 가질 수 있는 다양한 세계관을 이해하고 아이 입장에 서서 아이의 추론을 이해하는 방법을 배우는 데 도움이 되니 여기서 피아제의 연구 결과를 소개한다.

피아제의 아동 발달 4단계는 아이가 자라면서 다르게 사고하고 추론하는 방식과 관련이 있다.

장 피아제의 아동 발달 4단계

감각 운동기 단계(출생~2세): 아이는 움직임을 통해 세상을 경험하고, 사물이 눈에 보이지 않더라도 존재한다는 것(예를 들어 까꿍 놀이), 사람과 사물이 다르다는 것, 자신의 행동이 주변 세계에 어떤 일을 일으킬 수 있다는 것을 배우기 시작한다. 사물을 조작하고 경험에 참여하는 과정에서 가장 많은 학습이 일어나는 때라 할 수 있다. 이 시기에 아이는 듣고 정보를 흡수하므로 무엇보다 말하기에 집중해야 한다. 새로운 환경에 대한 감각적 경험을 제공하고, 아이의 능력을 확장하고, 사물을 구별하도록 돕고, 주변 세계의 다채로운 모습을 경험하도록 허용해야 하는 시기다.

전조작기 단계(2~7세): 이 시기 아이는 상징적으로 사고하기 시작하고 단어와 그림을 사용하여 사물을 표현하는 법을 배운다. 주변 세계를 해석하는 아이디어와 단어를 만들어 내고 다른 사람의 관점에서 세상을 보기 시작하므로, 말하기와 언어에 일찍 집중하는 것이 큰 효과를 발휘한다. 가상 놀이(소꿉장난같이 어떤 사물이나 상황 등에 가상의 새로운 의미를 부여한 놀이. 피아제는 아이들이 현실을 자신의 욕구에 동화시켜 가상 상황이나 사물에 상징을 사용하는 능력을 발달시키는 데 가상 놀이가 도움이 된다고 봤다. -옮긴이)를 통해 자신을 둘러싼 세상과 주변 사람에 대한 생각을 키울 수 있지만, 키 큰 유리컵에 물이 더 많다고 주장하거나 같은 양의 점토를 굴려 만든 공이 납작한 조각보다 양이 많다고 주장하는 등 아직은 막연한(보이는 대로 인식하는) 수준이다.

구체적 조작기 단계(7~11세): 아이는 구체적인 사건에 대해 논리적으로 사고하는 능력이 향상되고, 두 잔의 물이 같은 양이라는 것을 이해하게 되며, 특정한 것에서 일반적인 원리를 형성하는 추론을 사용한다. 자기 중심성이 줄어들기 시작하고 다른 사람들이 상황을 어떻게 볼지 알아보기 시작한다. 추상적이거나 가설에 기반한 개념에 여전히 어려움을 겪을 수 있다.

형식적 조작기 단계(12세 이상): 추상적으로 사고하고 가상 문제에 대해 추론하는 능력이 이 단계의 주요 특징이다. 보다 추상적인 사고에 참여하고, 도덕적·사회적 문제에 대해 생각하며, 일반적인 원리에서 구체적인 정보로 연역적 논리 추론을 사용하며, 보다 추상적으로 사고할 수 있다.

피아제의 연구 이후 다른 연구자들은 발달이 이렇게 단순하지 않다는 사실을 발견했다. 아이들은 여러 단계를 가로지르는 경우도 있고, 여기에는 문화적 차이도 있다. 일부 이론가가 피아제 모델에 하위 단계와 세부 사항을 추가했지만, 피아제의 아동 발달 4단계는 여전히 아동의 사고 발달을 이해하는 데 유용한 개념적 틀이다.

성인의 약 40~60퍼센트는 형식적 조작기에 도달하지 못하거나 이 단계에 머물러 있으며, 아이들은 커 가면서 이전 단계로 퇴행할 수 있다. 예를 들어 많은 성인에게 천문학, 정치학, 생물학에 관해 물으면 구체적 조작기 사고의 답변을 들을 수 있다. 적절한 학교 교육을 통해서 더 높은 단계로 진입하는 속도를 높일 수 있다.

주로 구체적 조작기에 있는 아이에게 추론을 시도하는 것은 거의 무의미한 일이다. 하지만 구체적 조작기에 있는 아이에게 결과와 '만약에'에 관해 큰소리로 제 생각을 말하도록 격려하지 않는 것은 기회를 놓치는 것이다. '나는 몰랐어.', '나는 보지 못했어.', '어떻게 그걸 예측할 수 있었을까?'라면서 비판과 책임을 회피하기 위해 더 낮은 단계로 되돌아가는 것은 편하다. (그리고 어른도 여전히 그렇게 한다.) 부모의 역할은 먼저 아이가 지금 행하는 사고와 추론의 본질을 인식하고 다음 단계의 사고, 즉 부드러운 설득과 끈질긴 추론을 통해 유연하게 다음 단계로 나아갈 수 있도록 이끌어 주는 것이다.

오늘날의 현대 기술로 뇌 내부를 들여다보고 아이의 성장에 따른 뇌의 엄청난 변화를 추적할 수 있었다면 피아제는 무척 기뻐했을 것이다. 태어날 때의 뇌는 이후 성장을 위한 출발점에 불과하다. 환경은 우리가 타고난 두뇌를 사용하는 방식과 최대한의 잠재력을 발휘하는 데 극적인 영향을 미친다.

2. 학습에서 놀이의 역할

놀이에 대한 모든 것이 옳지만 종종 놀이를 과대평가할 수 있다. 우리 사회의 핵심 신념 중 하나는 놀이의 가치와 관련이 있다. 놀이에 관한 이 단락을 다 읽고 나서도 놀이에 대한 믿음은 유지되겠지만, 특히 이 책에서 이야기하는 핵심 학습 능력을 개발하는 것과 관련해서는 현재의 과장된 몇몇 주장에 대해서 의문을 품게 될 것이다.

놀이는 사회 정서 발달과 차례 지키기, 사회적 에티켓 학습에 큰 도움이 되지만, 학습에 대한 학습에는 좋지 않은 결과를 가져온다. 미국의 심리학자 앤절린 릴라드Angeline Lillard와 동료들[1]은 놀이에 대해 대대적으로 검토하고, 놀이가 아이의 문제 해결력을 키우는 데 도움이 된다는 주장을 뒷받침하는 증거를 찾기 위해 분투했다. 그리고 그들은 놀이가 실행 기능과 사회적 기술을 키우는 데 작은 역할을 할 수는 있지만, 발달을 확실히 끌어내지는 못한다는 사실을 발견했다. 놀랍지 않은가? 이 연구는 우리의 생각을 완전히 뒤흔들었다. 그들은 아이들이 자신의 지능에 따라 놀이 수준을 선택하며, 놀이에 참여한다고 해서 지능이 더 좋아지지는 않는다는 것을 보여 주었다.

놀이가 발달에 아주 중요하다는 것은 보편적인 주장이다. 놀이를 통해 아이는 환경을 탐색하고, 상상의 세계를 창조하며, 현실에서 행동을 분리하고, 발달의 지표로 삼는 등 많은 것을 배울 수 있다. 하지만 놀이가 이렇게 중요하다면, 마음의 이론(즉, 세상을 보는 방식) 발달, 언어 사용 증가, 학업 성취도 향상 등 우리가 중요하게 여기는 학습 특성과도 상관관계가 있다고 기대해야 하지 않을까?

놀이가 아이의 마음의 이론을 발달시킨다는 설득력 있는 증거는 없다. 놀이가 자기 조절력을 향상시키거나 심지어 자기 조절력 발달에 중요하다는 근거도 거의 없다. 릴라드와 동료들은 다음과 같은 결론을 내렸다. '여기서 검토한 문헌은 가상 놀이가 아동의 인지 발달에 중요하다는 견해를 뒷받침하지 않는다.'

하지만 대안이 있다. 아이를 더 많은 '놀이 학습'에 참여시키는 것이다. 자유 놀이 프로그램과 비교했을 때, 신중하게 설계되고 도전적인 체험 활동을 통해 학습을 부여하는 구조화된 교실이 아이의 발달에 가장 큰 도움이 되는 것으로 나타났다. 누가 학습을 주도하느냐는 중요하지 않다. 중요한 것은 학습 기회의 수와 난이도다. 마찬가지로 중요한 것은 놀이에서 사용하는 언어의 범위와 양이다. 뉴질랜드의 심리학자 존 처치John Church는 아이를 놀이 센터에 맡길지, 집에 둘지 선택할 때, 언어를 많이 사용하는 곳에 맡길 것을 자주 권했다. 놀이도 마찬가지다. 놀이는 학습의 언어를 가르치는 강력한 방법, 즉 아이가 학습에 대해 배우고, 다양한 학습 전략을 배우고, 무엇을 해야 할지 모를 때 어떻게 할지(예를 들어 도움 요청하기) 판단하고, 활동의 성공에 대한 과정을 스스로 파악하도록 돕는 강력한 수단이 된다.

3. 학습이란 무엇인가? – 컴퓨터 게임이 주는 메시지

존 해티: 카일은 비디오 게임에 지나치게 많은 시간을 보냈다. (카일의 아빠도 그랬지만.) 집에 돌아와 곧장 자기 방으로 가서 게임하는 아이를 걱정하는 부모를 많이 안다. 우리는 비디오 게임과 요즘 아이들의 게임 중독에 관한 무수한 논쟁을 들어 왔다. 하지만 비디오 게임이 아이에게 어떤 영향을 미치는지 생각해 보자. 부모는 아이가 부모 말을 따르고, 무언가를 위해 노력하며, 적극적으로 경청하고, 더 많은 주의를 기울이며, 더 많이 소통하고, 문제를 해결하며, 새로운 것을 시도하고, 결단력을 갖추고, 회복탄력성을 키우기를 바랄 것이다. 비디오 게임을 할 때 아이들은 이 모든 것을 한다. 그렇다면 부모와 교사가 아이에게 길러 주고자 하는 이러한 모든 자질을 가져다주는 비디오 게임의 장점은 무엇

일까? 비디오 게임은 게임이 진행될수록 점점 더 어려워지도록 설계되어 있고, 아이들이 학습에 몰입하게 하는 기술을 안다. 우리는 게임에서 배울 점이 많다.

우리 아이들은 컴퓨터 게임의 시대에 자랐고, 어른이 된 우리 중 많은 사람이 여전히 게임에 심취해 있다. 존은 스페이스 인베이더 마스터가 되었고, 게임 보이를 거쳐 앵그리 버드에 이르렀다. 존은 카일에게 스도쿠를 소개했고, 카일이 체계적으로 아빠를 이길 수 있을 때까지 거의 매일 함께 게임했다. (카일은 사용하지 않는 숫자를 모두 머릿속에 떠올릴 수 있었고, 존은 그 숫자를 적어야 했기 때문에 추가 시간이 필요했다.) 오늘날 많은 아이가 포트나이트와 다양한 온라인 게임을 하며 오랜 시간을 보내고 있다. 한편 언론은 게임의 악영향에 대해 자주 경고하며 사회적 병폐를 전쟁 게임 탓으로 돌리고, 많은 평론가가 게임 문명의 종말을 선언한다.

그렇다면 게임은 왜 그런 매력이 있을까? 배움의 의미에 관해 우리는 게임에서 무엇을 배울 수 있을까? 다음은 부모가 게임에서 배우고 적용할 수 있는 15가지 사항이다.

1. 목표 그 이상은 아니어도 과제 참여가 보상인지 확인한다
대부분의 게임에는 목표가 있고 그 목표에 도달하는 과정에는 여러 단계가 있다. 하지만 목적은 반드시 목표에 도달하는 것이 아니라 이 과정의 여러 단계에 숙달하는 법을 배우는 것이다. 게임보이로 마리오 브라더스를 하던 파란만장한 어느 날 오후에 큰 문제가 일어났던 기억이 난다. 게임의 마지막 단계에 도달했다! 나는 게임을 끝내고 싶지 않았고 계속하고 싶었다. 목적은 학습의 게임, 도전적인 성공 레벨을 달성하는 게임, 게임을 마스터하는 게임이다. 하지만 대개 우리는 아이들에게 도전을 즐기게 하는 대신, 목표를 정하고 가능한 한 빨리 목표에 도달하라고 말한다. 만약 목표 도달 전에 시간이 다 되었다면 "최선을 다했구나." 혹은 "잘했어." 하면서 성공의 기준을 낮추거나, 목표에 도달하면 (과제를 완료하면) 이제 가서 놀아도 된다고 하며 보상을 준다. 이렇게 하는 대신에 학습의 즐거움과 연속적인 도전을 통해 얻는 보상에 투자해야 한다. 성공의 다음 기준이 무엇인지 미리 분명하게 제시하고, 의도적으로 연습할 기회를 여러 번 제공하며, 목표에 도달하는 것만큼이나 소중하고 즐거운 학습이 되도록 하는 게 중요하다. 숙달 자체가 보상이 될 수 있으며 외적 보상일 필요는 없다.

2. 열정은 너무 어렵지도, 쉽지도, 지루하지도 않은 도전에서 생긴다

아이들은 게임이 쉬워서가 아니라 어려워서 한다. 게임 업계는 너무 어렵지도, 쉽지도, 지루하지도 않은 도전이라는 골디락스 원칙을 실현해 왔다. 게임은 불안과 지루함 사이의 절묘한 지점을 찾아냈다. 흔히 말하는 '몰입flow'은 수많은 연습과 시의적절한 피드백, 전문가(게임에서는 해당 레벨을 마스터한 또래)의 도움을 받으면 성취할 수 있는, '바로 위' 단계 학습에 푹 빠지는 것을 의미한다. 이 원칙에 따라 아이에게 과제를 주고, 성공의 기준(게임에서는 다음 단계)을 명확하게 제시하며, 목표를 달성하고 학습 과정을 즐길 수 있도록 학습을 제공하자.

3. 학습자는 실패를 좋아한다

비디오 게임을 할 때는 실패할 기회가 여러 번 주어진다. 게임에서는 실패해도 괜찮을 뿐 아니라, 학습의 기회를 제공받는 것이다. 실패도 즐거움의 일부이기 때문에 실패에 대한 두려움이 없다. 어떤 실패도 게임이 너무 쉬워서 재미가 없다는 것을 뜻하지 않는다. 공부하는 재미를 앗아가는 타이거 맘이 되지 않도록 주의하자. 그러면 아이는 하지 않으면 혼날까 봐 두려워서 과제를 한다. 타이거의 영향력과 발톱이 사라지면 아이가 학습에 투자하지 않는 것은 당연한 일이다. 학습에 대한 내재적 동기 부여를 하고, 자주 실패해도 배울 수 있는 안전한 환경을 조성하며, 실수는 나쁜 것이 아니라 해결책을 찾는 데 필요하다는 인식을 심어 주어야 한다.

4. 조력자와 장애물을 파악하는 데 도움을 준다

모든 도전적인 과제와 문제에는 조력자와 장애물이 존재한다. 그렇지 않다면 도전이 될 수 없다. 대부분의 경우, 첫 번째 단계는 아이가 장애물을 인식할 능력을 키우도록 돕는 것이다. (문제가 해결의 절반임을 아는 것이다.) 문제 해결사가 될 수 있도록 돕는 것은 학습자 육성의 본질이다. 카일이 가르치던 한 학교에서는 매주 한 명의 아이에게 상황을 주고 문제를 해결하도록 했다. 예를 들어, 3학년 한 학생은 사물함이 고장 났는데 사물함 어디가 망가졌고, 왜 망가졌는지 이유를 찾아내야 했다. 수많은 게임이 문제 해결을 수월하게 할 수 있는 새로운 정보, 모델, 예시, 자원과 도구를 배울 기회를 제공한다. 이 또한 부모의 역할이다.

5. 피드백을 극대화한다

피드백은 제때, 내게 딱 맞는 '다음 단계'에 초점을 둔 것이어야 한다. 물론 현재 성과나 진행 상황에 대한 피드백도 중요하지만, 다음 단계에 대한 피드백이 동반되지 않으면 그다지 가치 있는 것으로 여겨지지 않는 경우가 많다. 배우자와 함께 앉아서 "우리, 피드백 시간을 가져 보자. 지금 당신이 잘못하는 부분, 목표를 달성하지 못하는 부분, 발전하지 못하는 부분은 이거야." 이렇게 말한다고 상상해 보자. 아프다. 하지만 그래도 '앞으로 아이를 키우는데 우리가 어떻게 협력해야 다음 단계로 나아갈지 결정할 수 있을까?' 하는 질문이 필요하다. 피드백에 대해 우리가 흔히 저지르는 실수는 주어진 피드백이 곧 이해한 피드백이라고 믿는 것이다. 아니다. 핵심은 아이가 피드백을 들었는지, 피드백을 이해했는지, 피드백을 실행에 옮길 수 있는지를 파악하는 것이다. 맥락에 맞는 피드백을 주고, 이해가 필요한 만큼 자주 피드백을 주며, 피드백이 개선과 '다음 단계' 질문에 대한 대답을 목표로 하는지 확인하는 게 게임이 지향하는 점이다.

6. 호기심을 자극하자

게임에는 실험하고, 탐구하고, '만약'을 상상할 수 있는 자유가 존재한다. 자신의 행동이 어떤 결과를 가져올지 생각해 보자. 즐거움은 발견에 있다.

7. 누가 통제하는가?

대부분 게임은 사용자에게 통제권을 준다. 플레이어가 통제권을 되찾고 게임 자체를 플레이한 다음에 따분한 경험을 제공받는다고 상상해보자. 아무도 게임을 하지 않을 것이다. 하지만 부모가 아이에게 무언가를 시킬 때 아이는 자주 이런 식으로 부모를 바라본다. 아이는 지루한 부분, 남은 부분, 부모가 즐기지 않는 부분을 하게 된다. 어떻게 하면 아이가 즐겁게 배우고, 과제에 참여하며, 과제 달성을 위한 최선의 방법을 결정할 수 있도록 통제권을 부여할 수 있을까?

8. 게임하면서 게임하는 법을 배운다

아이에게 과제를 부여하고 맡긴다는 것은 아이가 능력이 있고, 성공이 무엇인지 알고 있으며, 실수하지 않으리라고 가정하는 것이다. 과제를 하는 동안 (안전한) 학습 기회가 있는지, 도움을 요청하거나 한 번에 성공하지 못했을 때 부정적인 결과가 있는지 확인하고, 과제를 하면서 동시에 배우고 개선할 기회를 늘려 주자.

9. 문제에 내재된 이야기가 있는지 확인한다

게임에는 이야기(내러티브)가 포함되어 있다. 게임을 하기 위해 하는 게 아니라, 이야기에 몰입하고, 이야기를 더 많이 듣고, 이야기의 방향과 결과에 영향을 미치는 능동적인 역할을 추구하는 이야기를 담는다. 학습은 이야기에 대한 참여를 통해 일어난다. 이야기를 듣는 동안 성찰, 평가, 묘사, 예시, 질문 기회를 많이 가질 수 있다. 아이에게 요구하는 과제에 얼마나 흥미로운 이야기가 있는가? 많은 게임에서 아이들은 다양한 정보를 이해하고 종합하며 전략을 분석하고 해결해야 하는 시나리오에 놓인다. 이야기는 맥락과 동기를 부여하고 정서를 불러일으키는 데 도움을 준다. 플레이어가 계속 추측하게 만드는 플롯, 문제 해결과 탐구를 끌어내는 불확실성, 흥미를 유발하고 수수께끼의 프레임을 짜는 반전, 과제에 포함된 실마리와 정보, 재미가 그 속에 들어 있다. 이야기가 끝날 때쯤 많은 부분이 예상치 못한 형태로 드러나지만, 게임을 하는 모든 순간에 보상이 있다.

10. 학습은 정서적일 수 있다

아이가 비디오 게임을 하는 것을 들어 보면 학습, 불안, 실패, 성공의 소리가 들린다. 아이에게 과제를 하라고 요구할 때 이러한 감정이 들리는가? 우리는 학습의 정서를 불러일으킬 필요가 있다. 게임 디자이너는 플레이어가 게임 속 캐릭터를 느낄 수 있도록 플레이어가 경험하게 될 감정을 구체적으로 묘사한다. 또한 강점과 약점이 있지만 게임 중에 성장하고 개선할 수 있는 캐릭터를 등장시킨다.

11. 학습은 과거의 성과와 가장 잘 연결된다

우리 부모들은 아이에게 너희 미래에는 이것이 필요할 거다, 언젠가는 이것에 감사할 것이다, 나중에 이것 덕분에 직업을 얻게 될 것이라고 말하는 데 많은 시간을 보낸다. 하지만 대부분 이런 말은 사실이 아닌 경우가 많고, 믿을 수 없다. 훨씬 강력한 요인은 새로운 과제와 학습을 이미 아는 것과 연관시키는 것이다. 미국의 유명한 교육심리학자 데이비드 오스벨David Ausubel은 학습에 영향을 미치는 중요한 단일 요인은 학습자가 이미 알고 있는 것이라고 주장했다.[2] 다른 두 연구자는 '새로운 내용을 배울 때 우리는 진공 상태에서 학습하지 않는다.'라고 덧붙였다. 실제로 우리는 구조화되지 않거나 무작위적인 새로운 정보를 학습하는 데 어려움을 겪는다.[3] 컴퓨터 게임은 사용자의 이전 학습을 인식하며 사용자의 마지막 점수와 전략, 시간 정보를 보관하고 있고, 이 정보를 바탕으로 향후 경험을 바꿀 수 있다. 이는 사용자를 속이는 것이 아니라 사용자에게 더 적합한 도전을 제시할 수 있다.

12. 함께 배우는 것이 재미있다

비디오 게임은 개인적으로, 화면에서, 웹상에서 타인과 함께할 수 있다. 아이는 소속감을 좋아하고 서로 배우고 가르치는 것을 즐긴다. 어떤 아이는 어떻게든 경쟁에서 이기기를 좋아하고, 어떤 아이는 능숙해지기 위해 플레이하며, 어떤 아이는 새롭고 재미있는 경험을 추구하는 방랑자이며, 어떤 아이는 사회적 상호작용이나 다른 세계에서 활동하는 것을 즐긴다. 고용주가 원하는 기본적인 기술 중 하나는 사회적 감수성과 팀에서 일하는 능력, 자신이 아는 것을 팀원에게 전달하고 다른 사람의 관점을 이해하며(타인 존중의 기초), 목표를 달성하기 위해 협력하는 기술이다. 많은 비디오 게임에는 차례 지키기가 기본으로 탑재되어 있다. 아이는 규칙을 배우며 다른 사람들로부터 배우려는 동기를 가진다. 또한 개인보다 집단이 더 나은 해결책을 제공할 수 있다는 자신감을 키운다. 이는 혼자 성취한 것으로 가치를 측정하는 학교 교육과는 매우 다르다.

13. 우리는 걷고, 뛰고, 질주하며 자신의 속도에 따라 일할 수 있다

동영상은 GPS처럼 작동한다. 모두 비슷한 성공 기준(같은 목적지)을 가질 수 있지만, 거기 도달하는 데는 여러 경로와 가변적인 시간이 있다. 모든 사람이 A에서 B로 가기 위해 1번 고속도로를 따라가야 하는 것은 아니며, 어떤 사람은 고속도로를 벗어나 경치 좋은 길을 택하고, 어떤 사람은 도중에 길을 잃을 수도 있다. 경로에 따라 목적지에 도착하는 데 걸리는 시간이 달라진다. 마찬가지로 비디오 게임도 모든 플레이어가 게임을 완료하는 데 같은 시간을 쓰도록 요구하지 않는다. 학습도 마찬가지다.

14. 학습자의 역할은 다양하다

절대적으로 올바른 길은 없다. 종종 잘못된 길을 가다가 더 나은 길을 발견할 수 있고, 길을 벗어나는 것이 경치가 좋을 수 있으며, 여행할 가치가 있는 여러 길이 있다. 비디오 게임 디자이너는 게임 여행 동안 여러 길과 여러 역할을 허용한다.[4] 문제를 해결할 때 때때로 아이를 다양한 역할에 참여시켜 더 나은 학습자가 될 수 있도록 힘을 싣는 게 좋다. 자신의 눈을 통해 세상을 바라보는 주인공, 설명을 제공하고 경기하는 법을 가르치는 교사, 자신과 다른 사람의 움직임을 반영, 분석, 계획, 평가하는 전략가, '만약'이라는 아이디어를 사용하여 움직임을 예상하고 줄거리의 반전을 좋아하는 예측가 등의 역할이 있다. 논쟁을 좋아하고 목표 달성을 위해 설득을 사용하는 회의론자, 다른 사람의 옆이나 약간 뒤에 서서 걷는 그림자, 다른 사람의 움직임을 관찰하고 반영하는 능력을 배우는 해결사, 재미있는 웃음을 선사하고 추가적인 돌발 상황을 좋아하는 장난꾸러기도 가능하다.

15. 기억력은 한정적이고 학습에는 두뇌 능력이 필요하다

컴퓨터 게이머는 학생의 학습 방식에 관한 인지 이론을 잘 알고 있다. '인지 부하 이론'cognitive load theory(뇌가 정보를 처리하는 능력이 제한적이며, 능력을 초과한 부하가 가해지면 학습을 방해한다는 이론.-옮긴이)이라 불리는, 호주의 심리학자 존 스웰러John Sweller가 개발한 훌륭한 이론이 있다. 게임 디자이너는 아이의 상상력, 주의력 및 참여를 끌어내기 위해 이 이론을 사용해 왔다. 우리 역시 이를 통해 배울 수 있다. 이 모델은 한 번에 단기 작업 기억에 저장할 수 있는 양이 제한되어 있다는 점에 착안한 것이다. 우리 대부분은 한 번에 4~6개 정보를 단기 기억에 저장할 수 있다는 이야기를 기억할 것이다. 이제 9×6을 알아야 하는 문제를 가정해 보자. 답을 찾는다면 귀중한 작업 기억 일부를 사용하게 되고, 이제까지 과도하게 학습한 아이라면 다른 아이에 비해 문제에 사용할 시간이나 정신적 능력이 부족할 가능성이 크다.

지시를 명확하게 하고 이해했는지 확인하면서 아이가 단기 기억 부하를 관리할 수 있도록 도와야 한다. 아이가 관련 없는 문제를 푸는 데 집중하지 않도록 문제를 명확하게 설명하자. 연습 문제를 제공하되, 너무 많은 정보를 포함하거나 너무 높은 수준의 예시를 제시하면 학습 의욕을 떨어뜨릴 수 있으니 유의하자. 당면한 문제에 대해 충분한 지식을 가졌는지 확인해 지식 부족으로 허둥대지 않도록 하고, 중요한 정보는 즉시 사용할 수 있도록 하고 세부적인 내용은 포함하지 않도록 하자.

미국의 심리학자 크리스토퍼 퍼거슨Christopher Ferguson[5] (비디오 게임과 폭력 행동 사이의 연관성을 반박하는 연구로 널리 알려져 있다.—옮긴이)이 비디오 게임의 영향에 관한 101개 연구를 종합한 결과, 공격성 증가, 친사회적 행동 감소, 학업 성취도 감소, 우울 증상, 주의력 결핍 증상에 대한 게임의 잠재적 부작용은 거의 없는 것으로 나타났다. 우리는 비디오 게임을 선과 악, 폭력적이거나 친사회적인 것으로만 생각해 플레이어에게 영향을 미치는 것을 경계해야 한다. 도리어 게임이 청소년에게 어떻게 그렇게 매력적일 수 있는지 이해하는 데서 배울 점이 많다는 사실을 깨달을 것이다.

결론

부모가 학습이나 배움을 좋아한다는 것을 보여 주면 아이도 그럴 가능성이 크다. 즉, 문제와 딜레마를 해결하는 법, 다른 사람과 함께 일하는 법, 혼자 할 때보다 다른 사람과 협력할 때 더 나은 답을 찾을 수 있다는 믿음, 작업 간에 전환하는 능력, 모니터링하고 업데이트하는 실행 기능을 가르치자. 우리는 재미와 열정, 호기심을 가지고 이 일을 해낼 수 있다. 학습은 놀이가 될 수 있지만, 어떤 놀이는 학습으로 이어지지 않을 수 있다.

피드백은 힘이 있고,
성공은 오류를 통해 성장한다

1. 피드백의 힘

▸ 피드백은 강력하지만 그 효과도 제각각이다.

▸ 피드백은 '어디로 가고 있는가', '어떻게 가고 있는가'를 바탕으로 '다음 단계는 어디인가'라는 질문에 답하는 데 중요하다.

▸ 피드백이 과제나 내용에 관련된 것인지(맞다/틀리다, 방법을 알려 줄게), 과정에 관한 것인지(함께 노력해서 개선하자), 자기 조절에 관한 것인지(먼저 나아지려고 노력하자)에 따라 그 성격을 달리하는 것이 중요하다.

▸ 피드백을 어떻게 듣고, 이해하고, 행동으로 옮기는지를 이해하는 게 중요하다.

2. 칭찬의 역할

▸ 피드백과 동시에 칭찬을 하면 피드백 메시지가 희석될 때가 많다.

- ▸ 칭찬은 신뢰 관계 구축을 강화할 수 있다.
- ▸ 피드백은 가치보다 더 많은 비용이 들 수 있다.

3. 학습과 피드백은 오류를 통해 자란다

- ▸ 피드백은 성공과 정답보다 오류가 있거나 실수했을 때 긍정적인 영향을 미칠 가능성이 더 크다.
- ▸ 실패를 학습의 가장 좋은 친구로 삼으려면 높은 신뢰 관계와 안전이 뒷받침되는 관계가 필요하다.
- ▸ 피드백은 (1) 성공을 명확히 하고, (2) 학습자에게 성공과 관련된 진행 상황을 알려 주며, (3) 다음 단계에 대한 지침을 제공하고, (4) 신뢰가 높은 환경에서 주고받으며, (5) 듣고, 이해하고, 실행 가능할 때 효과적이다.

이 장에서는 성공적인 양육을 위한 핵심 요소인 피드백을 주고받는 기술에 초점을 맞춘다. 피드백은 강력하지만 그 효과도 제각각이다. 피드백을 듣고, 이해하고, 행동으로 옮기게 하는 주요 요인에 대해 설명하고, 오류와 실수의 중요한 역할과 실패를 가장 좋은 친구로 만드는 방법에 대한 주요 메시지를 전달한다. 피드백은 아이의 학습 발달에서 오류를 환영하고 기대하는 것으로 받아들일 때 더 효과적이다.

모두 피드백을 받아 본 경험이 있을 것이다. 어떤 피드백은 자신이 원했고, 어떤 피드백은 원하지 않았으며, 어떤 피드백은 가치가 있었고, 어떤 피드백은 그렇지 않았다. 바로 여기에 피드백의 딜레마가 있다. 거듭 말하지만, 피드백의 효과는 강력하나 제각각이다. 학교를 대상으로 한 광범위한 연구에 따르면, 피드백은 학습에 강력한 영향을 미치는 요소 중 하나지만, 효과는 가변적이다.[1] 학교 연구에서 얻은 정보 중에서 가정에 적용할 수 있는 내용이 많다. 먼저 다음 같은 일반적인 믿음은 잘못된 믿음이다.

▸ **피드백 샌드위치를 사용해야 한다는 믿음**: 칭찬한 다음 교정 피드백을 주고, 그다음에 더 많은 칭찬을 해야 한다는 믿음이다. 아이가 칭찬에 집중하니 칭찬을 추가해 교정 피드백을 희석하지 말자. 칭찬은 잘못된 것이 아니지만, 교정 피드백과 동시에 하는 것은 안 된다.

▸ **피드백은 즉각적으로 이루어져야 한다는 믿음**: 즉시 수정할 수 있는 과제에 관한 거라면 그렇지만, 오래 지속되는 효과를 위해서는 피드백을 늦추는 것이 더 효과적일 수 있다.

▸ **피드백은 많을수록 좋다는 믿음**: 양이 중요한 것이 아니라 피드백을 듣고, 이해하고, 실행할 수 있게 하는 일이 중요하다. 때로는 실행 가능성을 높이기 위해 피드백의 양을 줄일 수도 있다.

1. 피드백의 힘

피드백은 아이가 현재 이해하는 것과 이해하려는 것 사이의 간극을 줄이기 위해 제공되는 정보다. 따라서 (a) 아이가 현재 무엇을 하고 있는지 잘 이해하고 있고, (b) '잘하는 것이 좋은 것'(즉, 바라는 결과 또는 행동)임을 명확하게 이해하며, (c) 부모의 피드백이 아이가 목표로 나아가는 데 도움이 될 때, 피드백의 힘이 더 커진다.

앞서 언급한 내용에는 부모님의 칭찬이나 피드백 메시지가 긍정적인지 부정적인지, 피드백의 타이밍이나 말투에 관한 내용은 없다. 피드백은 아이가 바라는 결과에 더 가까이 다가갈 수 있도록 돕는 정보라는 점을 명심하자.

아이의 학습 의지를 움직이는 피드백은 여러 가지 요인에 따라 달라진다.

1. 부모는 아이가 현재 어디에 있는지, 즉 기준선이 무엇인지, 현재 상태가 어떤지 알아야 한다. 아이의 현재 정서 상태, 지금 일어나는 일에 대한 아이의 믿음을 '이해하지 못하면', 아이는 실망과 불만을 느낄 것이다. 아이의 현재 상태를 알지 못하면 부적절하거나 관련 없는 피드백을 줄 수 있다.

2. 부모는 피드백을 통해 무엇을 원하는지 명확하게 알고 있고, 아이도 결과에 대해 명확하게 알고 있다. 아이가 원하는 결과가 무엇인지 미리 이해했다면 피드백은 더욱 강력해진다. 이렇게 하면 아이에게 방향을 제시하고, 아이는 이 피드백을 결과에 도달하는 데 도움이 되는 것으로 해석할 수 있고, 결과를 달성하는 데 피드백이 가치

가 있다고 생각한다.

3. 아이가 결과에 대해 어느 정도 책임감을 가진다면 도움이 되지만, 반드시 그럴 필요는 없다.

우리는 수천 명의 교사에게 피드백의 의미를 물었다. 다음 목록은 교사의 답변이다.

1. 의견: 아이의 실행 방식에 대해 의견을 제시한다.

2. 설명: 아이의 질문에 답한다.

3. 비판: 건설적인 비판을 전달한다.

4. 확인: 아이가 올바르게 하고 있다고 말한다.

5. 콘텐츠 개발: 더 깊이 있는 정보를 제공한다.

6. 건설적인 성찰: 아이의 수행이나 성과에 대해 긍정적이고 건설적인 의견을 전달한다.

7. 교정: 아이가 잘한 점이나 잘못한 점을 알려 준다.

8. 장단점: 아이 수행의 장단점을 파악한다.

9. 기준: 기준과 관련된 가이드를 제공한다.

이 9가지 형태의 피드백은 모두 아이가 목표를 향해 '어디를 지향해야 하는지', '어떻게 가고 있는지' 알 수 있도록 도와준다. 흥미로운 점은 아이에게 피드백이 무엇을 의미하는지 물어보면 이 2가지 질문을 거의 하지 않는다는 것이다. 대신에 아이는 '다음에 어디로 가야 하는가?'와 '어떻게 해야 하는가?'를 알고 싶어 한다.

앞서 언급한 9가지 형태의 피드백을 더욱 효과적으로 활용하려면 '다음 단계'에 대한 피드백, 즉 아이가 목표를 향해 더 나가는 데 도움이 되는 피드백을 주어야 한다.

다시 말하지만 아이의 관점에서 볼 때 피드백은 목표를 향해 나가는 데 도움이 되는 것이어야 한다. "아니, 그건 아니야, 다시 해 봐." 식의 하나 마나 한 예를 생각해 보자. 이 말에는 아이가 앞으로 나아갈 수 있는 정보가 없으므로 부정적인 영향을 미치는 게 당연하다. "아니, 그건 아니야, 어떻게 하는지 보여 줄게." 같은 메시지는 목표를 향해 나아갈 수 있는 정보를 담고 있다. 중요한 것은 부정적이거나 긍정적인 것이 아니라, 앞으로 나아가게 하는 정보다.

아이가 피드백에 지나치게 의존하여 "이제 어떻게 해야 해요?"라는 말을 계속하는 '피드백 중독자'가 되는 것을 바라지는 않을 것이다. 대부분의 상황에서 부모가 줄 수 있는 수준의 피드백은 과제 자체에 대한 피드백, 아이가 어떻게 하고 있는지 이해를 돕기 위해 아이와 함께 과제를 완성하는 피드백, 아이가 자신의 수행을 모니터링하는 데 도움이 되는 피드백 등 최소한 3가지다.

> ▶ **과제 자체에 대한 피드백**: 과제를 올바르게/잘못 수행했는지 파악하고, 아이에게 과제 수행 방법을 다시 보여 주며, 과제 수행 방법에 대한 자세한 정

보와 방향을 제공하는 피드백.

▸ **과제 완성 방법**(과정)**에 대한 피드백:** 아이가 과제를 완성하기 위해 사용하는 과정이나 행동과 더욱 관련 있는 피드백. 아이가 자신이 한 실수를 이해하는 데 도움이 되고, 과제를 완성하기 위한 다양한 전략을 제공할 수 있으며, 지금 하는 과제와 앞으로 나아가는 최선의 방법 간의 관계와 연관성을 알려 준다.

▸ **아이의 수행에 대한 모니터링**(평가) **피드백:** 아이가 자신의 수행을 모니터링하고 평가하는 데 도움이 되는 피드백은 아이 행동의 정확성과 방향에 대한 자신감을 준다. 또한 피드백을 기다리지 않고 먼저 요청하는 방법을 가르쳐 준다.

피드백을 줄 때 중요한 메시지는 다음과 같다. 피드백의 초점은 과제, 과정 또는 앞으로 나가는 단계에 대해 아이가 스스로 결정할 수 있도록 해야 한다. 분명하게 피드백을 줄 때는 최적의 피드백 형태를 선택해야 한다. "실수를 했으니 고쳐라."라고 말하는데 아이가 아직 과제 수행하는 법을 배우고 있고 과정에 대한 이해가 없다면, 피드백은 부정적인 정서를 유발하는 것 외에 아무런 영향을 미치지 않을 것이다. 아이가 과제를 어느 정도 해냈는데 "아니야, 내가 어떻게 하는지 보여 줄게."라는 취지로 말하는 경우에도 숙달 단계에서 스스로 하는 방법을 배우려고 하기 때문에 그 효과가 낮다.

2. 칭찬의 역할

많은 부모가 피드백 샌드위치에 대해 들어 봤을 것이다. 피드백 샌드위치는 2가지 긍정적인 진술 사이에 끼워 넣는 '지시'다. 우리 모두 칭찬을 좋아하며, 자주 자신이 좋은 사람이라는 확인을 받고 싶어 한다. 칭찬은 동기 부여에 도움이 되고, 우리가 한 일이 옳지 않거나 충분하지 않더라도 우리 자신에 대해 좋게 느끼게 해 준다. 칭찬은 우리가 자주 떠올리는 것이지만 거기에는 딜레마가 있다.

아이와 함께 피드백 샌드위치를 시도해 보자. 즉, 2개의 긍정적 피드백 사이에 부정적/교정 피드백을 끼워 넣는 것이다. 단기 기억에 그치지 않도록 하루 정도 기다렸다가 아이에게 어제 받은 피드백에서 무엇을 기억하는지 물어보자. 물론 우리가 기억하고 행동하기를 바라는 것은 칭찬이 아니라 교정 피드백이다. 하지만 아이는 칭찬을 기억할 것이다. 자, 피드백 샌드위치를 버리자. 아이는 피드백을 자기 것으로 소화하지 못한다.

여기서 우리가 하고 싶은 말은 이것이다. 피드백과 동시에 칭찬을 하면 피드백 내용이 희석된다!

아이를 '칭찬하지 말라.'라는 주장이 아니다. 사실 칭찬은 신뢰 관계 구축의 핵심이다. 칭찬은 과제에 더 많은 노력과 집중을 끌어내고 긍정적인 태도와 행동을 강화한다. 하지만 칭찬과 피드백을 혼동하지 말자. 2가지를 함께 사용하면 하나(칭찬)만 들릴 가능성이 크다는 점을 기억하자.

우리 저자들은 둘 다 교사로, 피드백의 양을 늘리면 학생 중 상당수가 목표에 도달할 가능성이 커지니 피드백 양을 늘리라는 말을 많이 들었다. 하지만 이 가정은 틀렸다. 중요한 것은 교사가 주는 피드백의 양이 아니라 받는 피드백의 양이다. 예를 들어, 수업 시간에 교사는 엄청난 양의 피드백을 주지만 그중 상당수는 어디에도 전달되지 않는다. 교사처럼 부모 역시 아이가 피드백을 받는 방법과 빈도를 염두에 두어야 한다.

핵심은 이것이다. 피드백을 들었는가, 이해했는가, 실행 가능한가? 피드백이 행동으로 이어졌다면 훌륭한 피드백이므로, 행동으로 이어지지 않은 피드백을 재고하자. 어떻게 해야 피드백을 듣고, 이해하고, 실행할 수 있는 방식으로 제공할 수 있을지 생각하자.

피드백은 그 가치보다 더 많은 비용이 들 수 있다. 피드백을 구하고 사용하는 데 드는 노력과 다른 사람들 앞에서 보이는 모습 같은 '체면' 비용도 있다. 피드백을 잘못 해석해 그른 길로 가는 데 따른 부수적인 비용도 있다. 마지막으로, 아이가 피드백의 모호함에 대처하지 못하거나 다음에 어디로 가야 할지 모른다는 불확실성 비용이 있다. 이런 비용이 너무 크다면 피드백을 듣거나 이해하거나 사용하지 않는 게 더 효과적인 경우도 많다.

더구나 피드백을 받을 필요가 없다고 생각하면 피드백을 무시하는 경향이 있다. 그런데 피드백을 제대로 받지 못하면 자신에 대한 부정적인 믿음이 커진다. 피드백은 많은 노력이 필요한 행동, 성공 목표에 도달하기를 바라는 행동과 관련이 있다. 목표에 더 가까이 다가가는 데 도움이 된다면 피드백은 더욱 강력해진다.

3. 학습과 피드백은 오류를 통해 자란다

피드백은 오류가 있거나 실수했을 때 긍정적인 영향을 미칠 가능성이 더 크다. 성공했을 때 피드백은 향상으로 이어지고 좋은 평가를 받을 수 있지만, 오류에 부딪혔을 때, 막막할 때, 실수했을 때, 오해가 있을 때 더욱 빛을 발한다. 피아제는 모든 학습의 핵심은 불균형, 즉 알려진 것과 알려지지 않은 것 사이의 불균형이며, 바로 이때가 학습이 일어나는 결정적인 순간이라고 주장했다. 실수나 오류는 학습의 기회로 여겨져야 하며, 학습자의 가장 친한 친구가 되어야 한다. 흥미진진한 것으로 간주되어야 하며, 학습을 향상시키는 차선책으로 받아들여져야 한다.

피드백은 이해 부족이 아닌 잘못된 해석을 다룰 때 강력하다. 후자의 경우라면 아이에게 과제를 다시 가르치면 된다. 아이가 과제를 잘 모르거나 어려워하는 경우, 피드백 제공은 아이의 수행에 거의 영향을 미치지 않는데, 왜냐하면 아이가 피드백에 연결 지을 고리나 관련성이 없기 때문이다. 분명한 것은 피드백이 학습 과정의 일부라는 점이다. 그러나 처음 가르칠 때 아이가 내용을 이해하기 어렵다면 피드백은 거의 소용없다. 따라서 아이가 이해하지 못한다고 말할 수 있는 게 이 상태에서는 매우 중요하다.

그런데 오류나 실수는 당혹감, 조롱(특히 또래나 형제자매의 조롱), 은폐, 실패를 두려워하는 학습 활동, 자존감 저하로 이어질 수 있으므로 대가가 따른다. 뇌는 오류를 잘 감지하는 기관이어서 투쟁-도피 반응을 보일 수 있다. 즉, 피드백을 주는 사람에게 맞서거나, 피드백을 듣지 않고 도망치거나, 피드백을 받은 과제를 하지 않고 미루거나, 그 과제를 다시 할 수 있다.

그래서 부모와 아이, 형제자매 간에 신뢰 관계를 구축하는 것이 아이가 실수에 따른 피드백을 통해 최대한의 효과를 얻는 데 중요하다. 이러한 피드백은 아이가 정답을 모를 때 추측과 아이디어를 제공하거나, 감정을 말할 수 있고 위험 부담 없는 영역에서 이루어져야 한다. 피드백을 받는 환경은 피드백에 따라 행동한 결과가 아이에게 부정적인 것이 아니라 긍정적인 것이 될 수 있는 환경이어야 한다.

한 가지 유용한 전략은 아이가 오류를 발견할 때까지 기다렸다가 오류 발견과 오류 개선이 서로 연결된 것임을 이해할 수 있도록 하는 것이다. 그러나 아이의 자존감을 지나치게 보호하기 위해 오류를 수정하지 않는 일이 있어선 안 된다. 예를 들어, 교실에서 학생이 또래들 앞에서 오류를 범했을 때 교사가 그 오류를 학습 진도에 활용하는 경우는 5~10퍼센트에 불과하다.[2] 나머지 시간 동안 교사는 단순히 오류를 수정하거나 다른 학생에게 오류를 수정하도록 하거나 그냥 무시한다. 얼마나 큰 향상의 기회를 놓치는 것일까? 정답을 맞히는 것만이 유일한 답이라는 강력한 메시지가 아닐 수 없다. 정답을 아는 학생들만 손을 드는 것은 당연한 일이다. 학생들은 '똑똑함'이란 답을 정확히 알고 실수하지 않는 것이며, 정답 맞힐 가능성이 적고 제시간에 깔끔하게 끝내지 못하면 차라리 노력을 기울이지 않는 게 좋다는 메시지를 너무 많이 받는다. 슬픈 일이다.

독일의 심리학자 가브리엘 슈토이어Gabriele Steuer와 동료들[3]은 '실수에 우호적인 교실'과 '실수에 비우호적인 교실'의 영향에 대해 조사했다. 연구 결과, 학생들이 실수에 우호적인 교실이라고 인식할 때 학습에 더 큰 노력을 기울이는 것으로 나타났다. 가정에서도 같다. 가정이 실수해도 괜찮고, 실수해도 벌을 받지 않는 곳이라는 안전감이 있을 때 학습이 활발하게 이루어진다. 실수는 처벌을 받고 완벽함을 추구하는 반대의 경우를 떠올려 보자. 새롭고 어려운 것을 배우거나 과제를 효과적으로 끝내기 위해 창의력을 발휘하려 할 때, 처벌, 비난, 수치심에 처할 위험을 왜 아이들이 감수하겠는가?

칭찬에 대한 메시지를 기억하자. 즉, 칭찬이나 비판을 하지 않고 아이가 다음에 어디로 어떻게 나가야 할지 알 수 있도록 피드백을 제공하자. 아이 자존감에 대한 부정적인 영향을 줄이고 아이를 배우는 사람으로 만들 수 있다.

그러니 피드백을 주기 전에 과제의 목표와 기준을 최대한 분명하게 정해야 한다. 그다음 부모의 피드백이 아이가 현재 위치에서 그 목표를 향해 나아가는 데 도움이 되는지 확인하자. 아이가 피드백을 무시할 수 있으므로 칭찬이나 부정적인 말을 포함하지 말자. 신뢰가 높고 비난하지 않는 환경이 만들어져 있다면, 피드백은 오류에 대해 더욱 효과적이다. 피드백이 어떻게 받아들여질지 항상 염두에 두자.

결론

피드백은 (1) 성공을 명확히 하고, (2) 학습자에게 성공과 관련한 과정을 알리고, (3) 다음 단계에 대한 안내를 제공하며, (4) 칭찬과 섞이지 않고, (5) 신뢰가 높은 환경에서 주고받으며, (6) 아이가 듣고, 이해하고, 실행할 수 있을 때 효과적이다.

3부

배움과
학교 교육

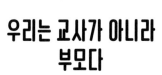

마인드 프레임 7

우리는 교사가 아니라
부모다

1. 우리는 부모이지, 교사가 아니다

> ▸ 우리는 학교 교사가 아니다. 경계를 이해하고, 부모의 역할과 교사의 역할을 명확히 하자. 아이에게 교사가 미치는 영향을 신뢰하고(하지만 확인할 것), 아이를 사랑하자.

> ▸ 숙제는 집에서 하는 학교 과제다. 숙제하기에 어려움이 있다면 그것은 부모가 아니라 학교의 문제다.

> ▸ 아이가 학교와 가정에서 친구를 사귀도록 돕는다.

2. 학습의 언어 개발하기

> ▸ 부모는 아이가 학교에서 무엇을 어떻게 하고 있는지 더 잘 이해할 수 있도록 학습의 언어를 배워야 한다.

> ▸ 따라서 부모는 교사와 대화하는 방법, 아이의 학습에 대해 질문하는 법

을 알아야 한다.

3. 학교를 선택하는 방법

▸ 아이가 어떤 학습, 언어, 수리 기술을 익히게 될지 물어보자. 부모가 찾는 답은 생각하는 것을 소리 내어 말하기, 읽기, 개념 학습, 수리 기술, 유형 등이다.

▸ 행동 규칙을 묻는다. 아이는 규칙을 통해 자신의 세계에 체계를 세우고 적응하므로, 규칙을 따라야 한다.

▸ 학교를 선택하는 것은 교사를 선택하는 것만큼 중요한 것은 아니다. 하지만 학교는 부모가 선택하지 못하도록 정해진 경우가 많다.

▸ 이미 학교에 다니는 아이에게 교사가 자신에게 자극을 주고 성공에 대한 높은 기대치를 갖는지 물어보자.

이 장에서는 부모가 부모의 역할에 대해 분명히 알아야 한다는 것, 여기에 교사의 역할은 포함되지 않는다는 점을 강조한다. 그러나 부모와 교사 모두 학습의 언어 개발을 목표로 해야 한다. 또한 유치원과 학교를 선택하는 기술, 아이의 교사가 얼마나 우리 아이를 이해하는지 알아보는 방법을 알아본다.

1. 우리는 부모이지, 교사가 아니다

1800년대에 학교 교육은 부모보다 전문가(교사)가 학교 교과목을 더 잘 교육할 수 있다는 단순한 전제를 바탕으로 의무화되었다. 지난 150여 년 동안 이것은 사실로 입증되었다.

부모가 아이에게 많은 것을 가르칠 수 없다는 말이 아니다. 부모도 가르칠 수 있으며, 가르치고 있고, 앞으로도 큰 영향력을 발휘할 것이다. 하지만 학교 교육에서 배우는 교과목은 읽기, 수리, 미분 방정식, 재즈의 박자 리듬 등을 가르치는 특별한 기술이 필요하다. 어느 나라의 교육과정을 살펴봐도 대부분의 부모가 이 공통 교육과정을 이수했음에도, 그들이 감당할 수 있는 범위를 훨씬 뛰어넘는다.

또한 부모는 한 가지 기술을 잘 모르는 경우가 많다. 즉, 부모는 특정 주제를 잘 아는 전문가이지만 '초보자처럼 생각하는 방법'을 잊어버리는데, 바로 이것이 교사의 주요 기술이다. 초보자(학생)에게는 전혀 당연하거나 쉬운 일이 아니기 때문에, 어떤 교사도 "그거 쉬워, 그거 당연한 거야."라고 말하지 않는다. 교사들은 오랫동안 개념을 가르치는 최적의 범위와 순서를 논의해 왔고, 동기를 부여하고 측정하고 평가하는 방법을 알고 있다. 또한 아이가 무엇을 잘못했는지 파악해 올바른 길로 되돌려 놓는 데 능숙하다. 이러한 전문적인 역량은 어렵게 획득한 것으로, 다년간의 훈련이 필요하다. 교사들은 날마다 20~30명의 아이와 함께 이를 실행한다.

바로 그래서다. 우리는 학교 교사가 아니다. 경계를 이해하고, 부모와 교사의 서로 다른 역할을 명확히 하자. 아이에게 교사가 미치는 영향을 신뢰하고, 아이를 사랑하자.

학교에서의 성공을 예측하는 가장 좋은 지표 중 하나는 아이가 첫 달에 친구를 사귀는지 여부다. 우정은 아이의 개인 역량과 정체성 발달에 중요한 역할을 한다. 즉, 다른 사람과 상호작용하고 타인을 존중하며 자신을 존중하는 방식에 장기적으로 긍정적인 영향을 미친다. 친구를 통해 아이는 사회적 지지와 사회적 기술을 연습하고, 공감하는 법과 갈등 해결에 대처하는 방법을 배운다.

친구 집단은 공유와 협력의 의지를 키우며 강력한 사회적 구심점이 될 수 있다. 아이들은 사회적 규범을 배우고 우정을 통해 사회적 규범의 경계에 도전한다. 우정은 과제와 활동에서 더 높은 생산성을 끌어낼 수 있다.

우정 유형에는 성별 차이가 있다. 남자아이는 스포츠 활동 기반의 상호작용을 더 많이 하고 소셜 미디어에서 여러 사람과 교류하는 경향을 보인다. 여자아이는 친구 관계에서 더 배타적이며, 친밀감을 바탕으로 개인적인 생각과 감정을 드러내는 경향이 있고, 짝이나 소집단으로 친구를 사귀는 경향이 더 높다. 남자아이의 경우에 우정의 변화는 종종 집단 활동의 구성원 변화와 관계가 있고, 여자아이의 경우 우정의 규범을 위반한다고 인식할 때 변화가 일어날 수 있다. 아이의 친구 집단을 가능한 한 다양하게 구성해 '비슷한 친구들'로만 구성되지 않도록 노력하는 것은 아이에게 차이와 다양성을 받아들이도록 가르치는 좋은 방법이다.

청소년기까지 우정은 불안정하다. 우리는 이미 청소년의 평판을 높이는 데 친구가 얼마나 큰 힘을 발휘하는지 '마인드 프레임 4'에서 살펴봤다. 청소년기에는 약 50~80퍼센트의 우정이 1년 이상 유지되고, 고등학교를 졸업할 때까지 관계가 지속된다.

부모의 과제는 아이가 친구에 관해 이야기하도록 격려하고, 친구와 집에서 함께 놀도록 초대하고, 친구 집단을 넓히기 위해 동아리 활동을 고려하며, 무엇이 비밀 메시지이고 무엇이 아닌지 논의하고(이러한 메시지는 괴롭힘으로 이어질 수 있으므로), 많은 친구를 만나도록 하는 것이다. (어린 나이의 우정은 변덕스럽지만 나이가 들면서 절친을 잃으면 충격이 크며, 이와 같은 상실을 부모와 의논하지 않는 경우가 많다.) 청소년기에는 아이의 친구를 아는 것이 아이를 더 잘 이해하는 방법이다. 일반적으로 아이는 부모가 자기 친구들과 교류하는 것을 원하지 않지만, 아이를 이해하기 위한 노력을 멈춰서는 안 된다.

또 다른 문제는 숙제로, 부모가 (1) 아이에게 숙제가 있다는 것을 아는지, (2) 아이가 숙제를 끝마쳤는지 확인하는 방법을 찾기 위해 애쓰는 과정에서 부모의 스트레스 수준을 높이는 주제라 할 수 있다.

초등학교에서는 숙제가 학업 성취도에 미치는 영향이 거의 제로에 가깝지만, 고등학교에 가면 숙제의 영향이 증가한다. 초등학교 숙제는 집에서 새로운 생각을 배우는 것이지만, 고등학교 숙제는 학교에서 이미 배운 것을 복습하는 것이기 때문에 그 차이가 크다. 아이가 숙제를 할 수 없을 때 최악의 상황은 부모가 대신 숙제를 하거나 아이가 숙제하는 법을 모르는 상황에서 숙제하도록 만드는 것이다. 숙제하는 방법을 모른다면 교사에게 알리는 것이 좋다. 기억하자. 숙제는 집에서 하는 학교 과제이므로 집에서 해결되지 않으면 교사에게 문제 해결을 도와 달라고 하자. 최악의 숙제는 프로젝트인데, 학교에서 가르치지 않은 지식이 필요할 때가 많아서 이 프로젝트 내용을 알려 줄 부모에게 아이가 의존하는 경우가 많다.

카일 해티: 나는 노스캐롤라이나주에 있는 초등학교에 다녔다. 거기서는 매년 과학 프로젝트가 있었는데, 학교에서 가장 우수한 프로젝트는 주 과학 경진대회에 출품되었다. 그러던 어느 월요일 아침, 나는 "아빠, 과학 프로젝트가 이번 주 금요일까지예요."라고 말했다. 아버지가 소리쳤다. "6개월이나 시간이 있었는데 마지막 주에야 마감을 앞두고서 어떻게 할지 모르겠다고 말하는구나." 다행히도 미국에는 과학 프로젝트의 중요성을 알고 있는 전문 매장이 있었다. 그날 밤 아버지는 마이클스 상점에 가서 화산에 필요한 재료를 사서 조립했고("카일, 그거 건드리지 마, 아빠가 할게."), 금요일에 나는 화산을 들고 자랑스럽게 학교에 갔다. 나는 과학에 대해 무엇을 배웠을까? 과학은 지루하다는 것, 구글 검색에서 몇 가지 사실을 베끼는 것, 아버지가 괴물 같은 과학 소품 만드는 것을 지켜보는 것, 과학은 재미없다는 것을 알게 되었다.

2. 학습의 언어 개발하기

아이가 학교에 입학하면 학교에 가지 않으면 배울 수 없는 것을 배우기 시작한다. 이때부터 우리는 교사가 아닌 부모의 역할에 관해 생각한다.

시민이자 유권자로서 우리는 투표함을 통해 학교 교육과정에 발언권을 행사할 수 있다. 교육과정에 대한 비판이나 옹호에 관해 아이와 논의하는 것은 최선의 방법이 아니며, 부모가 어떤 과목이 싫다고 말하면 아이도 같은 과목을 싫어할 수 있다. (특히 '수학'인 경우.) 교육과정에 관한 혼잡한 논쟁은 끊이지 않으며, 대책 마련을 위해 위원회가 구성되기도 한다. 교육과정의 효율화, 축소 또는 현대화라는 미명하에 더 많은 것을 커리큘럼에 밀어 넣지 않는 교육 종사자들을 우리는 아직 만나지 못했다.

서구 국가의 교육과정을 테이블 위에 올려놓으면 언제, 무엇을 가르쳐야 하는지에 대한 합의점을 거의 찾을 수 없을 것이다. 이런 연유로 모든 아이가 반드시 알아야 하는 '필수 지식' 같은 개념은 존재하지 않는다. 모든 교육과정의 구성과 순서가 다른데 어떻게 그런 것이 있을 수 있을까?

대부분 10세 때 국어나 수학, 과학에서 배운 내용을 떠올려 보라고 하면 기억하기 어려울 것이다. 학교에서 '필수 지식'으로 간주하는 것을 배우지 못하더라도 지나치게 걱정하지 말자. 대부분 나중에 배울 수 있다. 하지만 한 가지 중요한 예외가 있는데, 바로 8세까지 읽기와 수리 능력의 기초를 배워야 한다는 것이다. 8세까지 이러한 기초를 배우지 못한 아이는 학교에서 글자 학습이 읽기 학습으로 전환됨에 따라 뒤처질 가능성이 크다.

또한 거의 모든 교육과정이 아이의 학습 방식이나 학습 순서, 진도에 관한 연구 없이 개발된다는 점에 유의하자. 우리는 이런 연구가 거의 없다는 것을 안다. 대신에 아이는 어른이 정한 학습 범위와 순서에 따라 모니터링되며, 만약 아이가 어른의 통념에 따르지 않거나 성장하지 못하면 비난과 분류의 대상이 된다.

학습 진도는 GPS처럼 보여야 한다.[1] 앞서 언급했듯이 시드니에서 멜버른(또는 보스턴에서 뉴욕, 리즈에서 런던)까지 운전하는 여러 가지 방법이 있고 목적지에 도착하는 데 걸리는 시간이 다른 것처럼, 성공에 이르는 길에는 여러 가지 경로가 있고 그 성공에 도달하는 데 필요한 시간도 다양하다. 대부분의 사람은 흄 하이웨이(840킬로미터에 이르는 호주의 유명한 자동차 전용도로. – 옮긴이)를 이용하지만, 일부는 해안도로를 이용하고 일부는 내륙으로 우회하면서 경치를 구경할 것이다. 목적지에 성공적으로 도달하는 방법은 정해진 것이 없다. 그러니 아이가 대다수 아이와 다른 길을 여행한다고 해서 반드시 문제가 되는 것은 아니다.

우리는 뉴질랜드에서 사회경제적 수준이 가장 낮은 지역 5개 학교의 성취도를 높이기 위한 주요 정책을 평가했다.[2] (부록 참조.) 3년 동안 많은 시도가 있었지만, 눈에 띄는 정책이 하나 있었다. 2000년대 초반에는 컴퓨터를 사용할 수 없는 가정이 많았기 때문에 부모와 아이가 함께 학습하고 숙제한다는 전제하에 부모에게 컴퓨터를 제공했다. 이 프로젝트는 전직 교사들을 고용해 부모에게 컴퓨터와 인터넷 사용법을 가르치기 위해 가정을 방문하도록 했다. 우리는 학생의 학습에 긍정적인 변화를 가져온 것은 컴퓨터가 아니라 전직 교사들의 존재였다는 사실을 발견했다. 부모는 교사와 대화하는 법, 자신이 모르는 것과 아이가 모르는 것에 관해 질문하는 법, 자신과 아이의 학습을 향상하는 법을 배웠다. 그 후 더 많은 부모가 학교 운영 회의에 참석하고, 학교에 방문해 교사들과 대화하기를 원했다. 또한 이 정책을 통해 가정에서 학습의 언어를 만들었다. 부모는 아이의 학습 방식, 학습에서 '분투'의 가치, 학습은 노력의 결과라는 점, 다양한 학습 전략 배우기의 중요성을 더 잘 알게 되었다. 이것이 바로 '학습에 대한 배움'이다. 우리는 이 연구의 최종 보고서를 '부모가 학습의 언어를 배울 때'라고 불렀다.

코로나19 팬데믹 동안 학습에 대한 이러한 배움은 놀라운 깨달음 중 하나였다. 부모에게 중요한 것은 '우리 아이가 평균 이상이고 학교에서 잘 지내는가?'라는 질문이 아니라, 학습은 바람직한 노력이며, 모르는 게 오히려 기회라는 것, 초보가 배울 수 있는 방법이 다양하고, 아이들은 서로를 통해 그리고 함께 배운다는 것, 아이들은 학교 공부에 대한 동기를 부여받을 수 있음을 알게 된 것이다. 이러한 동기 부여, 학습과 진도 조율은 교사의 역할이지만, 학습을 강화하고 모범을 보이며 학습을 환영하는 것은 부모의 역할이라고 우리는 주장한다.

아이에게 숙제를 내주거나 아이의 방과 후 참여 프로그램을 추가하거나 학교 지식을 높일 웹사이트와 앱을 찾는 것보다 훨씬 강력한 것은 바로 가정에서 학습에 관해 이야기하는 것이다. 부모의 역할은 학습 내용보다 학습을 위한 조건과 자원에 더 큰 연관이 있다. 아이가 핵심 문제를 모를 때 어떻게 해야 하는지, 피드백을 잘 받아들이는지, 실패를 가장 친한 친구로 여기는지 살펴보자. 저녁 식탁에서 "오늘 무엇을 배웠니?"가 아니라, 학습 자체와 바람직한 도전에 관해 이야기하자. '무엇'에 관한 질문은 금지하고 '어떻게' 학습하는지에 관해 이야기하자. 이것이 우리가 말하는 '학습의 언어'다.

3. 학교를 선택하는 방법

부모들이 모이면 저녁 식탁 대화의 주제 하나는 아이를 어떤 학교에 보내야 하느냐는 것이다. 현실적으로 동네 학교를 선택하는 경우가 많다. 호주의 행동경제학자 션 리버$^{Sean\ Leaver}$[3]는 학교 선택이 불완전하고 모순적이며 때로는 인식하기 어려운 요구 사항이 있어서 해결하기 '난감한' 문제인 까닭을 설명했다. 선택에 대한 최종적인 판단은 '올바른' 결정을 내렸는지 알기까지 오랜 시간이 걸리기 때문에 뒤늦게 할 수 있다. 한번 선택하면 되돌아가서 '취소'하기가 어렵다. 학교 선택에는 일반적으로 '가치'(학업에 대한 압박, 격려, 지원, 규율과 편의성)가 포함되며, 부모와 자녀 사이에 학교를 선택하는 가치에 대한 의견이 충돌할 수 있다. 학교 결정의 근거가 되는 최고의 정보는 개개인의 경험이나 소문이며,[4] 부모는 자녀를 대신해서 '잘못된' 결정을 내릴 권한이 없다. 이러한 악조건 때문에 많은 학부모가 위험을 회피하고 다양한 옵션과 자원이 있는 학교를 찾아 아이의 필요를 최적으로 채워 줄 가능성을 높이려고 한다. 일단 선택하고 나면 부모는 자신의 선택이 옳았다는 확실한 증거를 찾을 수 있다. [이케아 효과Ikea effect(소비자가 제작에 참여한 제품에 더 높은 가치를 두는 인지 편향. - 옮긴이)에서 알 수 있듯이, 우리가 만든 수납장이 우리 마음에 든다.]

하지만 아이에게 '최고의 출발점'을 제공해야 한다는 압박이 더해짐에 따라, 어떤 부모들에게는 유치원이 점점 더 중요해지고 있으니 유치원부터 시작하겠다.

아이를 유치원에 보내야 하나요?

아이를 유치원에 보내야 할까, 말아야 할까? E4Kids 프로젝트는 미취학 아동에 관한 대규모 연구 중 하나로, 5년 동안 3,000개 이상 조기 보육 시설에서 3세 이상의 아동을 추적 관찰했다. 연구 대상 보육 시설은 공립 유치원, 사립 유치원, 가정 보육 시설이었다. 모든 유형의 돌봄 시설에 대해 1점부터 10점까지 점수를 매긴 결과, 정서 및 사회성 발달은 7~8점인데 반대로 학습 발달은 2~3점에 불과했다. 더 큰 문제는 사회경제적 수준이 낮은 지역일수록 양질의 보육 시설이 적기 때문에 가정 내 자원도 적고 양질의 보육 시설도 적다는 이중고를 겪고 있는 점이다. 실제로 사회경제적 수준이 낮은 지역의 보육 시설은 유아기 학습 발달의 중요성을 잘 알고 있는데도 교육 지원이 가장 취약했다. 양질의 보육이 이루어지는 곳에서는 엄청난 차이를 만들 수 있다.

유치원 효과에 대한 메타 연구는 44건이 진행되었고, 약 100만 명의 학생을 대상으로 했다.[5] 개인 집에서 제공하는 가정 보육home care 과 종일 보육full day care의 차이는 작고, 반일제 유치원과 종일제 유치원 간의 차이도 작다. 중요한 것은 장소가 아니다. 집에 머무르는 것보다 유치원에 다니는 것이 학습에 미치는 영향은 평균 0.25~0.4 사이지만 가정에서 위험에 처한 학생이 다니는 유치원의 경우에는 학습에 미치는 사회경제적 요인 영향이 훨씬 더 높아진다. 8세가 되면 유치원에 다닌 학생과 다니지 않은 학생 간에 큰 차이를 발견하기 어렵지만, 학습 능력이 또래보다 훨씬 뒤처진 학생의 경우 유치원에 다니며 얻는 학습 효과가 두드러진다. 마태 효과에 관해 논의할 때 언급했듯이, 이러한 초기의 차이는 빠르게 확대될 수 있다.

유아기에 학습의 기초를 다지는 것은 언어의 발달을 통해 이루어진다. 영국의 아동발달학과 교수 아이람 시라즈 블래치포드Iram Siraj-Blatchford와 동료[6]는 부모가 찾아야 할 양질의 조기 보육 환경의 4가지 주요 특징을 확인했다. 첫째는 어른-아이 상호작용의 성격과 질의 수준이다. 양질의 상호작용은 어른이 아이의 말을 경청하고, 어떻게 하는지를 본보기로 제시하고, 아동의 사고를 적절히 '확장'하며, 아이에게 폐쇄적이지 않고 개방적인 질문(5퍼센트 미만으로 일어남)을 하는 것을 포함한다.

둘째, 아이의 현재 발달 단계를 측정하고, 아이가 성장하는 데 필요한 단계를 이해하며, 아이의 발달 상황을 평가하는 방법을 아는 좋은 과정을 갖추고 있다. 따라서 부모는 보육 교사에게 아이의 발달에 관해 무엇을 어떻게 알고 있는지, 그리고 발달을 돕기 위해 어떤 노력을 기울이고 있는지 물어볼 수 있다.

셋째, 학교와 보육 환경 모두에서 학습이 이루어질 수 있도록 아이디어, 목표, 실천 사항을 부모와 공유한다.

넷째, 교직원이 아이와 갈등을 해결하고, 아이의 사회적 기술 발달을 지원하며, 잘못된 행동을 무시하지 않는 등 명확한 행동·훈육 정책이 있다.

초기에는 훌륭한 정책 문서가 많았다. '유아기 학습 및 발달 프레임워크 0-8'이 있는 호주 빅토리아주를 예로 들어 보겠다.[7] 이 프레임워크 문서에는 영유아 프로그램을 위한 5가지 주요 목표가 요약되어 있다.

▶ **정체성**: 어린이는 강한 정체감을 가진다.

- ▸ **공동체**: 어린이는 자신이 속한 세계와 연결되어 있고 이 공동체에 기여한다.
- ▸ **웰빙**: 어린이는 강한 행복감을 느낀다.
- ▸ **학습**: 어린이는 자신감 있고 참여하는 학습자다.
- ▸ **의사소통**: 어린이는 효과적인 의사소통을 수행한다.

뒤의 2가지는 학습에 관한 주제에 적합하다. 0~8세 아이는 '학습 방법'을 배우고, '결정하기, 선택하기, 자신의 세계에 변화를 가져오는 방법 알기'를 배운다. 학습이 탐험적이고, 재미있으며, 보람 있는 일이라는 것을 배우는 것이다. 다른 사람들로부터 학습에 대한 느낌과 생각을 공유하는 법도 습득한다. 또한 책과 기타 미디어에서 의미를 얻고 다양한 방식으로 언어의 즐거움을 공유하는 방법을 배운다.

이 문서는 이 시기에 부모와 교육자가 개발할 기술과 이해에 관해 구체적으로 설명한다. 예를 들어 보자.

- ▸ 어린이는 다양한 목적을 위해 다른 사람들과 언어적·비언어적으로 상호작용한다.
- ▸ 어린이는 다양한 텍스트를 접하고 이러한 텍스트에서 의미를 얻는다.
- ▸ 어린이는 다양한 미디어를 사용하여 아이디어를 표현하고 의미를 만든다.
- ▸ 어린이는 상징과 유형 체계가 어떻게 작동하는지 이해한다.

▸ 어린이는 정보·의사소통 기술을 사용하여 정보에 접근하고 아이디어를 조사하며 자신의 생각을 표현한다.

이런 정책 문서를 확인하면 유아기의 학습과 관련된 자세한 정보를 얻을 수 있다.

아이에게 책을 읽어 주는 것은 어휘력을 넓히고, 독서의 재미에 흥미를 갖게 하며, 듣기 능력을 발달시키고, 상상력을 자극하는 등 그 효과가 크다는 것을 누구나 알고 있다. 그런데 아이에게 숫자를 알려 주는 것도 똑같이 중요하지만, 숫자의 힘을 알려 주는 노력은 덜 주목받아 왔다. 아이는 어릴 때부터 주변 환경의 수학적 요소를 인식한다.[8] 즉, 반복, 공간 관계, 분류, 유형 따라 하기, 확장하기 같은 패턴을 파악하는 핵심 기술에서 수학적으로 사고하고 행동한다. 부모는 아이가 무엇을 하고 있는지 파악하고, 아이와 대화하면서 언어를 확장하고 패턴에 대한 언어를 향상시킬 수 있는 놀이와 과제를 제공해야 한다.

영유아기 환경 선택하기

환경을 결정할 때는 먼저 교직원에게 이 환경에서는 아이의 학습 목표가 무엇이라고 생각하는지 물어보자. 블래치포드의 연구에 따르면, 많은 보육 교사가 이 질문에 당황해한다. 그들은 아이들이 행복해지고, 즐겁게 올 수 있으며, 재미있게 놀기를 바란다고 답했다. 이 모든 것이 중요하지만 더 많은 것이 필요하다. 아이들이 함께 놀고, 자신이 하는 일을 이야기하며, 다른 사람의 해석을 경청하는 법을 배우고, 옳고 그름을 깨닫고, 갈등을 해결하고, 실수를 인정하며, 모르는 것과 실패를 학습자의 가장 좋은 친구로 받아들이는 일의 실마리에 주의를 기울이자. 모두 학습을 돕는 훌륭한 능력이다. 보육 교사에게 아이의 진척도, 특히 언어의 진척도를 어떻게 기록하고 부모에게 알려 주는지 물어보자. 교직원에게 이 환경에서 아이를 어떻게 '가르치는지' 물어보자. (아이의 학습에 대한 계획을 세우나요? 아이가 성공적으로 학습했는지 어떻게 알 수 있나요? 이 학습을 어떻게 기록하나요? 부모가 결과를 공유할 수 있나요?) 교직원이 가르친다는 개념을 회피한다면 조금만 더 발품을 팔자. 이곳의 교육이 초·중등학교의 '가르침'은 아니겠지만, 그래도 의도적으로 가르칠 필요가 있는 기술이 있다.

다음은 8가지 간단한 지침이다.

1. 다양한 유치원 환경과 가정에서 듣는 단어를 확인해 보고, 가장 많은 단어를 사용하는 아이와 짝지어 준다.
2. 누가 학습 활동을 시작하는지 물어보자. 만약 거기서 아이들 또는 교사라고 하면 자리를 뜨자. 둘 다라고 답하면 계속 질문하자.
3. 우리 아이에게 무엇을 가르치는지 물어보자. 대답이 읽기와 수리력이라면 관심을 거두자. 대답이 개념을 이해하는 데 도움이 되는 언어라면 계속 지켜보자.
4. 교사의 교육 경험을 묻자. 자격을 갖춘 교사가 없다면 빨리 나가자.

5. "우리 아이는 ○살입니다. 어떤 학습 활동이 적절할까요?"라고 물어보자. 교사가 너무 빨리 대답하면 조심하고, "아이와 함께 알아봐야 제대로 알 것 같습니다."라고 대답하면 안심하고 들어도 된다.

6. 보육 환경은 일반적으로 사회정서적 학습에 좋지만(이에 대해 다른 부모에게 물어보자), 인지적 학습은 중요한 변별 요소다. "이곳에서는 우리 아이들의 인지적 학습 발달을 위해 무엇을 하나요?"라고 물어보자.

7. 보육 시설에서 아이들이 무엇을 하는지 관찰하자. 즉, 어른이 아니라 아이들을 관찰하자. 바빠 보이거나 지루해 보이는가? 다른 아이들과 상호작용하고 있나? 활동이 모두 정해져 있나, 아니면 다양한 활동 중에서 고를 수 있나? 책의 수도 세어 보자.

8. 다른 부모들에게 이 시설에 관해 물어보자. 아이가 여기서 무엇을 배우고 있는지 묻자. 몇 가지 예를 들어 달라고 하자. "읽고 쓰는 법을 배워요."가 아니라 "새로운 낱말과 자신이 하는 일에 관해 이야기하는 방법을 배워요."라는 말을 듣고 싶다.

그다음 학교를 옮길 때 고려할 사항이 있다. 이때 학교를 어떻게 선택해야 하느냐는 질문이 다시 나온다. 부모가 자주 묻는 첫 번째 질문은 '우리 아이가 학교에 다닐 준비가 되었는가?'라는 것이다. 하지만 중요한 것은 아이가 학교 갈 '준비'가 되었느냐가 아니라 학교가 아이를 받아들일 준비가 되어 있느냐다. 학교생활을 시작할 수 있는 특별한 나이는 없다. '누가 5세를 학교생활을 시작하기에 적합한 나이라고 결정했는가?'라는 질문에 대한 답은 쉽게 찾을 수 없다. 1876년 당시 영국 총리 벤저민 디즈레일리Benjamin Disraeli는 5년간의 의무 교육을 원했지만, 경제계와 부모들은 아이가 10세에는 일해야 한다고 주장했다. 결국 5세부터 학교 교육을 시작하기로 합의했다. 오늘날 대부분의 어린이는 5~6세에 학교생활을 시작한다. (프랑스와 헝가리의 경우 3세부터, 스칸디나비아 국가에서는 7세에 시작하는 등 다양하다.) 하지만 더 어려운 질문은 5세 아동이 5세가 된 후 새 학년을 언제 시작해야 하는지에 관한 것이다. 5세가 되는 학기? 아니면 5세가 되는 날? 정책이 후자에 가까울수록 더 효과적이다.

아이가 5세가 된 다음에 학년을 고려하면 나이 차이가 거의 1년인 다른 아이들이 있다. 학급 내 상대적 연령이 이후의 성취도에 큰 영향을 미치는 것은 당연하다. 만약 5세가 되는 다음 날에 학급을 옮기는 정책이 실행된다면 일반적으로 학년 진급 정책과 결합되어 어떤 아이들은 다른 아이들보다 더 빨리 다음 학년으로 올라가게 된다.

당연히 연령은 초기의 성취도와 상관관계가 있으며, 일찍 시작한 아이들이 늦게 시작한 아이들에 비해 이로운 점이 있다.[9] 그러나 핵심적인 문제는 언제 시작하느냐가 아니라 학교생활을 시작했을 때 어떤 일이 일어나는가다. 아동의 사회성과 다른 사람과 협력하는 기술, 활자, 숫자 및 유형에 대한 개념은 읽기 학습과 셈하기 습득의 핵심 요소이므로 이를 개발하는 데 중점을 두어야 한다.[10]

미국의 심리학과 교수 그레이버 화이트허스트Graver Whitehurst와 미국 읽기연구센터(플로리다대학교)의 크리스토퍼 로니건Christopher Lonigan[11]은 '유치원이 끝날 때 활자에 대한 지식(글자 이름 알기), 음운 인식(운율 맞추기), 쓰기(자신의 이름 쓰기)에 대한 아동의 능력이 1학년(6세) 말 읽기 능력을 예측하는 좋은 지표'임을 보여 주었다. 아이가 이 능력 없이 학교에 입학한 후 체계적으로 익히지 않으면 읽기와 수학에 어려움을 겪을 수 있다. 또한 이 능력이 없는 아이는 학교생활을 빨리 시작할수록 더 좋은 결과를 얻을 수 있다.

기초적인 읽기와 셈하기에 대한 기본 개념(취학 전), 읽기와 수학 능력(학령기) 사이의 중요한 차이점에 유의하자. 유치원에서는 아이가 자신이 선택한 과제에 상대적으로 더 많은 시간을 할애하는 반면, 학교에서는 교사가 선택에 더 많은 통제권을 갖게 되고, 학생은 더 수동적이다. 유치원에서는 활동에 개념과 이해가 더 많이 내재한 반면, 학교에서는 과목 활동에 더 집중한다. 이러한 차이는 우연적인 게 아니고, 어느 것이 옳고 그른지 뜻하는 것도 아니다.

학교에 입학하면 아이들은 복잡하고 낯선 세계에 들어간다. 선택의 폭이 좁아지며, 정해진 시간표에 따라 활동해야 하고, 새로운 개념을 탐구해야 한다. 또한 친구를 빨리 사귀고 싶은 욕구도 높다. 그렇기에 비록 오리엔테이션 프로그램을 짧게 하는 경향이 있지만(한두 시간 안에 처리지는 경우가 많다) 이 활동이 효과적이다. 호주의 유아교육학과 교수 수 도켓Sue Dockett과 밥 페리Bob Perry[12]는 새로운 세계의 이 어린 탐험가들을 인터뷰하면서 5~6세 어린이는 규칙을 따르며, 규칙에 대한 그들의 집중이 학교와 교실이 자신에게 어떤 의미인지를 알려 주는 단서를 제공한다고 말한다. 교사는 이를 사회적 적응으로 보고, 아이들은 규칙을 배우는 것으로 보는데, 이들에게는 적응이 전부다.

아이들은 참여 규칙을 배우고, 다른 사람들과 협력하고, 교사와 소통하도록 요구받는다. 그들은 이를 교사의 힘을 인정하고 순응하는 것으로 여긴다. 학생들은 정답을 맞히고 아는 것이 게임이라는 것을 배우고, 답을 잘 모르면 스스로 학습과 학교의 즐거움에서 멀어지기 시작한다. 또한 아이들은 공정성을 중요하게 여기기 시작한다. 왜 저 아이는 규칙을 어기고도 빠져나갈 수 있을까? 왜 저 아이는 선생님이 더 좋아하는 걸까? 왜 덩치 큰 아이들은 다른 규칙에 따라 생활하는 것 같을까? 학교는 무섭고, 이상하고, 외로운 장소가 될 수 있다. 아이들은 곧 자신이 승자 중 한 명인지 아닌지를 배우게 된다. 학교를 어른이 학습을 통제하고, 무엇을 해야 하는지 알려 주고, 학습 기술을 전수하는 곳으로 여길 수 있다. 시키는 대로 가장 잘하는 아이, 이미 많은 것을 알고 있으며 선생님 말을 가장 잘 듣는 아이를 다른 아이들이 최고의 학습자로 여기는 것은 당연한 일이다.

1학년 첫해 읽기 교육에서는 읽기 기술에 대한 구체적인 학습보다 색칠하기와 붙이기를 더 많이 한다.[13] 입학 초기에는 선택이 자유롭고 우정이 풍부한 유아기 환경과 급격히 단절되는 경우가 많다. 부모는 학급에서 아이의 생각, 걱정, 학습에서의 성공에 귀를 기울이며 규칙과 그 결과를 이해하도록 돕는 것으로 도움을 주면 된다.

도켓과 페리[14]는 아이가 학교를 시작할 때 다음과 같은 유용한 권장 사항을 제시한다.

▸ 아이와 대화하며 아이가 걱정하거나 관심을 갖는 문제에 귀 기울이는 시간을 가진다. 아이에게 불안을 유발하는 문제는 어른이 잘 알면 쉽게 해결할 수 있는 경우가 많다.

▸ 아이는 어른과 같은 방식으로 상황을 해석하지 않을 수 있다는 것을 알아 두자. 따라서 어른이 생각하는 아이의 행동이 아이에게는 전혀 다르게 해석될 수 있다.

▸ 규칙을 강요하기보다는 아이와 함께 규칙에 대해 논의하자. 아이는 필요한 규칙을 확인하고 정하는 일에 참여할 수 있다.

▸ 규칙을 어겼을 때 그 적절한 결과에 대해 논의하자.

▸ 아이가 규칙을 존중할 뿐만 아니라 의문도 제기하도록 권장하자.

▸ 많은 아이에게 새 학교에 입학하는 시기는 중요한 변화의 시기임을 인식하자.

'아이가 학교에 갈 준비가 되었는가?'보다는 '아이가 다른 사람과 잘 어울리고, 규칙과 결과를 이해하며, 학습 과제에 집중하고, 활자와 유형 개념에 대한 기본 능력을 갖추며, 친구를 사귈 수 있는 능력을 갖출 만큼 사회적으로, 정서적으로 충분히 성숙해졌는가?'가 첫 5년 동안 집중해야 하는 중요한 기술이다. 이러한 구체적 특성에 관한 인상적인 연구에서 미국의 심리학자 그레그 던컨^{Greg Duncan}과 그의 동료들은[15] 이후 성취도를 가장 잘 예측하는 변수는 기초 수학(수에 대한 지식, 규칙성), 읽기(어휘, 글자와 단어, 시작과 끝 단어 소리 알기), 주의력(과제 지속성, 충동 억제, 조절, 주의 지속) 순이라는 것을 발견했다.

초등학교 선택하기

현실에서 학교를 선택하는 것은 교사를 선택하는 것만큼 중요하지 않다. 하지만 학교는 부모가 교사를 선택할 수 있는 권한이 없는 방식으로 세워졌다. '업계를 잘 아는' 교육자라 할지라도 우리 역시 이 과제에 딱 한 번 성공했다. 내가(존 해티) 교장에게 "큰아이는 ○○ 선생님이 맡아서 엉망이 됐고, 둘째 아이도 ◇◇ 선생님이 맡아서 엉망이 되었으니 셋째 아이는 좀 봐주세요." 하고 말한 게 다였다. 셋째 아이의 경우는 그 학교에서 두 번째로 나쁜 선생님이었으니 우리가 얼마나 성공적이었는지는 직접 판단해 보자. 변동성의 가장 큰 원인은 학교 간 변동성이 아니라 학교 내 변동성이다. 어쨌든 우리 부모에게 교사를 선택할 수 있는 권한은 거의 없다. 그러니 학교를 선택할 때 학습 문화를 살펴보고, 학년에 상관없이 학생들에게 "이 학교에서는 훌륭한 교사가 누구라고 생각해?", "이 학교가 배우러 오고 싶고, 권하고 싶은 곳이냐?" 이런 식으로 물어보고, "학생이 실수하거나 모르는 것이 있을 때, 학습에 도움을 받고 싶을 때 이 학교에서는 어떤 일이 일어나지?"라고 물어보는 게 더욱 중요하다. 주의 깊게 아이들 생각을 들어 보자.

1년 동안은 마음에 드는 교사를 만날 수 있다 해도 학교 내 변동성 때문에 그 이후에는 무작위적이기 때문에 특효약을 찾아 학교를 옮기는 것은 현명하지 않다. 우리는 모든 교사가 훌륭한 교사가 되기를 바란다. 비저블 러닝의 모토는 우연이 아닌 계획에 의한 훌륭한 교사다. 비저블 러닝에서 전문성 개발의 주요 목표는 모든 교사가 높은 영향력을 발휘할 수 있도록 모든 교사의 효과를 직접적으로 확대하는 데 맞춰져 있다.

도움이 될 만한 과감한 발언을 해 보겠다. 우리는 교사가 어떻게 가르치는지에 관해서는 관심이 없다. 가르치는 방법, 가르치는 스타일, 교사가 자신의 방식으로 가르칠 수 있는 자율권 등에 대해 너무 많은 논쟁이 벌어지고 있다. 우리는 교사가 어떻게 가르치느냐가 아니라 가르침의 영향력에 관심이 있다. 우리의 연구에 따르면 교육 시스템에서 통제할 수 있는 가장 큰 이슈는 영향력이다. 교사에게 물어볼 질문은 다음과 같다. "선생님은 교사로서 제 아이에게 어떤 영향을 줄 것으로 기대하나요?" 또한 해당 교사가 가르친 아이의 부모에게도 묻자. "이 교사가 아이에게 어떤 영향을 주었나요?" 더 좋은 방법은 해당 교사에게 배웠던 아이들에게도 이 질문을 해 보는 것이다.

영향력이란 반드시 교사가 아이를 시험에 합격하게 하거나 높은 성취도를 얻도록 이끌었다는 것을 뜻하지 않는다. 이는 협소한 평가이며 때로는 '높은 성취도'만으로는 충분하지 않고, 실제로 오해의 소지가 있다. 영향력은 아이가 어디서 시작하든 학습에 대한 열정을 갖게 하는 것을 의미한다. 교사의 영향력은 아이들이 집단으로 공부할 수 있는 능력과 자신감을 기르고, 학급과 학교에 소속감을 가지고 교실에 오고 싶어 하는 마음을 갖게 하는 것을 의미한다. 아이가 스스로 생각하고, 자신의 학습 과정을 평가하는 법을 배우고, 자신에 대한 존중과 타인에 대한 존중을 키울 능력을 개발하는 것을 의미한다.

학교 선택을 고려할 때 젠킨스 곡선^{Jenkins curve}(학년이 올라갈수록 학교에 대한 학생들의 의욕이 떨어지는 현상을 보여 주는 그래프. – 옮긴이)을 기억하자. 미국의 교육학자 젠킨스[16]는 완벽한 학교를 만드는 것을 목표로 삼았다. 젠킨스는 교사들에게 "해당 학년 학생의 몇 퍼센트가 학교를 좋아하나요?"라고 물었다. 간단하지만 결과는 무섭다. 초등학교 1학년 학생 대부분(95%)이 학교를 좋아하는 것으로 나타났지만, 고등학교에 진학하면 이 수치는 기껏해야 10명 중 4명 정도로 떨어진다. (그림 4) 우리 아이도 학교가 매력적이지 않고 학습에 대한 애정을 키울 수 없는 곳이라고 생각하는 10명 중 6명에 포함될까? 친구, 스포츠, 사회생활 때문에 학교를 좋아할 수도 있지만, 학습을 위해 학교를 좋아하는 것도 중요하다. 우리는 학교 지도자들에게 '젠킨스 곡선 극복하기'를 당부한다. (초등학교에 입학하는 시기, 또래와의 상호작용이 커지고 또래 평판이 중요해지는 10세를 기준으로 학교에서의 의욕이 급격히 떨어지다가 또래 평판의 중요성이 줄어드는 16~17세 사이에 조금씩 상승한다. – 옮긴이) 젠킨스가 고등학생에게 학교에서 배우는 일이 즐거운지 물어보면, 보통 10퍼센트 미만이 그렇다고 대답한다. 즐거운 학교 학습의 상실은 유치원과 초등학교 1학년 때부터 시작된다. 젠킨스의 사명은 젠킨스 곡선을 이겨 내는 학교를 만들고 존중받는 학교를 만드는 것이었다. 그런 학교는 세상에 많이 있다. 우리의 아이가 그런 학교를 찾거나, 적어도 자신의 학교가 젠킨스 곡선을 이기는지 아는 학교 지도자를 찾기를 바란다.

좋은 학교를 알아볼 수 있는 10가지 지표를 확인해 보자.

1. 운동장에서 학생들이 서로의 눈을 바라보는가? 아니면 서로 피하거나 무리 지어 앉아 있는가?

2. 다양성은 참신한 생각을 키워 낸다. 학교가 다양성을 장려한다는 진정한 증거를 보여 주는가?

3. 학교는 성공을 어떻게 측정하는가? 소수의 성취를 기준으로 하는가, 다수의 성취를 기준으로 하는가? 시험 점수로만 측정하는가, 아니면 학생이 학교에 와서 배우고 싶게 만드는 것이 중요하다는 것을 이해하는가? (젠킨스 곡선에 대해 알고 있는가?)

4. 최고의 교사를 만나게 해 달라고 하자. 학교 지도자들이 모든 교사가 훌륭하다고 말한다면, 그들은 잘못 생각하는 게 분명하다.

5. 학생은 누구에게 의지하는가? 모든 학생에게 자신의 상태를 잘 알고 함께 시간을 보낼 수 있는 사람이 있어야 한다.

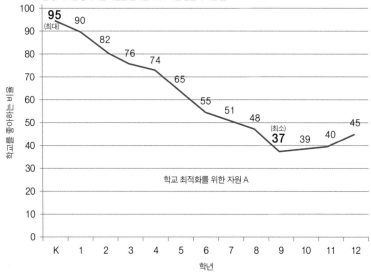

학교에서의 의욕 상실

세미나에 참석한 교사 3,000명을 대상으로 한 설문 조사 결과. '어느 학년 수준에서 가르치고 있으며, 그 학년 학생들 중 학교를 좋아하는 비율은 얼마입니까?' 라는 질문에 대한 답.

▪ **그림 4**— **전 학년에 걸쳐 학교에서 공부하는 것을 좋아하는 학생 비율을 나타내는 젠킨스 곡선**(2016)

6. 새로 온 학생이 첫 달에 친구를 사귀는가? (고학년 아이를 둔 부모에게 물어보자.) 이는 중요한 성공의 지표다. 모든 학생에게 이런 일이 일어나도록 학교는 어떻게 지원하는가?

7. 학교는 실수를 좋아하는가? 학습은 모르는 것에서 시작하는데, 학교는 이를 포용하는가? 학생이 실수나 모르는 것에 관해 이야기할 수 있을 만큼 자신감을 갖고 있는가? 학급 아이들에게 물어보자. "모를 때는 어떻게 해?"라고. 만약 아이들이 교사에게 물어보거나

손을 든다고 대답한다면, 인상적이지 않을 것이다.

8. 이 학교에서는 학생이 '평가 역량'을 갖추고 있는가? 자신이 얼마나 잘하고 있는지, 현재 어느 수준에 있는지, 학습 면에서 다음 단계는 어디인지 이야기할 수 있는가?

9. 이 학교는 모든 학생을 위해 심화 학습을 사용하는가? 학생이 다양한 속도로 학습할 수 있는가?

10. 학생은 어떤 피드백을 받는가? 아이들에게 "오늘 학업에 대해 어떤 피드백을 받았지?" 물어보자.

그리고 '교사와의 만남'이 있다. 학생 주도 회의에서 아이는 20~30분 동안 자신의 진도를 보고하는 시간을 가진다. 이 접근 방식은 교사가 계획적으로 자기 조절성을 가르치고, 배우는 책임을 학생에게 넘기기 시작하며, 학습 전략과 성공 기준에 대해 가르치고, 높은 수준의 피드백을 제공할 때 가장 효과적이다. 교사와의 만남 척도의 반대편 끝에는 붐비는 체육관에서 모든 선생님과 10분 동안 대면하는 두려운 시간이 있다. 교사들이 노트를 넘기며 내 아이가 어떤 학생인지 상기시켜 주는 이 시간이 예전에 얼마나 싫었는지 모른다. 이 시간은 교사가 아이의 진도, 행동, 수업 성공 가능성을 부모에게 알려 주기 위한 것이다. 아이의 진도가 만족스럽지 않다면 교사가 어떻게 할 것인지 묻자. ('교사와의 만남'은 우리나라 학교를 예로 들면, 학부모 상담에서 교사 주도로 학생의 신체·인지·정서·사회적 발달 상황을 설명하고, 학부모 공개 수업을 통

해 학생의 행동과 수업 성공 가능성을 살펴보는 기회와 비슷하다. – 옮긴이)

　나(존 해티)는 뉴질랜드의 교육학자 로저 페디Roger Peddie[17]와 함께 300명이 넘는 학생의 학교 성적표(1년에 한두 번 집으로 보내는 일종의 보고서)를 분석했다. 이 보고서에 따르면 98퍼센트의 학생이 성취도가 높고 노력하고 있으며 교사가 가르치는 것이 즐겁다고 답했다. 모두 거짓이었다. 홍보는 재난이었다. 코로나19 기간 동안 부모들은 그 어느 때보다 아이의 학교 학습에 대한 통찰이 높아졌다. 우리는 학교가 이를 기억하고 학생 주도 회의를 운영하고, 화상 원격 수업(학교에서 하되 집으로 보내는)을 진행하며, 애석하지만 오해의 소지가 있는 이런 학교 보고서를 삭제하기를 바랐다.

　한 부모가 학부모 – 교사 면담(상담) 전에 어떻게 접근해야 할지 이메일을 보내 왔다. 우리는 질문 자료를 만들었다. 이 부모는 면담 전에 교사에게 질문들을 보내고 지나치게 적극적으로 질문해서 교사가 화나지 않도록 하기 위해 주의했다. 면담 후에는 질문을 다시 다듬었다. 우리가 질문한 내용은 다음과 같다.

　안녕하세요.

　학교에서 카일이 어떻게 지내는지 듣게 될 면담을 기대하고 있습니다. 다음은 카일의 학습과 관련한 몇 가지 질문인데, 면담에서 선생님과 함께 고민해 보고 싶습니다.

1. 현재 카일이 잘하는 분야(강점)는 무엇인가요? 그리고 이 강점을 바탕으로 3개월 후 카일이 어떤 수준에 도달할 것으로 기대하시나요?

2. 카일이 현재 어려움을 겪고 있는 부분(약점)은 무엇인가요?

   a. 이런 학습의 어려움을 겪는 와중에 선생님은 이 문제에 관해 어떻게 계획하고 있나요? 또한 카일이 필요한 학습을 숙달하고 있는지 부모로서 우리는 어떻게 알 수 있나요?

   b. 카일의 어려움을 개선하기 위해 집중해야 할 1가지 영역을 고른다면 무엇일까요?

3. 현재 카일의 읽기 수준은 어느 정도인가요?

   a. 카일의 읽기 능력이 학년 수준에 맞나요? 그렇다면 카일은 1학년 집단에서 어느 정도인가요?

   b. 카일의 읽기 목표가 무엇인지 알고 있나요? 목표를 초과 달성할 수 있다고 생각하나요? 자세히 말씀해 주시면 좋겠습니다.

   c. 수학, 과학, 작문은 어떻습니까? 아이의 수행 능력에 대해 자세히 설명해 주세요. 아이가 잘하는 것, 잘하지 못하는 것은 무엇인가요?

   d. 카일이 수학, 과학, 작문에서 더 나아지기 위해서 다음에 무엇을 배워야 할까요?

4. 작년 1학기와 2학기 학생 성적표 결과를 바탕으로 카일의 이번 학기

전반적인 학업 성취도가 이전 성적과 비교해 어떤(같거나, 높거나, 낮은) **추세라고 생각하나요?**

   a. 카일이 주요 과목에서 작년과 같거나 더 나빠질 것 같다고 생각한다면, 이에 대해 무엇을 하는지요? 또 우리는 무엇을 도와줄 수 있을까요?

5. **카일은 학습에 몰입하고 즐기고 있나요? 학교에서 행복한가요?**

   a. 카일은 수업 분위기에 어떻게 기여하나요?

   b. 카일과 함께 시간을 보내면서 알게 된 것이 있다면, 어떤 계기 또는 교수법이 아이에게 가장 큰 동기를 부여하나요? 예를 들어 자세히 설명하거나 공유해 주시면 좋습니다.

6. **카일의 수업 친구는 누구인가요? 카일은 누구와 함께하는 것을 좋아하나요?**

7. **카일에 대한 질문 중에 우리가 놓친 질문은 무엇일까요?**

8. **선생님의 관점에서 카일이 뛰어난 1학년 학생이 되기 위해 무엇을 배우거나 변화해야 할까요? 카일이 현재 기대치를 어떻게 뛰어넘을 수 있는지 예를 들어 주세요.**

9. 마지막으로 카일에 대해 걱정하는 점이 있다면 무엇인가요?

결론

우리는 학교 교사가 아니며, 부모의 주요 역할은 갈등을 해소하고 문제를 해결하며 다른 사람들과 협력해 대안을 보여 주는 등 아이의 학습 기술을 향상시키는 일이다. 가정에서 아이의 자존감과 타인에 대한 존중을 키우고, 사회적·정서적 학습에 대해 가르침을 주는 역할도 담당한다. 아이가 외롭게 지내지 않도록 돕고, 친구들과 우정을 쌓도록 지원해야 한다.

영유아 교육기관을 선택할 때는 무엇보다 언어가 풍부한 환경을 선택해야 한다. 가정에서는 학교 학습에 관해 이야기하자. ('학교에서 무엇을 했니?'보다는 '오늘 배운 것에 대해 이야기해 주렴.') 숙제에 대한 일상의 일과를 정하되, 부모가 숙제를 감시하는 경찰이 되어서는 안 된다. 아이가 숙제나 학업에 어려움을 겪고 있다면 그 어려움을 존중하고 도움을 구할 전략을 가르쳐야 한다.

학습은 힘든 일이다. 코로나19 교육에서 얻은 중요한 교훈을 떠올려 보자. 우리에게는 학령기 아이가 1~2명 있지만, 교사는 1년 190여 일 동안 하루에 20~30명(고등학생의 경우 최대 200명)의 아이를 가르친다고 가정해 보자. 교사는 동기 부여, 학습과 학업 평가의 전문가다.

이들에게 조언을 구하자. 교사에게 묻고 싶은 질문이 있으면 연습하자. 교사를 비난하는 것은 아이에게 전염되기 쉽고, 아이의 학업 의욕을 떨어뜨리는 지름길이므로 절대 하지 말아야 한다. (교사와 학생은 하루에 5~6시간씩 함께 지낸다는 것을 기억하자.)

마인드 프레임 8

아이를 언어, 언어,
무조건 언어에 노출시킨다

1. 언어, 언어, 무조건 언어

- ▶ 풍족한 가정의 5세 어린이는 덜 풍족한 가정의 5세 어린이보다 약 3,000
  만 개 더 많은 단어에 노출된다.
- ▶ 아이와 일찍, 자주, 긍정적으로 대화하고 경청하며 학습에 참여함으로
  써 마태 효과(부자는 더 부유해지고 가난한 사람은 더 가난해지는)를 피할 수
  있다.

2. 어릴 때의 성공이 이후의 성공을 좌우하지 않는다

- ▶ 대화, 경청, 학습에 참여하는 데 결코 늦은 시기는 없다.

이 장에서는 유아기의 3가지 주요 초점인 언어, 언어, 언어에 대해
개괄적으로 살펴보겠다. 부모는 대화와 경청을 강조하면서 아이의 어

휘력과 이해력을 확장하고, 세상을 이해하려는 아이의 수많은 '왜' 질문에 답할 수 있어야 한다.

1. 언어, 언어, 무조건 언어

2003년에 발표된 유명한 연구에서 미국의 교육학자 베티 하트[Betty Hart](어휘 학습과 사회적 불평등 연구로 유명하다. – 옮긴이)와 토드 리슬리[Todd Risley][1]는 복지 대상 아동 집단, 저소득 가정 아동 집단, 자원이 풍부한 가정(부모가 대학교수) 아동 집단을 3년간 추적 관찰하면서 아이가 하는 일과 이들에게 하는 일, 아이 주변에서 일어나는 모든 활동을 기록했다. 세 집단의 아이들은 유아 교육 기관의 놀이 집단 활동에 다녔고, 각 집단은 폭넓고 다양한 자료와 언어를 열심히 활용했다. 모두 새로운 어휘를 탐구했지만, 언어 발달과 증가 속도는 세 집단 간에 차이가 있었다.

하트와 리슬리 교수는 생후 7~9개월부터 4년에 걸쳐 세 집단의 아이들과 그 가족들을 자세히 관찰하고 추적했는데, 여기에는 이들을 정기적으로 만나고 언어, 놀이, 상호작용 등 가정에서 일어나는 모든 것을 기록하는 일을 포함했다. 아이 각자가 녹음한 단어의 90퍼센트 이상이 부모가 사용하는 단어와 같았으며, 3세가 되면 대부분 아이가 부모와 비슷한 수의 단어를 말하고 사용했다. 말의 양, 말투, 어휘력 증가는 3세 무렵에 이미 정해져 있었다. 아이들은 부모를 흉내 내고 있었다.

하지만 하트와 리슬리 연구진은 아이들을 계속해서 관찰했고, 실제로 1,300시간 동안 부모와 아이 간의 인과적 상호작용을 분석했다. 그림 5를 보면 어린 나이인데도 실제로 마태 효과가 생겼다는 것을 알 수 있다. 가난한 가정에서는 성장이 훨씬 더 느리고, 자원이 풍부한 가정에서는 성장 곡선이 훨씬 더 가파르다.

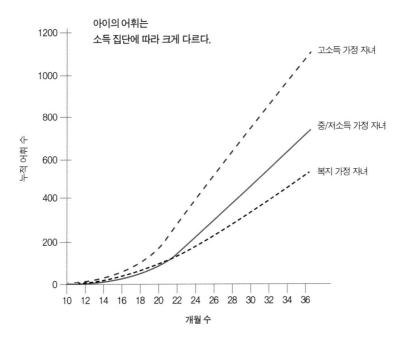

▪ 그림 5 ─ 소득 수준별 어휘 수 증가율
미국 어린이가 일상에서 겪는 의미 있는 차이(Hart and Risley, 1995)

연구진은 세 소득 집단의 부모가 아이를 양육하는 방식에서 큰 차이를 발견하지 못했다. 모두 함께 놀고, 대화하고, 훈육하고, 예절을 가르치고, 장난감을 제공하고, 거의 같은 이야기를 나눴다. 대부분 유치원에 다녔기 때문에 차이는 거의 없었으며, 3세 때 아이들 수준은 이후 9세 때 언어 능력을 예측할 수 있는 좋은 지표가 되었다.

하트와 리슬리는 다음과 같이 연구 결과를 요약했다.

> 단순히 듣는 단어 수로만 보면, 복지 가정 아동의 시간당 평균 어휘 경험은 저소득 가정 아동(시간당 1,251단어)의 절반 수준(시간당 616단어)이었고, 자원이 풍부한 가정 아동(시간당 2,153단어)의 3분의 1에도 미치지 못했다. 이러한 경험량의 상대적 차이는 2년이 넘는 관찰 기간 동안 지속되었으며, 현재 아이들의 실제 생활 경험을 추정하는 데 최고의 근거를 제공한다.

이를 아이와 부모가 함께하는 일반적인 시간인 주당 100시간으로 추정하면, 고소득 가정 아이는 평균 21만 5,000단어, 저소득 가정 아이는 평균 12만 5,000단어, 복지 가정 아이는 평균 6만 2,000단어로 언어 경험을 한다는 것을 의미한다. 연간 5,200시간으로 환산하면 고소득 가정 아이는 1,120만 단어, 저소득 가정 아이는 650만 단어, 복지 가정 아이는 320만 단어다. 고소득 가정 아이는 4년 동안 평균적으로 약 4,500만 단어를 경험하는데, 이는 고유한 단어가 아니라 반복적으로 듣는 단어의 수다. 이와 대조적으로 저소득 가정 아동은 2,600만 단어, 복지 가정 아동은 1,300만 단어의 경험을 쌓는다. 4세가 되면 복지 가정 아동은 저소득 가정 아동보다 평균 1,300만 단어의 누적 경험을 더 적게 갖게 된다. 이 선형 추정치는 그림 5에 나와 있다.

5세까지 고소득 가정 아이가 들은 단어 수와 복지 가정 아이가 들은 단어 수에는 3,000만 단어라는 큰 격차가 있다.

여기서 끝이 아니다.

하트와 리슬리 연구에 따르면, 고소득 가정 아이는 1시간 동안 32개의 긍정(격려)과 5개의 금지(낙담)를 듣는 반면, 저소득층이나 복지 가정 아이는 1시간당 5개의 긍정과 11개의 금지를 듣는 것으로 나타났다. 이는 6:1 대 1:2의 차이다. 1년간 고소득 가정 아이는 16만 6,000번의 긍정과 2만 6,000번의 금지를, 저소득 가정 아이는 2만 6,000번의 격려와 5만 7,000번의 낙담을 듣는다. 이 연구에 따르면, '4세가 되면 복지 가정 아이는 저소득 가정 아이보다 행동에 대한 격려가 14만 4,000건 적고, 낙담이 8만 4,000건 더 많을 수 있다.'

5세가 되면 고소득 가정 아이는 세상을 격려의 장소로, 저소득 가정 아이는 낙담의 장소로 인식하게 된다.

아직 더 있다.

하트와 리슬리는 '과업 중심 대화business talk'와 '일상 대화extra talk'를 구분했다. 첫 번째는 삶의 과제를 처리하는 이야기이며(이리 오렴. 신발 신어, 저녁 먹어라), 두 번째는 관심을 나누는 이야기다. (하늘을 봐, 이 사과 맛있어, 이거 이름이 뭐야?) 복지 가정과 저소득 가정 아이는 주로 과업 중심 대화를 들었지만, 고소득 가정 아이는 여분의 일상 대화를 들었다. 아이와 어른, 혹은 형제자매 사이에 오가는 필요 이상의 대화, 즉 언어적 주고받기가 계속되는 모습은 가정 유형에 따라 달랐다. 이 여분의 '베이비 토크baby talk'와 적극적인 대화가 차이를 만들었다. 이것은 아이를 텔레비전이나 컴퓨터 게임 앞에 앉혀서 습득하게 하는, 종종 아이가 듣지 못하는 수동적 언어가 아니다. 차이를 만드는 것은 언어의 일부인 사회적 반응과 사회적 상호작용이다. 따라서 말하고, 말하고, 말하고, 듣고, 듣고, 듣고, 참여하고, 참여하고, 참여하자.

아직 끝나지 않았다.

마태 효과는 계속되고 있다. 독일의 교육학자 맥스 포스트Max Pfost 는 학교 교육 전반에 걸쳐 이 현상에 대한 방대한 양의 증거를 종합한 연구 팀[2]을 이끌었다. 이들의 관심은 어릴 때 글을 잘 읽은 학생이 더 긍정적인 읽기 문해력 향상을 보이는지, 그렇지 않은 학생은 부정적이거나 더 적은 향상을 보이는지 여부였다. 답은 '그렇다.'였다.

이에 대한 설명은 여러 가지다.

> ▸ (읽기 학습 같은) 특정 결과의 초기 이점은 더 많은 이점을 낳는 경향이 있고, 초기 단점은 더 많은 단점을 낳는 경향이 있다.

> ▸ 글을 더 잘 읽는 사람은 읽기에 동기가 더욱 부여되어 더 많이 읽는 것으로 보인다. 따라서 자원이 풍부한 사람에게는 '독서의 선순환'이, 자원이 부족

한 사람에게는 '비독서의 악순환'이 생긴다.

▸ 교사들은 2학년 중반이 되면 초보적인 읽기 교육을 중단하고, 잘 읽지 못하는 학생들이 읽지 않고도 학교 과제에 참여할 수 있는 방법을 찾는다. 이 때문에 읽기 능력이 떨어지는 학생들은 따라잡는 방법을 제대로 배우지 못한다.

포스트와 동료들은 읽기 학습의 핵심 개념(즉, 독해와 어휘력 개발 기술의 학습)과 관련된 마태 효과가 실제로 존재한다고 결론지었다.

미국의 뇌과학자 대너 서스킨드Dana Suskind와 동료[3]는 하트와 리슬리의 연구를 바탕으로, 증거가 풍부하고 매력적인 방식으로 쓰인 부모 독자를 위한 최고의 책을 저술했다. 여기서 서스킨드는 3가지 주요 시사점을 소개한다.

서브와 리턴 Serve & Return **행동**(양방향 상호작용하기): 아기가 무엇에 집중하고 있는지 알아차린 다음, 아이와 집중하는 대상에 관해 이야기하자. 아이가 너무 어려서 이해하지 못하더라도 아이의 시선과 눈을 맞춰 주는 것은 언어 구축의 첫 번째 단계다. 이러한 맞춰 주기는 아이가 집중하고, 단어와 사물을 연관시키고, 활동에 참여하는 능력(이 경우 사물을 단어와 관련 짓는 능력)을 키우는 과정의 일부다. 《뉴욕 타임스》 칼럼니스트 폴 터프Paul Tough[4] 역시 양육자에게 아기가 소리를 내거나 사물을 바라보면 부모는 아이가 보낸 서브를 돌려 주는, 즉 '서브와 리턴' 행동을 하도록 제안했다. "그래, 좋은 소리지. 그래, 네 강아지야." 이런 서브와 리턴 행동은 아이와 상호작용을 주고받으며 아이에게 풍부한 정보를 주어서 아이가 세상을 이해하는 데 도움을 준다. 아이에게 경청하고 대화하는 모습을 보여 주는 것은 강력한 힘을 발휘하며, 의사소통과 학습이 양방향 과정이라는 인식을 심어 준다. 부모는 예측 가능한 방식으로 행동함으로써 아이의 불확실성과 스트레스 요인을 줄일 수 있다. 아이가 울고 소리를 지를 때 부모의 반응이 차분하면 아이는 스트레스를 받을 때 차분해질 가능성이 크다. 부모의 반응이 긴장되고 스트레스를 받으면 아이는 계속 긴장하고 스트레스를 받을 가능성이 크다. ('마인드 프레임 2' 대처 전략 참조)

더 많이 대화하기: 대화를 많이 한다는 것은 단순히 단어의 수뿐 아니라 단어의 종류, 단어의 쓰임 방식까지 의미한다. "아이와 함께, 특히 아이가 집중하는 것에 대해 '아이에게' 말하지 말고 '아이와 함께' 이야기하라."(Suskind, 143쪽) 즉, 상호작용이 중요하다. 예를 들어 "사과 줄게." "신발 신겨 줄게."와 같이 자신이 하는 일을 설명한다. 대명사(당신, 그것, 그, 그녀)는 언어의 '공기'이므로 많이 사용하고, 긍정 언어와 '일상 대화'를 사용한다. 미국의 뇌과학자 존 메디나[John Medina][5]는 피드백 단어에 중점을 두고 시간당 약 2,100개 단어 사용이 권장 기준이라며 아이를 바라보며 아이의 발성, 웃음, 표정을 따라 하고 말로 표현하려는 노

력에 높은 관심을 기울여 보상하는 게 중요하다고 했다. 이 숫자가 많게 들릴지 모르지만 우리는 보통 하루에 약 10만 개 단어를 듣는다. 메디나는 부모가 a) 노래하는 듯한 목소리로(모음을 길게 늘리고, 음정을 높이거나 과장하며, 멜로디 톤으로), b) 아이가 소리를 잘 들을 수 있도록 발음을 강조하고, c) 아이와 대화할 때 아이를 안고, d) 그림을 말하더라도 (3개월부터는) 아이에게 책처럼 읽어 줄 것을 권장한다. 메디나는 아기에게 말을 거는 것은 '뉴런에 비료를 주는 것과 같다.'(129쪽)라고 결론 내린다. 이러한 '부모의 말' 대화는 아이의 주의를 끌고, 참여를 유도하며, 소리를 더 명확하게 들을 수 있게 해 준다. 미국의 언어학자 나자 라미레즈^{Naja Ramirez}와 동료들[6]은 언어가 뇌의 청각 영역뿐 아니라 아이가 말하기 전에도 언어적으로 반응하는 능력을 담당하는 중추를 활성화한다는 사실을 보여 주었다. 매일 '부모의 말'을 많이 들은 아이는 표준적인 말을 많이 들은 아이보다 2배 이상 많은 단어를 배웠다.

주고받기: 부모가 아이에게 일방적으로 전달하는 것이 아니라 아이를 대화에 참여시키자. 서스킨드는 이것을 '황금율의 기준'이라고 주장한다. 예를 들어, 아이가 눈을 비비면 부모가 다음 차례가 되어 "아, 졸리구나."라고 대답하는 식이다. 아이가 커 갈수록 '왜'와 '어떻게'에 대한 질문을 하되, 아이에게 '무엇'에 대한 질문을 너무 많이 하면 한 단어 또는 짧게 답하는 경우가 많아 대화가 끊어질 수 있으니 피하자.

모든 학술 논문이 그렇듯이 하트와 리슬리 연구에 관한 논쟁도 존재한다. 하지만 이들이 언어의 중요성, 격려, 적극적인 대화에 대한 중요한 화두를 제기한 것은 분명하다. 또한 아이가 더 많은 언어를 들을 수 있도록 일찍 시작해야 하며, 8세까지 읽기를 가르치지 않는 것은 용서할 수 없는 일이라는 의미가 중요하다.

뉴질랜드의 교육학자 켄 블레이클록Ken Blaiklock[7]은 아기를 유모차에 태우고 정면으로 세상을 바라보게 하는 경우(대부분)와 아기가 부모를 마주 보고 있을 때를 비교해 부모와 아기의 상호작용을 관찰했다. 그는 모든 사례에서 부모-아이 간 대화 비율이 낮았으며(대략 10%), 영국의 발달심리학자 수전 지딕Suzanne Zeedyk의 이전 연구를 확인한 결과,[8] 아이가 정면을 바라보는 경우보다 부모를 마주 보고 있을 때 부모가 아이와 2배 더 많이 상호작용한다는 것을 발견했다.

메시지는 간단하다. 아이가 어릴 때부터, 자주, 긍정적으로 대화하고, 경청하며, 언어를 많이 사용하자.

2. 어릴 때의 성공이 이후의 성공을 좌우하지 않는다

어린 시절의 능력이 나중에 학교에서의 성공을 예측할 수 있다는 주장이 많다. 이 주장에는 크게 2가지 문제가 있다.

첫째, 이 주장이 맞는다면 어릴 때 어려움을 겪는 학생은 나중에 실패할 확률이 높다는 뜻이 되므로 학교의 역할에 대해 진지하게 의문을 제기해야 한다. 분명 학교의 역할은 어린 시절과 학교 성과 사이의 높은 상관관계를 모두를 위해 개선하는 것이다. 어떤 학교는 이 일을 훌륭하게 해내는 한편, 어떤 학교는 그 상관관계를 인정하고 일부 학생이 성취하지 못하는 여러 가지 이유를 제시한다.

둘째, 높은 상관관계를 뒷받침하는 증거가 적으며, 그 관계 역시 미미하다. 높은 상관관계가 있다면 모든 취학 전 아동이 훌륭한 유치원에 갈 수 있도록 해야 한다. 그러나 8세가 되면 어떤 학생이 유치원에 다녔는지 아닌지 파악하기 어려워진다. 많은 영유아 교육 시설이 미취학 아동의 학습 발달을 위해 최선의 노력을 다하지 않는다. 많은 유치원이 읽기와 셈하기의 기본 개념을 배우는 것을 지양한다. 여기서 말하는 활자 읽기와 셈하기 활동은 읽기나 산수를 가르치는 것이 아니다.

우리는 입학할 때 여러 가지 학교 입학 척도를 완료한 5세 아동 수천 명을 분석했다.[9] 측정에는 활자, 구두 언어, 수 감각에 대한 개념도 포함되었다. 따라잡을 가능성이 희박할 정도로 낮은 점수를 받은 아동이 약 5~8퍼센트에 달했다. 활자 개념의 첫 번째 항목은 아이에게 책을 거꾸로 뒤집어 주고 첫 페이지를 넘기도록 하는 것이다. 12명 중 1명은 책을 펴기 전에 책을 뒤집는 방법을 몰랐으며, 이들 중 상당수는 유치원에 다녔던 경험이 있었다. 또한 교사에게 8세가 되어도 기초 수준의 문해력과 수리력을 갖추지 못할 것 같은 5세 학생을 식별해 달라고 요청하면 매우 정확히 찾아낸다. 그렇다면 이런 부류의 학생을 식별할 수 있는데 왜 이들을 돕기 위한 조치를 취하지 않을까? 가장 좋은 추정치는 모든 초등학교에 평균적으로 4~5명쯤 이런 학생이 있다는 것이다. 교사들은 즉시 이 아이들과 얼굴을 맞대고 조치를 취해야 한다. 8세(대부분 학급에서 이런 과목의 기초를 가르치는 시기가 훨씬 지난 나이로, 우리나라로 따지면 초등학교 3학년이다. – 옮긴이)가 될 때까지 읽기와 수리 능력이 부족한 아이는 없어야 한다. 8세에도 이런 능력이 부족하다면 마태 효과에 따라 계속 어려움을 겪을 수 있다. 아이가 이 범주에 해당하지 않는지 확인하자. 만약 그렇다면 뒤처지지 않도록 가능한 한 빨리 추가 교육을 위해 많은 노력을 기울여야 한다. 이것이 바로 우리가 어릴 때 언어, 언어, 언어의 중요성을 강조하고 관련 능력에 주의를 기울여야 하는 주된 이유다.

미국의 신경과학자 존 브루어John Bruer[10]는 '첫 3년이 결정적'이라는 속설에 대한 훌륭한 반증을 글로 썼는데, 이 시기가 운명이라고 잘못 믿는 모든 부모와 교사에게 희망을 줄 수 있을 것이다. 저명한 신경과학자이자 많은 논문의 저자로 자주 인용되는 브루어는 부모에게 자녀의 독서에 관해 신경과학이 무엇을 말할 수 있는지 신중하게 생각하고 "아무것도 말할 게 없네요."라고 말하기를 선호하는 편이지만, 그의 논지를 요약하자면 다음과 같다.

뇌의 구성 요소와 신경 연결의 발달이 처음 3년 안에 이루어진다는 주장을 예로 들어 보자. 물론 그렇기는 하지만 수년에 걸쳐 뇌는 빠르게 변화하기도 한다. 태어날 때 우리는 성인과 거의 동일한 시냅스 밀도를 갖지만, 사춘기에 시냅스가 빠르게 형성되고 제거 역시 많이 이루어진다. 또한 성장과 제거 과정은 학습 능력의 성장과 동일한 패턴을 따르지 않는다. 시냅스가 더 많다고 해서 반드시 두뇌 능력이 더 뛰어난 것은 아니다. 또한 시냅스의 생애 초기 성장은 환경의 영향보다 인간의 유전적 특성에 더 가깝기 때문에, 자극의 양이나 자극의 결핍 또는 과도한 자극에 영향받지 않는다.

또한 브루어는 '결정적 시기'가 있으며, 아이가 이 시기에 특정한 능력을 발달시키지 못하면 나중에 이를 보완하기에는 너무 늦다는 주장에도 반박한다. 대부분의 학습은 '닫혀 있는 기회의 창에만 국한되지 않는다.'(Bruer, 103쪽) 그렇다. 우리는 감각 수용체가 제대로 작동하도록 주의를 기울여야 하며, 언어 문제와 청력 손실이 나중에 학습 능력에 해를 끼칠 수 있으므로 가능한 한 빨리 민감하게 반응해야 한다고 그는 말한다. 그러나 무엇보다도 '아이들은 자주 애정 어린 반응을 보이는 상호작용을 하는 어른의 보살핌을 받을 때 인지 및 언어 발달이 훨씬 더 잘 이루어지기 때문에'(191쪽) 부모 – 아이 애착과 관계의 질에 더욱 관심을 가져야 한다고 말한다. 요컨대 생애 초기가 중요하지만 결정적이지는 않다는 것이다.

우리가 하고 싶은 말은 언어 발달, 대화하기, 듣기, '왜'라고 질문하기, 아이가 세계에 대한 마음의 이론을 세우도록 돕기, 활자에 대한 개념의 기초와 순서 감각, 유형화, 수리 능력 기르기 등 아이 학습의 기본에 집중해야 한다는 것이다. 미국의 인지심리학자 엘런 갤린스키 Ellen Galinsky[11]는 초기 문해력 기술에 대한 훌륭한 지침을 제시한다. 문해력은 표현에 관한 것, 훈련보다는 이해에 관한 것, 즐거움과 재미있는 학습 방식에 관한 것이다. 문해력은 시각과 언어의 연결, 활자에 대한 개념(책을 올바르게 들고 왼쪽에서 오른쪽으로 이동하기), 대화하기, 경청하기, 토론하기, 상상하기 등에 관한 것이다. 또한 아이들이 제 생각을 이야기하도록 장려하고, 암호를 해독하는 재미(소리 듣고 글자 알아채기)를 느끼게 하며, 모든 형태의 표현을 장려하는 것이다. 아울러 아이들이 숫자의 크기를 추정하는 데 도움을 주도록 권하며, 운율 rhyme은 소리 듣기를 강조하기 때문에 읽기의 훌륭한 전조라는 점을 덧붙인다.

자녀가 어떤 학교에 다니든 부모는 가정에서 학습을 이끌어 줌으로써 서먹하거나 영향을 미치지 못하는 교사와 함께 시간을 보내는 아이를 도울 수 있다. 놓쳐 버린 기회도 되찾을 수 있다. 가정은 아이가 모르는 것을 탐구하고, 안다고 생각하는 것을 시험할 수 있는 안전한 안식처이자 따뜻한 환경이다. 어릴 때 가장 중요한 것은 언어, 언어, 언어라는 것을 다시 강조한다.

결론

아이의 이야기를 경청하고 자주 대화를 나누며, 아이가 언어에 노출될 기회를 만들고(동화를 읽어 주거나, 새로운 환경을 탐험할 여행을 함께하는 것), 자녀가 세상에 대해 던지는 많은 질문에 관심을 기울이는 것이 중요하다. 목표는 마태 효과를 없애고 모든 학생이 학습에 전념할 수 있게 하는 데 있다.

4부

아이의 세계를
향한 큰 그림

마인드 프레임 9

우리의 아이도,
우리도 완벽하지 않다는 것을 인정한다

1. 헬리콥터 부모가 아니라 배움에 개방적인 부모 되기

▸ 부모는 완벽한 아이를 목표로 하는 것이 아니다. 특히 아이가 공부와 생
활을 스스로 관리하기 바란다면(특히 부모가 아이와 함께 있지 않을 때) 아이
의 삶을 세세하게 관리해서는 안 된다.

▸ 헬리콥터 양육에 대한 대안은 아이에게 다른 사람의 관점을(반드시 동의
하지는 않더라도) 경청하고 인정할 수 있도록 가르치는 '배움에 개방적인
또는 반응적인 부모'가 되는 것이다.

▸ 배움에 개방적이 되려면 토론하고, 아이디어를 탐색하고, 다른 사람의
견해를 듣는 안전한 환경이 필요하다.

2. 위험 감수의 존엄성 키우기

▸ 아이들은 긍정적인 자아감을 키우고, 시끌벅적하고 때로는 놀랍고 종종

당혹스러운 세상에 잘 대처할 수 있도록 합리적인 위험을 감수할 권리가 필요하다. 부모의 역할은 위험을 감수할 때 '합리적'이라는 것이 무엇을 뜻하는지 가르치는 것이다.

▸ 자녀의 위험 감수에 대한 존엄성을 기르려면 함께 사고하고, 함께 반응하고, 함께 의사 결정하는 과정이 필요하다. 이를 통해 아이들은 상황, 선택, 반응의 기회를 다루는 법을 배운다.

3. 아이에게 거절하는 법 가르치기

▸ 경계는 아이를 정의하고, 자아감 또는 자신이 누구인지(정체성)를 확립한다. 이러한 경계는 딱딱하기보다는 느슨할 때가 많다. 경계는 상황, 함께 있는 사람, 맥락에 따라 달라질 수 있다. '아니오.'라고 말하는 법을 배우면 경계를 설정하는 데 도움이 된다.

▸ '아니오.'라고 말하는 것은 '나'보다 '우리'가 더 중요할 때 도덕적 목적을 달성하는 데 도움이 된다.

이 장에서는 부모로서 우리는 완벽과는 거리가 멀다는 것, 바로 그 점에 기회가 있음을 이야기한다. 우리의 목표는 '배움에 개방적인' 부모가 되는 것이다. 부모로서 아이가 더 나아질 기회에 적극적으로 반응하며, 실수해도 안전한 가족의 분위기와 높은 신뢰 관계를 만든다. 이를 통해 자녀가 세상을 이해하고, 언제 어떻게 '아니오.'라고 말할지 배우며, 위험 감수의 존엄성을 기르도록 한다.

카일 해티: 부모는 아이에게 이야기를 들려주는 것을 좋아한다. 우리 부모님이 들려준 재미난 이야기를 떠올려 보면 매번 더 길고, 더 위험하고, 더 과장된 이야기를 해 주셨다. 부모님이 수년에 걸쳐 여전히 들려주는 이야기 중 하나는 내가 3세 때의 일이다. 우리는 아파트 건물 2층에 살았는데(이 이야기의 최근 버전에 의하면 15층이 되었다), 실내에 개방형 계단이 있었다.

어렸을 때 나는 등반가였다. 물건에 올라타거나 창문 밖으로 나가거나 테이블 위로 올라가곤 했다. 우리가 살던 아파트에는 발코니가 있었다. 지금은 기억이 나지 않지만, 그날 나는 2층 발코니 위에 서 있었다. 나는 너무 자랑스러워서 엄마 아빠에게 소리쳐 내 활약을 보여드렸다. 부모님의 사고 과정을 상상해 보라. 그분들은 (하고 싶은 대로) 소리를 지르면 내가 겁에 질려 떨어질지도 모른다는 것을 알고 있었다. 부모님은 침착하게 다가와서 나를 붙잡고 다시 방으로 던져 넣었다.

우리 부모님들은 이런 이야기를 가지고 있다. 우리 아이들이 우리를 겁에 질리게 했던 이야기 말이다. 아이를 걱정하고 위험으로부터 보호하고 싶은 것은 자연스러운 일이다. 하지만 실제로 우리는 아이들을 얼마나 보호할 수 있을까? 이 장에서는 위험을 감수하는 사랑을 이야기한다. 아이들은 본능적으로 호기심이 많고 세상을 탐험하고 싶어 한다. 이는 아이가 길러야 할 놀라운 특성이지만, 부모인 우리는 위험 감수가 아이들을 위험에 빠뜨리는 것이라고 생각한다. 하지만 전혀 그렇지 않다.

아이들은 항상 위험을 감수한다. 처음 일어서려고 할 때도 아이들은 위험을 감수한다. 서 있는 것이 어떤 느낌인지도 모르지만 일어나서 움직이고 싶어 한다. 그래서 온 힘을 다해 발을 딛고 일어서려 하는데 어떻게 될까? 곧바로 다시 넘어진다. 위험하지만 위험보다 보상이 더 크다는 것을 알기에 우리는 그 노력을 격려한다. 아이가 넘어져도 괜찮다는 것을 안다. 이것이 바로 우리가 아이에게 무엇이 감수해야 할 위험이고 무엇이 불필요한 위험인지 가르치고, 아이가 생각하고 결정을 내리도록 해야 하는 이유다.

나는 교사로서, 그리고 부모로서 매일 내가 가르치는 학생들에게 이러한 사고방식을 심어 주려고 노력한다. 학생들은 질문에 답할 때 자신이 오답을 낼 위험이 있다는 것을 배운다. 어떤 아이들은 시도했는데 결과가 좋지 않다. 누군가 그들을 비웃거나, 창피함을 느끼기 때문이다. 이것은 아이들이 다시 손을 들 때 재고하게 된다는 것을 의미한다.

교사는 이러한 위험이 학습으로 이어질 수 있도록 끊임없이 노력한다. 실수는 나쁜 것이 아니라 학습의 방법이다. 결과가 부정적일 수 있지만, 실수를 통해 생각하고 배운다면 나쁘지 않다. 우리가 부정적인 경험으로부터 아이를 방어하고 보호하려고 한다면 부정적인 결과와 잘못된 학습 전략으로 이어질 수도 있다. 이는 위험 감수를 긍정적으로 생각하는 아이로 키우는 방법이 아니다. 우리 아이들이 배울 수 있도록 위험을 감수하는 것을 허용하는 것은 존엄한 일이다.

1. 헬리콥터 부모가 아니라 배움에 개방적인 부모 되기

부모가 된 지 얼마 되지 않아 이내 다른 부모들을 비판하는 일을 멈추게 되는 이유는 우리 역시 우리 아이를 항상 통제할 수 없다는 것을 알게 되었기 때문이다. 아이는 터무니없는 말을 할 수 있다. 미국의 아트 링클레터Art Linkletter는 리얼리티 쇼를 최초로 진행한 사람이다. 그의 쇼는 아이들 인터뷰도 포함했는데, 그 프로그램의 전제는 다음과 같았다.

> 오늘날 10세 미만 아이와 70세 이상 여성이 같은 이유로 방송에서 가장 좋은 인터뷰를 한다. 그들은 솔직하고 꾸밈없는 진실을 말한다. 구절마다 진심 어린 마음을 담아 분명하게 표현한다. 어린아이와 나이 든 사람 중에 숨기거나, 흔들리거나, 위선적인 표현을 하는 사람은 없다. 진실을 원하지 않는다면 차라리 그들에게 묻지 않는 것이 좋다! 그리고 표현이 거칠더라도 놀라지 말아야 한다.

우리의 아이는 완벽하지 않다. 아이에게 적절한 행동을 가르치고, 타인을 존중하며, 아이가 갖추기를 바라는 사회 규범을 알려 주고 싶을 것이다. 딜레마는 모든 부모가 자기 아이에게 높은 기대를 걸고 있다는 점이다.

완벽을 원하는 부모는 여러 가지 유형이 있다.

▸ **헬리콥터 부모**: 항상 (헬리콥터처럼) 아이 위를 맴돌기 때문에 아이가 독립하는 법을 배우고 행동하고 말하는 법을 배울 기회가 거의 없다. 이런 부모는 아이 대신 결정을 내리거나, 아이가 안전하고 완벽할 수 있도록 현장을 벗어나 다른 곳에 내려 준다. 항상 아이의 일거수일투족을 감시하며 아이의 모든 의사결정에 간섭하고 개입한다.

▸ **제트기 조종사 부모**: 날개를 펴고 더 많이 기다리지만, 아이가 조금이라도 곤경에 처하거나 스트레스를 받는다면 바로 나서서 귀한 아이를 구할 준비가 되어 있다. 아이의 일거수일투족을 감시하는 헬리콥터 부모와 달리 어느 정도 거리를 두지만, 아이가 어려움을 겪는 상황이 되면 제트기처럼 빠르게 개입해 아이 대신 문제를 해결해서 아이의 독립성을 키우지 못한다.

▸ **제설기**(또는 잔디 깎는 기계) **부모**: 아이의 성공과 특권을 보장하기 위해 아이보다 앞서 나갈 준비가 되어 있다.

▸ **눈송이 부모**: 내 자녀는 특별하고, 따라서 아이에게 특별한 대우가 필요하다고 끊임없이 주장한다. 장기적인 이익, 예를 들어 치아 건강을 위해 단기적인 희생, 이를테면 아이가 좋아하지 않는 양치질을 시키는 것을 힘들어하는 유형이다.

▸ **마법 총알 부모**: 아이를 똑똑하게 만들기 위해 숨겨 둔 특별한 비법을 찾으며, 아이가 똑똑하지 않다면 부모가 문제라고 생각한다.

▸ **분재형 부모**: 아이가 완벽해지도록 환경을 완벽하게 통제하기를 원하고, 아이가 완벽을 향해 나아가도록 환경을 계속 조종한다. 다른 사람에게 잘 보이게 하기 위해 아이의 대외적 모습이나 프리젠테이션 기술을 모니터링

한다.

- ▸ **영재 부모**: 아이가 영재라서 영재 프로그램이 필요하며, 다른 영재 아이들 하고만 어울려야 하고, 바보들에게 놀림을 받거나 둔해져서는 안 된다고 줄기차게 주장한다.
- ▸ **소셜 미디어 부모**: 교사에게는 아예 개인적 삶이 없는 것처럼 신경 쓰지 않고, 질문, 반응, 의견으로 교사에게 폭격을 가한다. (자신의 소중한 아이를 항상 언급하지는 않지만 메시지는 분명히 아이에 관한 것이다.)
- ▸ **전문가 부모**: 교사보다 잘 가르치는 방법을 알고 있다.
- ▸ **드라마 부모**: 사소한 학교 사건을 3차 세계대전으로까지 성공적으로 확대할 수 있다. (눈물을 흘리고 고함을 지르며 위에서 아래로 정의를 요구하는) 드라마 같은 상황을 유도하는 부모의 경우에 해당한다.

이런 헬리콥터형 부모들은 모두 자신과 같은 특권을 누리는 자녀로 키우려고 한다. 아이를 세세하게 관리하면 아이도 다른 사람을 세세하게 관리할 가능성이 있는데, 이는 교실이나 사회가 작동하는 방식이 아니다. 부모가 자신이 '옳다.'라고 하면서 무언가를 요구하거나 불안해하고, 다른 사람이 구해 주기를 기대하거나, 자신의 행동에 책임을 지지 않거나, 자신감이 부족하고 어려운 상황에서 도망치는 부모라면, 아이도 마찬가지로 행동할 가능성이 크다.

이런 부모 유형에서 벗어나는 대안은 '배움에 개방적인 부모', 즉 반응형 부모가 되는 것이다.

뉴질랜드의 교육심리학자 비비언 로빈슨Viviane Robinson[1]은 학교 지도자와 교사를 위해 '배움에 개방적인 대화open-to-learning conversations' 개념을 개발했다. 이 메시지는 학부모에게도 큰 반향을 불러일으켰다. 배움에 개방적인 대화는 부모가 아이의 사고방식을 배우고 아이는 부모의 사고방식을 배울 때 유용하다. 특히 부모와 아이가 함께 판단하고 결정을 내리고, 왜 그런지 혹은 왜 안 되는지 등의 질문에 답하고, 그다음에 무엇을 생각하고, 실행할 것인지 논의할 때 더욱 효과적이다. 배움에 개방적이라는 것은 부모가 아이의 생각과 의사결정을 경청하고 이해하려고 함으로써 아이를 존중한다는 것을 의미한다. 그 반대는 '배움에 폐쇄적인 대화closed-to-learning conversations'로, "시키는 대로 해라." 같은 명령으로 표현되며 자녀가 자신의 생각을 말할 기회조차 없는 경우다. 배움에 개방적이라고 해서 부모에게 권한이나 힘이 없다거나, 아이가 높은 수준의 추론 능력과 사고력을 갖고 있다는 의미는 아니다. 그렇지 않은 경우가 더 많다. 이 둘(배움에 개방적이냐, 폐쇄적이냐)을 구분하는 것은 대화 내용이 아니라, 자기 관점의 타당성을 학습할 수 있는 개방성 여부다.

배움에 대한 개방성은 높은 신뢰를 바탕으로 형성되며, 이는 아이가 부모를 필요로 하는 어려운 상황에서 가장 가치 있는 특성이 될 수 있다. 부모가 신뢰를 쌓아야 아이가 까다롭고 어려운 문제를 다룰 수 있다. 부모는 아이에게 다른 사람의 의견을 경청하고, 자신의 의견에 귀 기울이는 법을 보여 주고, 아이와 다른 사람들이 서로의 의견에 어떻게 이의를 제기하는지 가르칠 필요가 있다. 또한 아이는 다른 관점을 받아들이고, 피드백을 주고받으며, 갈등에 대처하는 법도 알아야 한다. 부모 혹은 아이가 자신의 의견을 강요하면 흔히 부정적 정서 반응, 승자와 패자의 대립, 어려운 시기에 필요한 신뢰 상실을 초래할 수 있다.

로빈슨은 학교 지도자의 대응력을 높이기 위한 추천 전략을 제시한다. 이러한 전략은 부모에게도 똑같이 적용 가능하다. 여기에는 자신의 추론을 이야기하고, 아이의 추론을 경청하며(옳고 그름을 다투는 것이 아니라 경청으로 존중을 표현하는 것임을 기억하자), 부모의 의견을 진실이 아니라 가설로 대하는 일을 포함한다. 특히 아이가 부모와 다른 견해를 갖고 있을 때는 자신이 틀릴 수 있음을 보여 주는 증거를 찾으며 깊이 경청하자. 아이가 높은 수준에 도달하도록 부모가 어떻게 돕는지 지속적으로 확인하며, 한 번의 수업으로 효과가 지속되는 일은 거의 없으니 높은 수준의 대화를 지속하자. 어떤 논의든 정확한 문제를 파악하기 위해 열심히 노력하고, 답을 제시하기 전에 문제를 공유하자. 끝으로 부모의 결정과 행동의 질을 알아보기 위해 양육의 영향력을 확인하자.

배움에 개방적인 부모가 되는 것의 보상은 의견 차이가 있거나, 성과가 만족스럽지 않을 때, 갈등이 있을 때마다 드러난다. 부모가 쌓아 온 신뢰가 중요하다는 인식, 가족이 문제를 파악하고 논의하는 것이 정상이라는 인식이 있으면 대안을 찾기가 훨씬 쉬워지고 아이가 마음

껏 의견을 말할 수 있는 안전한 환경이 조성된다. 아이가 부모의 결정이나 행동에 동의하지 않을 수도 있지만(부모는 여전히 부모다), 부모의 이런 반응은 아이가 부모와 다른 사람들에게도 유연하게 반응할 수 있는 모델을 만들어 준다.

다음 같은 문구를 우리의 '반응형' 도구 상자에 넣자. 로빈슨이 제공한 문구다.

- ▶ 내가 걱정하는 점에 대해 말하고 싶어.
- ▶ 우리는 서로 다른 견해를 가진 것 같다.
- ▶ 나는 이것이 네가 보는 방식이 아닐 수도 있다는 걸 알아.
- ▶ 나는 너의 행동에 실망했어. 왜냐하면…….
- ▶ 나는 그 문제의 해결책을 함께 찾아보고 싶어.
- ▶ 넌 어떻게 생각하는데?
- ▶ 지금까지 거의 말을 하지 않았는데, 네 생각은 다르니?
- ▶ 이번 기회에 네 상황을 더 이해하고 싶어.
- ▶ 다른 가능성은 없을까?
- ▶ 지금으로선 우리 둘 다 받아들일 수 없을 것 같아.
- ▶ 우리가 같은 방식으로 문제를 보는 것 같구나.

반응하는 것, 배움에 개방적인 것을 부모로서의 의사결정 역할을 포기하는 것으로 혼동하지 말자. 부모는 여전히 아이 양육에 대한 '책임'이 있다. 때로는 자녀가 자기 행동의 결과를 알지 못할 때, 자녀에게 더 나은 행동과 사고방식을 가르칠 필요가 있다. 때로는 자녀가 실수를 저지르기도 한다. 반응성은 부모와 자녀의 좋은 관계, 높은 수준의 신뢰, 부모에 대한 존중을 유지하면서 토론하고 아이를 가르칠 수 있는 맥락을 만들어 준다. 이는 아이가 친구를 사귀고 상대할 때, 특히 까다로운 상황에서 다른 사람을 대할 때 완벽한 자산이 된다. 이 기술은 특히 청소년기에 큰 도움을 준다.

부모의 역할은 아이가 걸어갈 길을 만들어 주거나 그 길을 깨끗하게 청소해 걸림돌 없는 길을 만드는 게 아니다. 아이가 길을 걸어갈 때 그 뒤에 서서 아이가 마주하게 될 수많은 전환점, 막다른 골목, 고속도로에 대응할 대처 전략을 기르도록 돕는 것이다. 가족은 모두가 승차해 같은 경로를 따라 이동하고, 일과가 끝나면 안전하게 하차하는 버스 서비스와는 다르다. 대신에 각기 다른 장소에서 출발하고, 다른 경로를 운전하며, 다른 종점에서 끝날 수 있는 자율적인 운전자를 키우고자 한다. 부모는 아이들이 안전하고 현명한 선택을 하며 가치 있는 목적지를 결정하기를 바란다. 기억하자. 부모의 역할은 아이를 위해 길을 닦아 주는 것이 아니라 아이 스스로 길을 찾아갈 수 있는 능력을 가르치는 것이라는 점을.

2. 위험 감수의 존엄성 키우기

위험 감수의 존엄성은 부모가 아이에게 가르쳐야 할 중요한 가치다. 이는 아이가 긍정적인 자아감을 형성하고, 자신이 살아가고 성장하는 세상에 대처하는 데 중요한 역할을 하는 합리적인 위험을 감수할 권리가 있음을 의미한다. 또한 말도 안 되는 위험, 극단적인 위험, 터무니없는 위험을 감수하는 것이 아니라 '합리적인' 위험이 무엇인지 배우고, 이러한 위험을 감수한 결과에 대응할 수 있는 대처 전략을 세우며, 위험을 감수할 때와 감수하지 말아야 할 때를 아는 것을 의미한다. 위험 감수의 존엄성은 청소년기 전에 가르쳐야 한다. 청소년기는 부모로부터 멀어지기 시작하고, 항상 위험이 존재하는 상황에 처하며, 친구들 앞에서 대담하게 위험을 감수하는 것이 더 중요해지는 시기이기 때문이다. ('마인드 프레임 3' 평판 향상 참조)

우리의 삶을 생각해 보자. 위험을 감수하고(아이를 갖는 것도 그중 하나), 넘어지고, 막다른 골목으로 들어가고, 고통을 겪고, 실수를 저지르고, 사람들을 화나게 할 때도 있지만, 결국 우리는 이곳에 도달했다. 우리는 회복탄력성의 기술을 배웠고, 부정적인 상황으로부터 배우고 앞으로 나아가는 법을 배웠으며, 때로는 성공하기도 했고 때로는 실패하기도 했다. 이것은 부모가 아이에게 가르칠 필요가 있는, 위험을 감수하는 기술이다. 보지도 않고 뛰어들거나 가치가 없을 것 같은 길을 계속 가라고 가르치는 것이 아니라, 위험을 감수할 때의 선택지를 평가하는 방법을 아이에게 알려 주는 것이다. 아무리 아이를 솜이불 속에 보호하고 싶어도 아이들이 다니는 학교, 살고 있는 동네의 이웃, 친구들, 만나는 사람들 등 바깥세상이 항상 안전하고, 안심할 수 있고, 예측 가능한 것은 아니다.

위험 감수의 존엄성 개념은 미국의 장애인 인권 운동가 로버트 퍼스케[2]^{Robert Perske}가 지적 장애를 가진 사람을 과잉보호하는 부당함을 지적하면서 개발한 개념으로, 현재 여러 상황(신체적 질병, 치매)에 적용되고 있다. 여기서는 이 개념을 양육에 적용한다. 퍼스케는 위험이 반드시 해로움이나 부정적인 결과를 초래하는 것은 아니라고 지적했다. 그는 위험을 과대평가하거나 부정하는 것이 아니라, 예측할 수 없는 세상에서 살아가는 자율성 능력을 개발하는 것에 관해 이야기했다. 위험을 부정하는 것은 자율성을 부정하고, 위험한 상황에서 아이가 어떻게 행동하고 반응할지에 부정적인 영향을 미치며, 위험에 대처하는 방법을 고려할 때 선택의 폭을 제한한다.

다시 강조하지만, 위험 감수의 존엄성을 키우려면 함께 사고하고, 함께 반응하고, 의사결정을 함께하는 것이 필요하다. 이 모든 과정은 아이가 어떻게 상황을 처리하고 대응할지 결정하는 방법을 배우는 데 도움이 된다. 위험 감수의 존엄성을 인정하는 것은 아이가 위험에 대해 '적극적으로' 생각하고, 피해를 최소화하기 위해 어떻게 할 것인지 부모가 경청함으로써 이러한 문제와 결정에 대한 아이의 판단을 존중하는 것을 뜻한다. 여기에는 다른 선택지를 고를 수 있게 가르쳐 주고,

잘못된 길로 가지 않도록 하며, 일이 잘 풀리지 않을 때 슬기롭게 대처할 수 있도록 하는 것이 포함된다.

위험 감수의 존엄성과 관련된 또 다른 개념은 '관계의 존엄성dignity of relationships'인데, 이는『부모를 위한 원격 학습 플레이북Distance Learning Playbook for Parents』[3]의 공동 저자 로절린드 와이즈먼Rosalind Wiseman이 주창한 개념이다.[4] 와이즈먼은 존엄성은 주어진 것이고 존경은 얻는 것이며, 아이(또는 부모)의 존엄성을 부정하는 것은 종종 갈등의 근원이 된다고 주장한다. 와이즈먼이 설명한 10가지 요소를 소개하면서, 우리는 각 문장에 '아이' 단어를 넣었다.

1. 아이의 재능, 노력, 사려 깊음, 도움을 인정한다.
2. 아이에게 온전히 주의를 기울여 경청하고, 확인하고, 반응함으로써 아이를 인정한다.
3. 아이가 좋은 동기를 가지고 있고 정직하게 행동한다고 가정하고 아이를 믿는다.
4. 아이가 모든 수준의 관계에서 소속감을 느낄 수 있도록 포용의 마음을 기른다.
5. 아이가 수치심, 굴욕감을 느끼지 않고 보복에 대한 두려움 없이 자유롭게 말할 수 있도록 안전을 보장한다.
6. 아이에게 자신의 관점을 설명할 기회를 주고 경청함으로써 아이를 이해하고, 아이의 말을 듣고 변화할 준비를 한다.

7. 아이를 열등하지도 우월하지도 않은 존재로 대하며, 평가에 대한 두려움 없이 아이가 자유롭게 자신을 표현할 수 있게 한다.

8. 아이를 특성과 형평성에 따라 정당하게 대우하여 공정성을 기른다.

9. 아이가 스스로 행동할 수 있도록 힘을 실어 줌으로써 자립심을 키우고, 자기의 삶을 통제할 수 있다는 느낌을 배우며, 희망과 가능성을 경험할 수 있도록 한다.

10. 아이가 자신의 행동에 책임을 지도록 함으로써 책임감을 갖게 한다.

이 10가지 요소에는 유혹에 넘어가지 않고 자제력 있게 행동하는 방법을 자녀에게 보여 주고, 부모의 자존심과 권위를 지키기 위해 부모가 한 일을 부정하지 않으며, 부모가 실수했을 때 진심으로 사과하는 일도 포함된다. 존엄성은 내면에서 비롯되며 타인의 인정에 의존하지 않고 자신의 가치를 스스로 증명할 수 있음을 보여 준다. 관계에 대한 욕구가 자신의 존엄성보다 더 중요하지 않으며, 자신이 소중하고 자신의 경험과 감정이 중요하다는 것을 아는 일 또한 포함된다. 다른 측면으로는 사람들이 자신의 행동을 어떻게 해석하는지 경청하고, 피드백과 비판을 열린 마음으로 받아들인다. 다른 사람을 비난하고 창피하게 하는 일은 아무것도 해결하지 못하고, 다른 사람과 가까워지려면 뒷말이 아닌 진실을 말하는 게 중요하다는 점을 깨닫는 것이다.

3. 아이에게 거절하는 법 가르치기

대부분의 3~4세 아이는 '왜'라고 묻는 것을 좋아한다. 앞서 언급했듯이 호기심은 주변 세상을 더 잘 이해하는 데 좋다. 하지만 안타깝게도 8세가 되면 '왜'에 대한 호기심은 줄어들고, '무엇'에 대한 질문으로 바뀌게 된다. 이는 학교 교육의 목적이 사실을 많이 배우고 시리(AI)와 구글을 모방하는 것이라는 메시지(옳든 그르든)를 학교로부터 받기 때문이다. 8~10세 아이에게 이 반에서 누가 가장 잘 배우는지, 그 이유는 무엇인지 물으면 일반적으로 많이 알고 답을 빨리 아는 학생을 꼽는다. (이 책에서 강조하는 좋은 학습자의 특성과는 거리가 멀다.) 청소년기에 가면 독립성을 주장하고, 시간, 관심, 사랑에 대한 치열한 요구와 더 많은 발언권과 통제권을 원하고, '왜 안 되는데요?'라는 질문으로 생각이 바뀐다.

세상이 항상 안전한 곳은 아니다. 최악의 시나리오 중 하나는 다른 또래나 어른이 아이를 잘못된 길로 인도하는 경우다. 잘못된 행동과 상호작용에 대해 비밀을 강요하는 일이 생길 가능성도 있다. 문제는 아이에게 언제, 어떻게 '아니오.'라고 말해야 하는지, 즉 '안 된다는 것은 안 된다는 뜻.'이 되도록 어떻게 가르쳐야 하는가다.

경계는 아이를 정의한다. 경계는 자아감 또는 정체성(내가 누구인지)을 확립하며, 이 경계는 엄격하기보다는 느슨한 경우가 많고, 상황과 함께 있는 사람과 맥락에 따라 달라질 수 있다. 특히 청소년의 경우는 개인적인 공간에 대해 잘못된 결정을 내릴 수 있으니 공간 경계에 대한 필요성을 상기시켜야 할 수 있다. 경계를 가르치는 것은 부모의 중요한 과제다. 부모에게도 마찬가지다. 물론 아이는 (처음에는) 부모가 완벽하고 성자이며 가장 많이 배운 부모이기를 기대할 수 있다. 아이는 금방 우리의 실체를 알게 될 것이나, 그렇다고 우리가 기대와 정반대라는 뜻은 아니다. 경계를 갖는다고 해서 나쁜 결정을 내리지 않는 것은 아니다. 하지만 경계는 부모와 아이가 불완전함에 대처할 수 있게 해 준다. 아이는 아들 또는 딸, 형제자매, 학생, 친구 등 다양한 역할을 수행한다. 특히 어린아이가 새로운 상황에 처하고 새로운 사람을 만날 때 이러한 경계를 설정하는 것은 큰 부담이 될 수 있다.

아이에게 가르쳐야 할 경계 결정의 핵심 기술은 언제, 어떻게 '아니오.'라고 말해야 하는지에 관한 것이다. 아일랜드의 교육학자 거트 비에스타Gert Biesta[5]가 수많은 유대인을 죽음으로 내몬 나치 독일의 장교 아돌프 아이히만Adolf Eichmann과 미국 인권 운동에 불을 지핀 로자 파크스Rosa Parks를 대조해 설명한 것을 생각해 보자. 아이히만은 그의 잠재력을 깨달았다. 당시 독일 학교는 그에게 사회에 성공적으로 참여할 수 있는 기술을 제공했고, 아이히만은 제 능력을 발휘해 잘살았다. 파크스도 학교에 다녔지만, 아프리카계 미국인에 대한 제한 정책으로 잠재력을 발휘할 기회나 여건이 주어지지 않았다. 하지만 아이히만과 달리 그녀는 '아니오.'라고 말할 수 있는 용기를 가졌다. 자신이 속한 사회의 규범에 반하는 도덕적 목적을 세우고, '나'보다 '우리'

를 더 소중히 여기며, '아니오.'의 힘으로 당시 사회의 잘못에 참여하기를 거부했다. 우리는 어느 쪽이 사회의 성장에 훌륭하게 기여했는지 알고 있다.

일부 사회(예를 들어 동양의 유교 기반 국가)에서는 '아니오.'라고 말하는 것을 피하며, 종종 대답을 피하거나 거절이나 거부 의사를 전달하지 않는 것이 좋다고 여긴다. 누구나 솔직하고 직접적으로 '아니오.'라고 말할 수 있는 사람과 애매모호한 태도로 '아니오.'라고 말하기 싫어하는 사람을 알고 있다. 누구에게는 '아니오.'가 어렵지 않은 한마디에 불과하지만, 어떤 사람은 우물쭈물하며 '아마도'를 사용하며 거절이 고마움을 모르거나 무례함의 표시가 될까 봐 거절하는 데 어려움을 겪는다. 거절하는 사람에게 후속 조치를 하거나 거절 이유를 요구하거나 따지는 사람도 있다. 직접적인 '아니오.'가 어느 정도 받아들여질 수 있는 맥락을 인식하는 기술도 있다.

우선 '아니오.'라고 말하는 이유가 요구, 요청, 초대, 제안, 거절 또는 제안인지 아이 스스로 알아내야 한다. '아니오.'라고 말할 상황에 처했을 때, 부모는 아이가 방어를 위해, 정체성을 유지하기 위해, 반항하기 위해 또는 불확실성 때문에 '아니오.'라고 말하는 것인지 파악해야 한다. '아니오.'라고 말하는 이유를 물어 조치를 취해야 할 때를 알아야 할 수도 있다. 여기서 부모에게 중요한 것은 '안 되는 건 안 돼.'라고 주장하는 게 적절한 때다. 이 상황에서 우리의 비언어는 '아니오.' 반응의 성격을 나타내는 훌륭한 단서가 된다. 눈을 마주칠수록

(부모가 아이에게, 아이가 부모에게) 일반적으로 '아니오.'에 따른 후속 조치가 더 확실해진다. 예를 들어, 눈을 마주치면 '아니오.'는 선택 사항이 아님을 나타내거나, '안 되는 이유를 받아들일 테니 다른 대안을 찾자.'라는 메시지를 전달한다. 아이들은 받아들일 수 없는 일에 참여하라는 또래의 압력을 경험한다. '아니오.'라고 반복해서 말하도록 가르치는 것은 아이의 결정에 확고한 의지를 보여 주기 위해 중요하다. 또한 '아니오.'라고 말하는 것이 그 사람을 거부하는 게 아님을 가르쳐야 한다.

아이가 '아니오.'라고 말할 때마다 부모가 강요하고, 위협하고, 비하하고, 수치심을 주거나, 처벌을 가하면 아이는 다르게 행동하는 법을 배우기 어렵다. 또한 다른 사람의 '아니오.'를 이러한 반응이 필요한 것으로 간주할 수 있다. 따라서 '아니오.'를 강요하거나 이유를 유도할 때 필요한 기술이 있다. 이 기술은 말투, 어조, 몸짓을 포함한다. 그래서 어떤 아이는 소셜 미디어에서 '아니오.'라고 말할 때 '아니오.'의 본질(진짜 거부인지, 이유를 요구하는 것인지, 선택을 요구하는 것인지, 거절인지)을 해석하기 어려울 수 있어서 더욱 곤란을 겪는다.

다른 사람의 입장에 서서 '아니오.'의 의미를 이해하는 기술의 핵심, 즉 타인의 '아니오.'를 받아들이는 기술을 아이가 배워야 한다는 점을 인식하자. 이는 5세 미만 아이가 하기 어려운 일이기 때문에 어린아이가 '아니오.'에 반응할 수 있는 한계를 이해하는 것이 중요하다. 때로는 지나치게 설명하는 것이 그만한 가치가 없거나, 환영받지 못하거나, 적절하지 않을 때가 있다. 이럴 때 부모는 친구가 아니라 부모여야 한다. 남에게 말하듯이 때로는 '예.'가 선택 사항이 되도록 요청을 재구성하거나, 원치 않는 행동의 방향을 바꿀 수 있다. ('소리 지르지마.' 대신에 '속삭이는 목소리로 말해 줘.' 등의 표현) 또는 대안을 제시할 수 있다. ('조용히 말해 줄래', 혹은 '나중에 내게 듣고 싶은 말이 무엇인지 나중에 말해 줄래?' 등의 표현). '아니오.'에는 힘이 있다.

결론

완벽함은 우리의 목표가 아니다. 아이가 실수하더라도 실수를 배움의 기회로 여기자. 부모의 역할은 배움의 기회를 열어 두고, 실수를 저지르고, 실수로부터 배울 수 있도록 높은 수준의 신뢰와 안전을 조성하며, 아이에게 위험을 감수하는 합리적인 방법과 '아니오.'라고 말하고 반응하는 방법을 가르치는 것이다. 위험과 안전, 그리고 예/아니오 사이의 경계는 자주 모호하고 뚜렷하게 구분되지 않는다. 이러한 경계를 어떻게 다루느냐에 따라 우리를 정의할 수 있다. 아이가 경계에서 자신의 반응을 식별하고, 반응하고, 살아가도록 가르치는 것은 아이의 도덕적 목적을 개발하는 데 핵심이다.

마인드 프레임 10

우리의 영향력을 평가하는 사람은
바로 우리다

1. 부모의 영향력이 중요하다

▶ 부모가 아이와 상호작용할 때마다 '오늘 할 일은 내가 아이에게 어떤 영
  향을 미치는지 평가하는 거야.'라고 생각한다면 좋은 일이 일어날 가능성
  도 커진다.

▶ 영향력이란 아이에게 열정을 불어넣고 아이가 더 많은 것을 보게 하는
  것과 관련 있다.

▶ 영향력을 발휘하는 부모가 되기 위해서는 아이가 학습 과제의 어느 단계
  에서 시작하는지 잘 진단하고, 성공 가능성이 큰 개입을 선택하고 실행
  하며, 마지막으로 개입의 영향을 평가해야 한다.

2. 부모는 생각보다 더 많은 것을 알고 있다

▶ 우리는 '무엇이 효과적인가'가 아니라 '무엇이 가장 효과적인가'를 알고

싶어 한다.

- ▸ 부모는 아이의 눈을 통해 자신의 말, 행동, 격려, 기대의 효과를 볼 필요가 있다.
- ▸ 서구 사회에서 유능한 사람의 표식은 무엇을 해야 할지 모를 때 무엇을 해야 할지 아는 사람이다.

3. 올바른 양육 방법은 하나가 아니다

- ▸ 전 세계적으로 양육 방식이 다양하기 때문에 아이를 양육하는 데 있어 올바른 방법은 분명히 하나가 아니다.

이 장에서는 부모로서 우리가 자녀에게 미치는 영향력을 집중적으로 살펴볼 것이다. 양육에서 핵심 지침은 자녀에게 미치는 영향을 평가하기와 조정하기, 의도한 대로 영향이 나타나지 않을 때와 그 이유를 이해하기 등이다. 부모인 우리는 우리가 생각하는 것보다 더 많은 것을 알고 있다. 전 세계적으로 양육 방식은 다양하지만, 양육의 핵심이자 공통분모는 아이의 학습 생활에 긍정적인 영향을 미치는 것이다.

1. 부모의 영향력이 중요하다

우리는 가장 중요한 마인드 프레임을 마지막까지 남겨 두었다. 실제로 다른 9단계 마인드 프레임은 이 마인드 프레임의 하위 집합이다.

아이와 상호작용할 때마다 '오늘 내가 할 일은 내가 아이에게 어떤 영향을 미치는지 평가하는 거야.'라고 생각하면 좋은 일이 일어날 가능성도 커진다. (우연이든 뭐든) 아이를 낳기로 약속할 때 부모는 영향력 있는 엑스트라의 역할을 맡게 된다. 아이(와 부모)가 성장함에 따라 아이에 대한 부모의 관점이 달라질 수 있는 것처럼, 부모가 갖고 싶고, 갖고 있고, 가질 수 있는 영향력의 성격 역시 달라진다.

영향력은 강력한 단어다. 문제는 아이가 무언가 배우도록 하기 위한 부모의 노력이 실제로 배움으로 이어졌는가 하는 것이다. 양육에 초점을 맞추기보다는 양육의 영향력에 초점을 맞추는 것이 중요하다. 부모는 '내 아이의 학습과 행동에 내가 영향력을 가지고 있는가?'라고 질문해야 한다. 그런데 양육하는 방법에 대해서는 너무 많은 관심을 기울이고, 양육의 결과에 대해서는 충분한 관심을 기울이지 않는다.

예를 들어, 부모가 학교 공부에 관해 이야기하면서 학습이 아닌 성적에만 초점을 맞추면 부정적인 영향력을 미칠 수 있다. 물론 부모는 아이가 좋은 성적을 받기를 원한다. 하지만 그 성적은 부모의 바람이 아닌, 학습을 반영해야 한다. 부모가 지속적으로 높은 성적을 강조하거나 반에서 누가 가장 뛰어난지 물어볼 때 아이에게 어떤 느낌과 메시지가 전달될지 상상해 보자. 아이 대부분은 8세가 되면 학업 성취 서열에서 자신이 어디에 속하는지 알고 있으며, 슬프게도 이 순위표에서 자신의 위치에 대한 메시지를 지속적으로 받게 된다. 물론 부모와 교사의 역할은 이러한 낮은 기대를 깨고 학생이 기대치를 높일 방법을 찾아서 실현하도록 돕는 것이다. 아이가 잠재력을 발휘할 수 있도록 돕는 것이 부모의 역할이 아니라, 아이가 생각하는 잠재력을 뛰어넘도록 돕는 것이 부모의 역할이라는 사실을 기억하자.

우리는 전 세계 사람 수천 명에게 자신에게 긍정적인 영향을 준 선생님에 관해 물었다. 청중에게 그런 선생님을 0명, 1명, 2명, 3명 또는 그 이상 기억할 수 있는지 손을 들어 달라고 요청했을 때, 보통 2명(그들이 경험한 대략 50명의 선생님 중에서)으로 응답했다. 여러 면에서 부모의 역할은 다른 48명의 교사를 통과하며 아이의 학습을 지원하는 것이고, 아이에게 피해를 줄 수 있는 끔찍한 교사를 만나지 않기를 바라는 것이다. 나쁜 교사를 만나면 아이가 학교를 그만둘 확률이 2배로 증가한다. 48명의 교사 중 좋은 교사가 없다는 말은 아니지만, 그렇다고 해서 그들이 예외는 아니다.

이제 2명의 좋은 교사가 왜 그렇게 긍정적인 영향을 미쳤는지 알아보자.

대국민 조사에 '최고의 교사'를 추천하고 그 이유를 묻는 설문에 참여한 성인 658명의 응답을 받았다.[1] 키워드를 분석한 결과, 동기 부여와 격려(14%), 인간적인 면(11%), 조언과 멘토링(11%), 개방적 경력 개발(10%), 영감(8%), 학습 경험 향상(7%), 학구열 고취(4%, 주요 응답 키워드는 그림 6 참조) 등이 가장 흔한 단어로 나타났다. 이러한 키워드와 주장은 영향력 있는 교사(53%), 영감을 주는 교사(34%), 열정적인 교사(12%)라는 3가지 상위 주제로 분류되었다. 대표적인 영향력

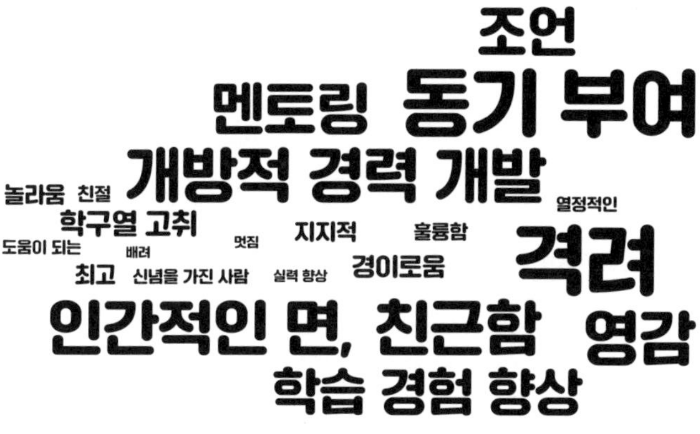

조언
멘토링 **동기 부여**
개방적 경력 개발
놀라움 친절 **학구열 고취** 열정적인
도움이 되는 멋짐 **지지적** 훌륭함
배려 **격려**
최고 신념을 가진 사람 실력 향상 경이로움
인간적인 면, 친근함 영감
학습 경험 향상

▪ 그림 6 ― 1,203개의 응답을 기반으로 한 조사

있는 교사는 자신감을 높여 주고, 적극적이며, 학습 경험과 학구열을 향상시키고, 조언과 멘토링을 제공하며, 진로를 열어 준다. 이 모든 것은 학생 자신이 어렸을 때 자신에게는 보이지 않았던 무언가를 교사가 발견했다는 주장으로 이어졌다. 영감을 주는 선생님은 놀랍고, 용기를 주며, 인내심이 있고, 인간적이며, 지지적인 교사였다. 열정적인 선생님은 헌신적이고, 단호하며, 열심히 가르치고, 교육에 전념하며, 열성을 다했다. 이 3가지 차원은 학교의 사회경제적 영역, 학교 규모, 초등학교 또는 고등학교 여부, 교육과정 영역과는 관계없이 비슷하게 나타났다. 실제로 응답자 중 특정한 커리큘럼 영역이나 특정 내용을 가르친 교사에 대한 언급은 거의 없었다. 특정한 교육과정보다는 관계, 기대, 열정이 더 중요했다.

나(존 해티)는 5세에 학교에 입학했을 때의 담임 교사인 피셔^{Fisher}

선생님, 그리고 자신이 할 일은 학생들이 시험을 통과하게 하는 것이 아니라 영어에 집중하게 하는 것이라고 말하며(둘 다 해냈다) 수업을 시작한 고등학교 영어 교사 앤드루스^{Andrews} 선생님을 기억한다. 무엇보다도 나는 고등학교 시절의 마지막 수학 교사인 톰린슨^{Tomlinson} 선생님을 가장 잘 기억한다. 다음은 2010년에 내가 톰린슨 선생님에게 보낸 편지다.

톰린슨 선생님께

(선생님을 이름으로 부르라고 해 주셔서 감사합니다. 하지만 오래된 습관은 빨리 사라지지 않네요.)

선생님께 편지를 받게 되어 정말 기뻤습니다. 저는 선생님 수업을 들었던 많은 학생 중 한 명인데, 선생님은 놀라운 기억력을 갖고 계시네요. 고등학교 시절은 제게 가장 소중한 추억은 아니었습니다. 많은 부분에서 좋은 기억이 생각나지는 않지만, 그래도 좋았던 기억은 있어요. 돌이켜보면 선택의 폭이 오히려 제한적이었던 게 좋았고, 수학을 계속하게 된 것도 그중 하나였어요. 저는 그럭저럭 성적이 괜찮았지만, 아마 선택권이 있었다면 고등학교를 마치고 수학을 그만뒀을 거예요. 그런데 선생님 수업에서 갑자기 모든 것이 하나로 모였지요. 특히 기하학 문제에서 각을 구하는 것이 재미있었고, 미적분에서는 운동과 공간을 볼 수 있게 해 주셨고, 대수학은 항상 제가 가장 좋아했던 과목이었어요. 모든 것을 이해하고 재미있게 풀 수 있었던 것은 선생님의 역량 덕분이었습니다. 선생님은 우리가 필요한 수준을 완성하기 위해 얼마나 큰 노력을 기울여야 하는지는 알려 주지 않으셨지만, 수학에 대한 선생님의 열정적인 사랑과 우리가 문제를 이해했을 때 기뻐하는 모습을 보여 주셨지요. 노력하고 경청하기만 하면 실점 없이 들을 수 있는 수업이었어요. 그 후 대학교에 진학해 교육학과 통계를 전공했고, 박사 과정까지 진학했습니다. 선생님 덕분입니다.

저는 올해를 멋진 한 해로 만들려고 해요. 아내와 저는 결혼한 지 25년이 되었고, 정교수 생활을 한 지도 25년이 되었으며, 지난 주에는 60세가 되었습니다. (우와, 우리 학교에 계셨을 때 선생님은 정말 젊은 교사셨군요.) 교육학 교수로서 저는 훌륭한 교사에 관한 질문을 자주 받아요. 저는 한 가지 이야기를 들려줍니다. 학창 시절에 여러분에게 긍정적인 영향을 준 선생님의 이름(실제로 마음속에 있는 이름)을 말해 보라고요. 0명, 1명, 2명, 3명, 4명 또는 그 이상 생각할 수 있는지 손을 들어 보라고 합니다. 가장 많이 나오는 수는 항상 2명이에요! 놀랍지요. 초등학교와 중고등학교에서 대략 50명의 교사를 만나니, 약 4명 정도가 자격이 있네요. 긍정적인 영향을 준 핵심 이유는 '우리에게 그 교과목에 대한 자부심을 느끼게 하고, 우리 자신에게서 보지 못한 무언가를 발견해 주었기 때문'입니다. 선생님은 항상 제 리트머스 시험지이자 이 분야에서 1순위였어요. 지금 이 자리를 빌려 감사드립니다. 우리 삶에는 많은 문지기가 있는데, 선생님이야말로 저를 위해 이 문을 열어 준 분이셨어요.

1973년 저는 토론토로 가기 전 9개월짜리 일자리를 찾아 티마루^{Timaru} 지역의 집으로 돌아왔어요. 동네 가게에 있는데 월시 교장 선생님이 들어와서 티마루에서 제가 뭘 하고 있는지 물으셨지요. (길 건너편에 살았기 때문에 저를 '아는' 사이였고, 제 여동생은 선생님 딸들의 친구였어요.) 그리고 선생님은 어젯밤 매닝 선생님이 심장마비를 일으켜서 학교에 다시 돌아올 때까지 교사가 필요하니, 저보고 월요일부터 매닝 선생님 수업을 대신하라고 하셨어요. 솔직히 말씀드리면, 매닝 선생님은 제가 만난 가장 끔찍한 선생님이자 냉소적이고 배움도 없는 분이었어요. (음악 수업은 레코드를 틀어 놓고 40분 동안 듣게 한 다음 우리가 너무 멍청해서 작곡가를 모를 테니 알려 주지 않은 게 전부였지요.)

제가 매닝 선생님의 수업을 대신했다는 게 참 아이러니하죠. 그리고 정말 즐거웠습니다. 그때는 체벌이 금지된 시기였으니, 교직원 회의에서 어떤 교사들에게는 이전의 교직 생활이 끝났다는 것을 알렸지요. 주먹을 날리던 버티 선생님은 은퇴했고, 학교에는 서서히 새로운 물결이 일기 시작했습니다.

최근 제 책 비저블 러닝 시리즈의 한 권을 집필하는 동안, 저는 열정과 높은 기대감이란 단어를 계속 떠올렸어요. 네, 저는 계량심리학자로서 근거에 기반한 정량적 연구를 하는 사람인데, 제가 열정에 관한 다양한 연구를 옹호한다는 사실에 많은 사람이 놀라는 것 같아요.

티마루고등학교 럭비부가 저에게 테샤메이커 컵^{Teschamaker Cup}(티마루고등학교에서 훌륭한 업적을 남긴 졸업생에게 수여하는 상.-옮긴이)을 수여했는데, 이번에는 티마루 여행에서 선생님을 꼭 만나고 싶습니다.

그때까지 건강하세요.

행운을 빌며

존 드림

우리는 부모들이 영향력 있고 열정적이며 영감을 주는 선생님을 찾아 그분의 영향력에 대해 편지를 써 보내길 바란다. 교사는 학생에게 영향을 미치기 위해 살아간다. 부모의 이야기를 듣는 것은 교사에게 소중하고 강력한 힘이 될 것이다.

교사가 긍정적이고 기억에 남는 영향력을 발휘한다는 메시지는 부모에게도 똑같이 적용된다. 부모의 영향력은 아이가 부모의 열정에 눈뜨게 하고, 아이가 자신에게서 더 많은 것을 보게 하는 효과를 가진다.

이는 모든 양육자에게 영향력이 의미하는 바가 무엇인지, 그리고 아이가 이러한 영향력을 경험하는지, 어떻게 경험하는지에 대한 도덕적 목적의 질문을 제기한다. 이 마인드 프레임은 아이가 규칙을 잘 따르는지의 문제에서 아이에게 요구하는 과제가 학습에 어떤 영향을 미치는지의 문제로 생각의 전환을 요구한다. 여기엔 '백워드 설계backward design'(우리 사회의 다수는 여전히 교과서에 수록된 내용을 가르치지 않으면 교사가 수업을 안 한 것으로 인식하고, 정해진 수업 내용을 이수하지 못한 학습 결손에 주목한다. 반면 백워드 설계에서는 목표에 도달했음을 확인하기 위한 평가 방법에 집중한다. 따라서 학습 내용은 목표에 도달하기 위한 도구로서 수업 내용과 형식에 자율성을 더할 뿐만 아니라, 학습자가 현재 어디에 위치하는지 확인하고, 꼭 알아야 할 내용을 학습할 수 있도록 해 학습자의 주도성을 키우는 장점이 있다. –옮긴이) 개념이 필요하다. 이는 바라는 것을 최종 목표로 삼고 역방향으로 과제를 시작하는 것이다. 그러기 위해서는 성공의 기준이 무엇인지 아이와 미리 소통하고, 성공 개념과 관련하여 아이가 현재 어느 위치에 있는지 파악한 다음, 아이와 함께 현재 지점에서 바라는 성공으로 나아가기 위해 노력해야 한다. 이는 비디오 게임의 구조와 매우 흡사하다. ('마인드 프레임 5' 참조)

학교에서는 이를 'DIIE 모델'이라고 부른다.[2] 아이가 현재 할 수 있는 것과 할 수 없는 것에 대한 진단Diagnosis(또는 발견Discovery), 개입Intervention 또는 아이에게 과제를 달성하는 방법을 가르치는 바람직한 개입의 실행Implementation, 평가Evaluation 또는 단순히 초기 진단에 사용한 동일한 방법을 마지막에 반복 사용하는 것이 포함된다. 부모도 DIIE에 참여해야 한다.

진단(D): 아이가 과제에 무엇을 가져오는지, 동기는 무엇인지, 참여 의지는 있는지 파악한다.

개입(I): 아이에게 효과가 없는 개입 방법이 있다면, 다른 방법으로 변경할 수 있도록 여러 가지 개입 방법을 준비한다.

실행(I) : 중재가 충실하고 질적으로 실행되었는지 확인한다.

평가(E) : 중재의 충실한 실행으로 아이의 학습이 시작점에서 성공으로 나갔는지 확인한다.

2. 부모는 생각보다 더 많은 것을 알고 있다

존의 부모에게 영향을 준 유명한 소아과 의사 스포크 박사는 '부모는 자신이 생각하는 것보다 더 많은 것을 알고 있으며, 부모가 되는 단 하나의 올바른 방법이란 존재하지 않는다.'라고 주장했다. 다양한 사회와 문화에 따라 좋은 사람이 된다는 것, 아이를 키운다는 것, 성공한다는 것의 의미에 대한 개념이 매우 다르다. 여러 문화권의 양육 방식을 간략히 살펴보면 정답은 없다. 또한 아이가 어렸을 때, 청소년과 청년이 되었을 때 부모가 아이에게 원하는 것이 무엇인지에 따라 많은 것이 달라진다.

우리가 '어렸을 때와 청소년과 청년이 되었을 때'를 이렇게 중요하게 구분하는 이유는 아동기는 아이에게 '지금'이며, 이 시기의 삶이 항상 성인이 되는 준비를 위한 것이 아니라는 점을 분명히 하기 위해서다. 우리는 미래를 예측할 수 없다. 20년 후의 수많은 직업과 경력의 범위와 성격을 알 수 없다. 또한 아이가 태어나는 순간부터 성장해 진짜 성인이 된 아이를 보면 그동안의 기쁨과 고통을 그리워하게 될 것이다. 부모는 아이가 10대 이후 어떤 사람이 되기를 바라는지 고민하고 있으며, 또 고민해야 한다.

우리가 원하는 것은 유능한 사람, 자신과 타인을 존중할 줄 아는 사람, 자신의 행동에 책임을 지고 행동할 수 있는 자율성을 가진 사람이다. 자기 결정성은 서구 사회에서 중요한 성과다. 이 책에 실린 많은 내용은 '지금'(아이가 아직 어린아이일 때), 그리고 나중에 실제로 행동, 반응, 미래를 더 자율적으로 결정하게 될 때를 대비해 이러한 특성을 길러 주는 것을 목표로 한다. 만약 아이가 (타인을 존중하지 않고) 범죄자가 되거나, (자율적이지 않고) 부모의 복제품이 되거나, (유능하지 않고) 자기 행동의 결과에 대해 깊이 생각할 수 없는 사람이 되어도 상관없는 부모라면 이 책은 적합하지 않다.

이 책의 집필을 준비하면서 우리 저자들은 가정과 양육이 아이의 학습에 미치는 영향에 대한 증거를 조사했다. (부록 참조) 그 결론은 학교에서의 성취도를 기반으로 한 비저블 러닝 연구와 유사했다. 학교 관련 비저블 러닝 연구에서는 3억 명 이상 학생을 대상으로 한 10만 건 이상의 자료를 분석했다. 수많은 연구가 보여 준 것에 따르면, '무엇이든' 효과가 있을 수 있지만, 커다란 변화를 이루거나 학습을 놀랄 만큼 향상시키지는 않는다는 점이다. 중요한 것은 효과의 여부가 아니라 효과의 크기다.

시사점은 교사가 '무엇이 학습 증진에 효과적인가?'라고 질문해 기준을 낮게 설정하지 말고, '무엇이 학습 증진에 가장 효과적인가?'

라고 질문해 기준을 높여야 한다는 것이다. 양육에서도 마찬가지다. 부모도 단순히 '무엇이 효과가 있는가?'가 아니라 '무엇이 가장 좋은가?'를 찾아야 한다.

우리는 또한 학교 학습에서 평균 이상의 효과는 구조적 영향(학급 규모, 능력별 분반), 학교의 성격(차터, 사립, 공립), 교육과정의 성격, 시험 유무나 성격과는 거의 관련이 없다는 사실도 발견했다. 중요한 것은 '교사의 사고방식'이었다. 교사가 아이가 이미 할 수 있거나 할 수 없는 것을 고려하여 다음에 무엇을 할 것인지 적절한 시점에 판단하는 것이 핵심이다. 이것이 바로 '평가적 사고'다.

교사는 학생의 눈으로 학습을 바라보아야 하고, 학생은 스스로 교사가 되어야 한다는 것이 교사를 위한 비저블 러닝의 황금율이다. 양육에 있어서도 부모는 아이의 눈으로 말과 행동, 격려와 기대의 효과를 봐야 한다는 게 우리의 교훈이다. 더 나은 부모가 되고 싶다면 자신이 아이가 되었다고 상상하면서 부모 자신의 모습, 느낌, 행동을 보는 법을 배우자. 부모의 목표는 아이가 결정을 내려야 할 때 자신의 행동을 보고, 자신의 행동이 주변 사람들에게 어떤 영향을 미치는지 알고, 다음에 해야 할 최선의 행동을 알 수 있도록 돕는 것이다.

서구 사회에서 유능한 사람의 표식은 무엇을 해야 할지 모를 때 오히려 무엇을 해야 할지 아는 사람이다. 이를 위해서는 높은 유능감, 타인과의 관계에 대한 뛰어난 인식, 그리고 자신이 내린 결정에 대한 책임감, 자율성이 필요하다. 부모는 아이가 무엇을 해야 할지 모를 때 도움을 구하는 방법, 질문하는 방법, 정보를 찾는 방법, 여러 선택지 사이에서 이동하는 방법, 정보의 가치를 평가하는 방법, 다른 사람의 눈으로 세상을 보는 방법을 가르쳐야 한다.

3. 올바른 양육 방법은 하나가 아니다

양육 경험의 차이는 이웃과 국가, 세대에 걸쳐 엄청나게 크다. 양육에 대한 다양한 접근 방식에서 배울 점이 많다. 예를 들어 인도네시아 발리에서는 아기가 생후 3개월이 될 때까지 땅에 닿아서는 안 되고, 아이의 이름은 출생 순서에 따라 정해진다. 그리스와 서부 아프리카 국가인 모리타니에서는 악령을 쫓기 위해 부모가 아기에게 세 번침을 뱉고, 아일랜드에서는 웨딩 케이크의 최상층 일부를 아기에게 뿌려서 악령을 쫓아낸다. 인도에서는 아기를 부모로부터 약 15미터 떨어진 곳에 친구들이 들고 있는 시트에 던져 넣는 축제가 있다. (집에서 따라 하지 말자.) 서양인은 아기와 얼굴을 마주하는 대면 상호작용을 강조하지만, 아프리카 사람들은 스킨십을 강조한다. 케냐에서는 부모가 신생아와 눈을 마주치지 않으며, 아기에게 말을 거는 것을 어리석은 일로 여긴다. 아이가 부모를 보지 않고도 말하는데 왜 귀찮게 말을 거느냐고 한다. 중국에서는 부모가 자식에게 어릴 때부터 심어 주고 싶어 하는 7가지 유교적 덕목으로 정직, 근면, 인내, 참을성, 집중력,

스승에 대한 존경, 겸손이 있다.[3]

전 세계적으로 양육 방식이 다양하다는 점을 감안할 때, 아이를 양육하는 데 있어 하나의 정답은 분명 존재하지 않는다. 이는 부모의 역할이 지나치게 강조되고 있다는 일부 전문가의 주장에 어느 정도 신빙성을 부여한다. 부모가 되는 방법은 다양한데, 왜 현대에는 '올바른 방법'을 배우고 과잉 양육을 해야 하는 문화적·생물학적 강박 관념이 있는 것일까? 요즘에는 아이가 4가지 다양한 스포츠와 문화 활동에 등록하게 하고, 학교에서 천사처럼 지내도록 하며, '미니 어른'으로 존중하지 않으면 거의 부모가 방임하는 것으로 간주한다.

연구에 따르면 현대의 과잉 양육 경향이 아이에게 지나치게 부풀려진 자의식을 갖게 하고, 아이가 스스로 상황을 해결할 수 없을 때 좌절감을 느끼게 한다는 사실을 확인했다. 아이가 위험을 감수하는 것을 막으려 하고 아이와 전례 없이 많은 시간을 함께 보내면서 양육을 강화하는 경향도 거세진다.

이로 인한 결과 중 하나는 아이가 이러한 투자에 대한 보답으로 영리함, 성공, 독립성을 보여 주기를 무리하게 기대한다는 것이다. 아이가 기대에 부응하지 못할 때 부모로서 우리는 다음에 무엇을 해야 할지, 무엇이 잘못되었는지 좌절하고 불안해할 수 있다. 하지만 우리의 메시지는 그러지 말라는 것이다. 미국의 교육학자 로버트 러바인[Robert Levine]과 인류학자 세라 러바인[Sarah Levine]은 이렇게 말한다.

일단 미국 부모가 '현재 미국의 양육 방식에서 벗어나는 것은 아이의 발달에 트라우마, 학대 또는 역경이 될 것'이라는 전문가들의 경고(이들의 경고는 대부분 근거가 없음을 이 책에서 보여 주었지만)에서 벗어나면, 다른 문화권에서 배울 수 있고 양육의 부담을 보다 합리적인 수준으로 줄일 수 있을 것이다(Levine & Levine, 2016, 191쪽).

부모가 되는 하나의 올바른 방법은 없다. 양육은 '상호작용'이며 현장에서 배우는 것이지, 정밀한 과학이 아니다. 오늘 효과가 있었던 것이 내일은 효과가 없을 수도 있고, 한 아이에게 했던 것이 다음 아이에게도 같은 효과가 있을 것이라고 기대할 수는 없다. 물론 양육에 대한 접근 방식은 아이의 개별 성격에 큰 영향을 받는다. 아이들 사이의 차이는 매우 크다. 부모는 종종 아이가 어떻게 같은 부모의 영향을 받았는데도 이렇게 다를 수 있는지 궁금해한다.

아이를 양육하는 일은 복잡하면서도 보람 있는 일이며, 부모와 아이 모두의 삶을 변화시키는 관계를 포함한다. 각 아이의 고유한 특징, 성격, 신념이 서로 영향을 주고, 부모와의 상호작용 방식에 따라 전혀 다른 결과를 낳는다. 형제자매, 다른 어른들, 친구들, 학교, 유전의 영향까지 고려하면 양육에 대해 예측할 수 있는 것이 거의 없는 이유를 우리는 알 수 있다.

결론

연구 결과가 주는 강력한 메시지는 긍정적인 양육은 가족의 성격과 구조, 가족 자원, 부모가 생각하는 방식과 더 관련이 있다. 긍정적인 양육을 위해서는 평가적 사고가 필요하다. 부모에게 평가적 사고란 자신의 행동이 아이에게 미치는 영향을 평가하는 방식에 관한 것이다. 높은 기대치를 전달하고, 실패와 오류를 배움의 기회로 생각하며, 아이의 눈으로 아이의 학습과 경험을 볼 수 있음을 입증하자. 아울러 아이가 스스로 자신의 교사가 되는 방법을 가르치기 위해 노력하는 것이 바로 평가적 사고다.

아이의 학습에 미치는 영향력이 큰 양육이란, 아이에게 활동의 성공이 어떤 것인지 미리 보여 주고, 너무 어렵지도, 쉽지도, 지루하지도 않은 수준에서 성공의 기준을 설정하는 것을 말한다. 영향력 있는 양육이란 아이에게 피드백을 구하고 받는 법을 가르치는 동시에, 부모가 이를 모범적으로 실천하는 것이다. 아이에게 이 연습에 참여하는 방법을 보여 주고 실수를 통해 배우는 것, 바로 아이 학습의 핵심이다.

감사의 글

존 해티의 부모님, 잭^{Jack}과 몰리^{Molly} 부부는 네 아이가 성장하고 번성할 수 있는 멋진 환경을 만들었다. 구두 수선공이었던 아버지는 나중에 세무서에 입사했고, 어머니는 주부였으나 영화관을 운영하고 뜨개질 가게를 꾸려 가고 있었다.

카일 해티의 부모님, 재닛^{Janet}과 존은 교사이자 학자로서 재미와 배움, 탐험이 있는 가정을 만들어 주었다. 우리의 배움을 지원하고 주변 환경을 탐색하도록 가르치는 데 많은 시간을 함께했다. 우리는 집과 나라를 여러 차례 옮기면서(4개국 30개 집) 어릴 때부터 변화를 수용하고 회복력을 키우는 법을 배웠다. 나의 부모님은 우리를 전 세계의 무수한 곳으로 데려가 주었다.

재닛과 존은 3명의 아들을 두었고 지금은 5명의 손녀를 두고 있으며, 책임감 없이 양육을 재미있게 '다시' 경험하고 있다. (우리는 '못된' 조부모다.) 이 책의 많은 부분은 우리가 부모로서 그리고 우리의 부모님으로부터 배운 교훈에서 비롯되었다. 우리는 수많은 양육서와 학술 논문을 읽었고, 양육에 관한 종합 메타 분석 연구를 수행했다. 해티 와나우^{Hattie whānau}에 참여한 모든 분에게 감사드린다.

카일 해티는 교사로 일하면서 앞으로는 교육학자가 되기 위해 끊임없이 읽고 배우고 있다. 교사인 아내 제스Jess와 아름다운 두 아이 엠마와 대니엘의 도움을 받고 있다. 카일의 가족은 그에게 모든 배움과 영감을 주는 원천이다.

존 해티도 마찬가지다. 연인이자 최고의 비평가이며 함께하면 즐거운 아내 재닛이 우리 아이들을 키우는 모습을 통해 양육에 관해 많은 것을 배웠다. 또한 해티 와나우의 핵심 멤버인 조엘Joel, 캣Kat, 엘라Ella, 플로렌스Florence, 인디Indy, 키어런Kieran, 알리샤Aleisha, 라일리Riley, 코비Kobi, 에드나Edna, 패터슨Patterson, 톰슨Thompson, 헨리Henry에게도 고마움을 전한다.

부록에 도움을 준 루스 애스턴Ruth Aston, 제이슨 매닝Jason Manning, 탐 데이비스Tom Davies, 클라우스 자이러, 애드리언 피콜리Adrian Piccoli, 매릴린 플리어Marilyn Fleer, 그리고 편집자일 뿐 아니라 디자이너, 제작자로 참여한 재닛 리버스Janet Rivers에게도 특별히 감사의 마음을 전한다. 루트리지 출판사의 브루스 로버츠Bruce Roberts는 이번에도 프로젝트를 감독하고, 가장 느린 저자를 위해 놀라운 인내심을 보여 주었으며(이 책을 쓰는 데 6년이 걸렸다), 최고의 책을 만들기 위해 비평, 제작에 걸쳐 헌신적인 노력을 보여 주었다. 모두에게 감사드린다.

용어 해설

• 용어 순서는 ㄱㄴㄷ 순서로 배열.

DIIE 모델DIIE model

진단이나 발견을 동반하고, 최적의 개입을 선택하며, 실행의 충실성과 질을 보장하고, 개입의 영향 평가가 포함된 실행 모델이다. DIIE=진단Diagnosis, 개입Intervention, 실행Implementation, 평가Evaluation.

골디락스 원칙Goldilocks principle

어떤 요청이나 작업의 난이도는 너무 어렵지도, 쉽지도, 지루하지도 않은 것이어야 하며, 적절한 수준을 결정해야 한다는 원칙.

과제 전환Task shifting

서로 다른 작업 사이 또는 아이디어 사이를 전환하는 능력.

관계성의 욕구Need for relatedness

자기 결정성 이론의 일부인 관계성은 아동이 공동체, 집단 또는 가족에 소속되고 수용될 때 충족된다.

관계의 존엄성Dignity of relationships

자신과 아이의 재능과 노력을 인정하고, 적극적으로 경청하며, (공동체에) 소속감을 느끼고, 다른 사람의 관점을 반기며, 공정함과 자율성을 장려하고, 생각과 행동에 대한 책임을 보장하는 등 타인과 관계를 맺을 권리를 말한다.

권위 있는 양육(합리적이고 경청하는 양육)Authoritative (reasoning and listening) parenting

아이에게 적절한 이유를 듣고 경청하며, 친밀하게 아이에게 관여하고, 믿을 수 있고 공정한 분위기를 만들어 가는 양육 유형. 이러한 유형의 부모를 경청하고 합리적인 부모 또는 학습에 개방적인 부모라고 한다.

권위 중심적 양육Authoritarian parenting

'부모가 옳다, 너는 어리다.'라는 태도를 취하고, 아이가 올바른 결정을 내릴 수 없다고 생각하며, 때때로 폭언과 체벌을 가하는 양육 방식.

그릿Grit

장기적 성취를 위해 열정과 지속적인 끈기를 발휘하는 것으로, 그 과정에서 보상이나 인정에 특별히 신경 쓰지 않는 것. 그릿은 몇 달, 몇 년, 심지어 몇십 년이 걸리는 목표를 추구할 때 회복탄력성, 포부, 자기 조절을 결합한 것이다.

근접 발달 영역Zone of proximal development

러시아의 심리학자 레프 비고츠키가 이야기한 근접 발달 영역은 아동이 전문가의 도움을 받아 다음에 배울 수 있는 모든 개념, 활동과 기능이 포함되어 있다.

내재적 동기|Intrinsic motivation
명백한 외부 보상 없이 무언가를 하는 행위. 재미있고, 그 자체로 보람이 있으며, 흥미롭고, 보상이나 마감 같은 외적 보상이나 압박이 없기 때문에 활동에 참여하는 것 자체가 동기가 된다.

마음의 이론 Theory of mind
세상을 해석하고 이해하는 방법뿐 아니라 세상에 대한 우리의 믿음에 대한 정보. 반응하고, 생각하고, 처리하는 방법과도 관련이 있다.

마인드 프레임 Mind frame
말, 행동, 결정을 이끄는 일종의 신념, 기술, 감정의 집합인 사고방식.

마태 효과 Matthew effect
신약의 한 구절(마태복음)에서 유래한 말로, 흔히 '부자는 더 부자가 되고 가난한 사람은 더 가난해진다.'로 의역된다. 빈익빈부익부 효과와 같다.

메타 연구 Meta-analyses
특정 주제에 관해 가능한 한 많은 논문을 수집하고(Google Scholar 검색), 흥미로운 특징(출신 국가, 수업 학년, 학생 능력)에 따라 코딩한 다음, 이러한 특징을 결과(성취도 향상, 사회적 또는 정서적 웰빙)와 연관시킨다. 많은 연구를 종합하는 통계적 방법이다.

모니터링 및 업데이트 Monitoring and updating
작업 기억에 저장된 내용을 확인하고 새로운 내용으로 개선하는 능력과 관련이 있다.

문제 중심 대처 Problem-focused coping
스트레스 요인 자체를 겨냥한 전략. 스트레스 요인을 제거하거나 회피하거나 회피할 수 없는 경우 그 영향을 줄이기 위한 조치를 취한다.

배움에 개방적인 대화 Open-to-learning conversations
다른 사람의 생각, 행동, 반응을 판단할 때 자신과 다른 사람의 사고의 질에 대해 개방적이다. 높은 수준의 신뢰를 쌓고, 가치와 동기에 주의를 기울이며, 좋은 경청자가 되는 일을 수반한다.

비저블 러닝 Visible Learning
학교에서의 학업 성취도 향상에 대한 다양한 영향과 관련된 (현재) 1,700개가 넘는 메타 분석의 종합적인 연구와 해석을 다룬다. (https://us.corwin.com/en-us/nam/visible-learning 참조)

빅 5 성격 특성 Big Five personality attributes
외향성(사교성 및 열정 수준), 우호성(친근감 및 친절 수준), 성실성(조직 및 직업 윤리 수준), 정서적 안정성(평온함 및 평온 수준), 경험에 대한 개방성(창의성 및 호기심 수준) 등 널리 인정받는 가장 중요한 5가지 성격 특질.

성장/고정 마인드셋 Growth and fixed mindsets
성장 마인드셋(사고방식)은 자신의 지능과 기술이 시간이 지남에 따라 발전할 수 있다고 믿지만,

고정 마인드셋은 현재 가진 지능과 기술이 향상될 가능성이 없다고 믿는 것을 의미한다. (나는 할 수 있다 vs 아직은 할 수 없다, 배울 의향이 있다 vs 나는 배울 수 없다)

실행 기능 Executive functioning
우리가 '어떻게' 생각하는지, 즉 정보를 처리하는 방식과 관련이 있다. 실행 기능에는 억제, 과제 전환, 모니터링 및 업데이트(또는 인지적 유연성 Cognitive flexibility) 등 3가지 주요 구성 요소가 있다.

애착 Attachment
겁이 나거나 불안하거나 피곤하거나 아픈 특정한 상황에서 어떤 대상에게 친밀감을 추구하고 정서적으로 접촉하려는 성향.

억제 Inhibition
당면한 과제에 집중하고 주의가 산만해지는 것을 피하는 능력. 필요할 때 지배적, 자동적 또는 일반적 반응을 의도적으로 제어하는 능력.

외적 동기 Extrinsic motivation
보상을 받거나 처벌을 피하고 싶어서 무언가를 하는 행위.

위험 감수의 존엄성 Dignity of risk
아이가 긍정적 자아를 형성하며 자신이 살아가고 성장하는 세상에 대처하는 데 중요하고 합리적인 위험을 감수할 권리를 뜻한다. 과격한 위험, 극단적인 위험, 터무니없는 위험을 감수하는 것을 의미하는 것이 아니라, '합리적' 위험을 감수하는 데 따른 결과를 다루는 대처 전략을 배우고 아는 것을 의미한다.

유능성의 욕구 Need for competence
자기 결정성 이론의 일부인 유능성은 아동이 눈 앞에 놓인 과제가 자신의 능력 범위 내에 있다고 느끼고 환경을 어느 정도 통제하거나 예측할 수 있을 때 충족된다.

자기 결정성 Self-determination
자율성, 관계성, 역량을 포함한다. 이 3가지 요소는 함께 작용해 인간으로서의 감각을 형성하고 인간의 동기 부여와 성공감의 근간이 된다.

자기 조절 Self-regulation
'멍청한 사람'으로 보일까 두려워하지 않고 배우고, 질문하고, 학습에 투자하고, 실수할 수 있는 능력. 우리가 무엇을 생각하고, 느끼고, 말하고, 행동할지 결정할 때 관련하는 과정. 우리는 바람직한 행동이 무엇인지에 대한 믿음, 이러한 기준을 충족하려는 동기, 상황과 생각을 모니터링하는 방법, 원하는 결과로 나아갈 수 있는 노력과 관련한 결정을 내린다. 자기 모니터링(자신의 행동과 행동을 알아차리고 평가), 자기 평가(자기 모니터링 정보에 대한 판단), 자기 강화(목표 성공에 대한 보상 또는 귀인)를 수행한다.

자율성의 욕구 Need for autonomy
자기 결정성 이론의 일부인 자율성은 아동이 자신의 행동이 자신의 것이라고 느낄 때 충족된다.

전환Shifting

인지적 유연성 또는 작업 전환이라고도 하는 이
기능은 여러 가지 다른 작업 사이를 오가는 능력
이다.

정서 중심 대처Emotion-focused coping

분노, 부정, 희망적 사고 또는 스트레스 상황에
서 벗어나려는 시도 등 스트레스 요인으로 인해
유발되는 고통을 최소화하기 위한 전략.

평가적 사고Evaluative thinking

비판적 사고, 추론, 타인에 대한 이해(타인의 사고,
추론, 판단, 상호작용 방식)를 통해 장점, 가치 또는
중요성에 대한 판단을 내리는 기술. 증거를 평가
할 때 합리적이고 비판적 사고를 불러일으키고,
'다음 단계' 권고로 이어지며, 다른 사람의 관점
을 이해하고, 가치 판단으로 이어지는 것을 포함
한다.

평판 향상Reputation enhancement

동료들 사이에서 자신에 관한 기술과 신념과 관
련한 평판을 높이는 것을 목표로 하는 활동.

허용적 양육Permissive parenting

아이에게 많은 여유를 허용하고, 아이가 자유롭
게 행동하도록 허락하며, 잘못된 행동을 무시하
는 부모의 방식.

효과적인 양육법에 관한 중요한 근거

연구란 다른 사람의 경험이나 타인의 해석을 '재탐구re-searching'하는 것을 의미한다. 여기서 핵심은 근거보다 근거에 대한 해석이다. 우리의 역할은 근거를 설득력 있고 흥미로운 방식으로 해석하는 것이다. 자세한 내용을 알고 싶지 않다면, 이 부록을 건너뛰고 각 장의 주장이나 해석에 대한 근거 출처를 원하는 것만 살펴봐도 좋다.

지난 20년 동안 우리는 학습에 관한 대규모 메타 분석 종합 연구를 수행해 왔다. 이를 우리는 '비저블 러닝'이라고 부른다. 이 연구 개요부터 소개하는 이유는 이 연구가 부모에게 주는 중요한 메시지를 담고 있기 때문이다.

비저블 러닝의 의미

학교에는 헌신적인 교사가 가득하다. 대부분은 학생의 배움에 영향을 미치고 싶어서 교사가 되었고, 거의 모든 교사가 그렇게 살고 있다. 그런데 한 가지 이상한 것은 거의 모든 교사와 학교 관리자가 아이들을 가르치는 최선의 방법을 우리에게 알려 줬고, 거의 모든 이가 자신의 교육 teaching이 학생에게 긍정적 영향을 준 근거를 갖고 있다고 주장했다는 점이다. 하지만 우리가 학생이었을 때는 왜 그렇지 않았을까? 마음에 들지 않는 선생님들도 있었고, 그분들도 우리를 좋아하는 것 같지 같았다. 그렇다, 일부 교사는 훌륭했다. 하지만 대부분은 그저 괜찮은 수준이었다.

이런 이유로 우리는 20년 동안 학생 학습에 영향을 미치는 효과를 최대한 많이 찾는 모험을 해 왔다. 이제 우리는 대략 3억 명의 학생, 10만 건 이상의 연구, 300개 이상의 요인에 대한 근거를 확보했다. 가장 놀라운 발견은 거의 모든 요인이 아이의 학습을 향상시킨다는 것이었다. 괴롭힘, 아이의 발목을 잡는 장애물, 1년 동안 학교를 다시 다니는 일 등 부정적 요인도 있었다. 하지만 학습에 영향을 미치는 요인 중 95퍼센트 이상은 '평균적으로on average' 학습을 향상시킨다.

'평균적으로'라는 단어가 중요한 이유는 개별 학생에 미치는 영향의 효과에 편차가 크기 때문이다. 학습을 개선하기 위해 수행한 모든 활동이 개인에게 평균 이상의 긍정적 효과를 미친다는 근거를 찾기 위해 주의를 기울여야 했다. 비저블 러닝의 금언인 '영향력을 알아라Know thy impact'라는 말은 이 맥락에서 이해해야 한다.

연구를 종합해 분석한 대부분의 요인은 학교에서 하는 활동과 관련이 있다. 부록 표 1은 모든 요인의 분포를 보여 주는데, 관심의 초점은 평균 이상의 영향을 미치는 요인이 평균 이하 요인과 실질적으로 어떻게 다른지 이해하는 것이다. 이 연구를 확인하면서 비저블 러닝 책을 집필하는 데도 20년 가까이 걸렸다.

효과 크기effect size는 교사 평가, 표준화된 시험을 바탕으로 한 표준화된 영향력 측정치다. 이 측정은 2가지 조건을 비교하거나(교수법을 도입하고 결과를 보통의 교육과 비교), 시간에 따라(학생들이 사전 테스트를 완료하고 새로운 교수 개입을 적용하고 개입 후 변화 측정) 측정할 수 있다. 종합할 때는 효과 평균이 모든 조건에 적용되는지, 아니면 능력과 같은 중요한 매개 변수(영재아와 비영재아를 비교해서 효과가 비슷한지, 5세 아동과 15세 아동을 비교하여 비슷한지, 미국과 중국, 호주를 비교하여 비슷한지, 남성과 여성이 비슷한지, 사회경제적 배경이 좋은 학교와 나쁜 학교가 비슷한지 등)가 있는지를 살펴보는 것이 중요하다.

우리는 중재 변인에 따라 효과 크기가 달라진다는 증거가 거의 없다는 사실에 놀랐을 뿐만 아니라, 능력이나 사회경제적 배경 같은 중재 변인과 상관없이 무엇이 학습에 가장 효과적인지를 일반화할 수 있다는 의미에서 흥미를 느꼈다.

부록 표 1에는 몇 가지 요인과 그 효과에 대한 목록이 나와 있다. 효과 평균의 효과 크기는 0.4이므로 이 점수보다 높으면 평균 이상 효과를 나타낸다. 0.4 미만이면 평균 이하 효과다. 평균 이상 효과를 가진 요인과 평균 이하 효과를 가진 요인이 왜 다른지 알아내는 것이 기술이다. 그 해답은 평균 이상 효과를 내는 영향은 교사의 사고방식(강조한다!)에 달려 있

영향	효과 크기	순위	영향	효과 크기	순위
교사 집단 효능감	1.57	1	학급 규모	.21	193
개입에 대한 반응	1.29	4	더 많은 재정	.21	196
직소 방법	1.20	7	아버지의 영향력	.20	197
자기 효능감 개발	.92	11	비교과 교육과정	.20	198
전달 전략	.86	14	개별화 프로그램	.19	199
친구에게 도움 구하기	.83	15	학습 위계	.19	200
교실 토론	.82	15	팀 티칭	.19	201
의도적인 연습하기	.79	17	학급 내 집단 형성	.18	202
요약	.79	18	개인 노트북	.16	206
계획하기 및 예측하기	.76	19	성적에 따른 분반	.12	214
반복 읽기 프로그램	.75	23	교사 교육	.12	216
리허설 및 암기	.73	26	자율형 공립학교 (차터 스쿨)	.09	221
피드백	.70	29	학교 달력/시간표	.09	222
격려	.68	37	남학교 혹은 여학교	.08	225
개념 지도 만들기	.64	40	여학생 대 남학생	.08	227
학생에게 라벨링하지 않기	.61	45	총체적 언어	.06	229
직접 교수법	.60	47	학습에 대한 학생의 통제	0.2	234
교육 봉사	.58	56	수면	-.05	240
연습 시험	.54	70	정학	-.20	246
재시험 기회	.53	72	유급	-.32	248

다는 것이다. 차이를 만드는 것은 부모가 자주 요구하는 구조적인 문제(학급 규모 축소, 능력별 그룹화, 학교 유형 등)가 아니라, 학급이나 학교를 이끄는 사람의 사고방식이다.

훌륭한 교사는 어떻게 생각할까?

이 연구를 통해 얻은 교사의 영향력에 대한 주요 결과는 교사가 어떤 사람이고 교사가 무엇을 하는지가 아니라, 자신의 영향력에 대한 교사의 개념, 그들이 학생에게 미치는 영향력에 대한 기대, 수업 중 순간순간 내리는 평가적 결정에 관한 교사의 생각이 훨씬 중요하다는 점이다. 물론 교사가 효과적인 교수법과 개입 방법을 쓰는 것도 도움이 된다. 하지만 가장 큰 효과는 교사가 개인적으로 그리고 집단적으로 '영향력이 큰 마인드 프레임high-impact mind frame'을 가질 때 나타난다. 훌륭한 교사는 모든 학생에게 미치는 영향에 대한 증거를 수집하는 교사다. 훌륭한 교사는 이와 같은 증거를 바탕으로 학생을 위한 최적의 학습을 위해 다음 수업에서 무엇을 해야 할지 최선의 결정을 내린다. 이런 사고를 '평가적 사고'라고 부른다.

우리는 전 세계 수천 개 학교에서 비저블 러닝 프로그램을 실시하고 있다. (자세한 내용은 www.visiblelearning.com/ 참조) 이 연구를 통해 얻은 다음 7가지 메시지는 최적의 교수 학습을 위해 교사가 따라야 하는 조언이다.

▸ 교사의 영향력을 평가하기 위해 함께 노력한다.

- 사전에 습득된 기술, 의지(자신감, 회복탄력성), 열정(학습 동기) 측면에서 학생이 수업에 무엇을 가져오는지 파악한다.
- 수업의 성공이 어떤 모습인지(내용과 개념, 그리고 이 개념과 새로운 맥락으로의 전이 사이의 관계에 대해) 처음부터 분명하게 설명한다.
- 이러한 성공 기준이 너무 어렵지도, 쉽지도, 지루하지도 않아야 한다는 골디락스 원칙을 충족하는지 확인한다.
- 학생이 오류를 학습의 기회로 여길 수 있는 높은 신뢰 환경을 만들어서 학생이 학습할 수 있는 교실이 되도록 한다.
- 학생의 학습에 미치는 영향을 알 수 있게 학생으로부터 항상 증거(과제, 평가, 참여도)를 찾는다.
- 학습의 본질과 학생에게 다양한 학습 전략을 가르치는 데 끊임없이 집중한다.

학교에서 무엇이 가장 효과적인지 검토하는 것뿐만 아니라, 이러한 메시지를 부모에게 전달하는 일 역시 가치가 있다.

훌륭한 부모는 어떻게 생각할까?

부모도 마찬가지다. 부모가 누구이고 무엇을 하는지가 중요한 것이 아니라 부모의 역할에 대해 어떻게 생각하는지, 판단이 필요한 순간순간 결정을 내릴 때 어떻게 생각하는지가 더 중요하다. 부모의 목표, 높은 기대치, 아이가 세상을 배우는 일에 참여하도록 격려하는 열의가 중심 내용이다. 부모는 아이에게 어떤 영향을 미치길 바라는지 이해하고, 그 영향을 지속적으로 평가하는 것이 중요하다.

특정 유형의 부모가 되는 것보다는 아이가 부모를 어떻게 바라보는지 이해하는 일이 중요하다. 이는 부모가 아이에게 미치는 영향을 살피기 위해 지속적으로 아이의 말에 귀를 기울여야 한다는 것을 뜻한다. 부모가 되는 데 있어 가장 어려운 부분 중 하나라 할 수 있다. 중요한 것은 말이 아니라, 말을 아이가 어떻게 이해하는지, 그리고 아이가 부모의 메시지를 어떻게 받아들이고, 이해하고, 따르는지를 이해하는 것이다.

양육 방식에 관한 근거

가정과 양육이 아이의 학습에 미치는 영향에 대한 메타 연구는 교사의 영향에 관한 연구에 비해 훨씬 적다. 하지만 이 책에 나오는 주장을 뒷받침하는 그림을 그리기에는 충분하다.

가정이 학생 학습에 미치는 효과에 관한 연구

가정이 학생의 학습에 미치는 효과에 관한 메타 연구는 59건 있었다. 전반적으로 가정 요인의 효과 평균은 낮으며, 실제로 4세 이후 아이의 학업 성취도는 가정보다 교사와 학교의 질이 훨씬 큰 영향을 미치는 것으로 나타났다.

그러나 먼저 살필 것이 있다. 우리가 생각하거나 바라는 것보다 덜 효과적이라고 해서 가정이 더 영향력을 발휘할 수 없다는 의미는 아니다. 학교와 가정 모두 아이의 학습을 향상시키는 것이 이상적이기 때문에, 부모가 교사를 대신하는 것이 아니라 부모가 배움에 투자해야 한다는 것을 이야기하는 이유다.

둘째, 가정의 여러 가지 측면은 크게 중요하지 않다. 이민자 가정 여부(실제로 호주에서는 이민자 아이가 평균적으로 현지인의 아이보다 많다), 사회보장 수급 여부, 부모의 취업 여부 또는 가족 구조와 관련된 영향은 적다. 사랑, 돌봄, 높은 기대는 부유한 사람들만 누릴 수 있는 것이 아니다.

셋째, 가장 큰 영향을 미치는 것은 가정 환경, 가정의 자원(사회경제적 지위)과 부모의 참여(기대)다. 하지만 주의할 점은 거주 지역이 장벽이 될 필요는 없다는 것이다. 예를 들어, 가정의 사회경제적 자원은 성장과 향상 측정에서는 낮은 상관관계를 보이지만, 학업 성취도 결과 측정에서는 높은 상관관계를 보인다는 점에 주의하자. 실제로 호주 교사들이 사회경제적 수준이 높은 가정보다 낮은 가정의 학생을 학교에서 가르치는 데 있어 세계 최고 수준이라는 증거가 있다. 우리의 아이는 가정 형편에 관계없이 학교에서 꽃을 피우고 성장할 수 있다. 가정 형편을 학업 성취 결과와 연관시킬 때 사회경제적 지위가 높을수록 특권을 누리는 것은 사실이지만, 이는 마태 효과의 일부일 수 있으므로 다시 한번 주의할 필요가 있다. 교사와 부모는 선행 학습 수준이 높은 학생에게 더 높은 기대치를 가지며, 이러한 아이들은 먼저 시작하고 앞서간다. 그러나 부모와 교사가 모든 학생에 대해 높은 기대치를 가지고 있다면 거주 지역의 영향력이 줄어들 수 있다.

가족 요인	메타 연구 수	연구 수	변인	효과 크기	순위 (250개 중)
가족 자원과 가족 구조					
사회경제적 지위	7	622	105	0.52	79
복지 정책	1	8	8	-0.12	242
가족 구조	4	231	576	0.16	205
아버지	6	324	571	0.20	197
이혼 또는 재혼	8	395	441	0.23	182
부모의 취업	2	88	1528	0.03	233
입양 자녀	3	150	112	0.25	178
이민자 신분	1	53	74	0.01	236
전체 평균	32	1871	4362	0.16	194
가족 역학					
가정 환경	3	48	122	0.52	78
가정 내 체벌	1	16	16	-0.33	249
텔레비전	3	7	540	-0.18	244
부모 참여	15	883	2066	0.50	83
부모의 자율성 지원	3	258	258	0.15	208
가정 방문	2	71	52	0.29	164
전체 평균	27	1313	3047	0.16	171
부모 관련 모든 요인	59	3184	7409	0.16	184

부록 표 2는 메타 연구 수, 메타 연구를 연구한 수, 효과 크기와 250개의 순위(가정, 학교, 교육과정, 교수법 요인 포함)를 제공한다. 자세한 내용은 www.visiblelearningmetax.org에서 확인할 수 있다.

이 중 몇 가지를 좀 더 자세히 살펴보겠다.

사회경제적 지위(배경)

사회경제적 지위는 일반적으로 부와 소득 등 가정의 자원을 의미한다. 보호자의 연봉, 가정의 수입, 욕실 수, 집에 소장하는 책 수, 거주 지역 등의 지표로 측정하는 경우가 가장 많다. 앞서 말한 것처럼, 이는 이전 성취도의 척도에 가깝고 학교 학습에서의 성장과는 관계가 훨씬 낮다. 태어날 때 사회경제적 지위가 높은 가정과 낮은 가정으로 분리된 일란성 쌍둥이는 사회경제적 지위가 다른 요인에 대한 설명력이 크지 않다는 것을 보여준다.

그러나 사회경제적 지위가 높은 가정과 낮은 가정 사이에는 문화적 차이가 있을 수 있는데, 학습과 학교에 대한 기대와 격려의 성격과 관련이 있을 때가 많다. 부모가 학교를 마치지 못했거나, 학교의 가치를 크게 보지 않거나, "난 수학을 못해."라고 하거나, 학교를 싫어한다면 아이는 이러한 메시지를 받아들인다. "몇몇 선생이 싫었어."라고 말하면 일부 교사를 미워해도 괜찮다는 어른의 메시지가 분명하게 전달된다. 만약 보호자가 학교에서 '잘못된 행동'을 하거나 잘못된 행동을 묵인하는 경우, 아이가 부모를 따라 하는 것에 놀라지 말아야 한다. 부모는 학교를 싫어해도 된다는 것을 허락하는 본보기가 된 것이다. 부모는 아이가 무엇을 열망하고 무엇을 할지 격려하며 학습에 투자하는데(학교에서의 학습뿐만 아니라 가정에서의 학습), 이는 강력한 영향을 미친다. 부모는 걸어 다니는 광고나 다름없으니 광고가 아이에게 보내는 메시지에 유의하자.

많은 경우, 학습에 대한 부모의 높은 기대와 학교 시스템에 대한 투자와 신뢰는 교사의 취업률을 높이고 교사가 더 많은 자원을 확보할 수 있게 한다.

자원이 풍부한 부모는 학교 교육의 규칙을 더 잘 알고 교사와 학교 관리자의 말에 더 자주 귀를 기울이기 때문에 학교 시스템을 더 잘 활용할 수 있다. 이를 흔히 '문화 자본'이라고 부르지만, 이러한 자본을 가진 부모가 항상 사회경제적 지위가 높은 가정에 속하는 것은 아니다.

가족 구조

이혼, 위탁, 외동아이, 성소수자 부모 등 가족의 성격이 중요할까? 아니다. 가족 구조 요인으로 인한 영향은 미미하다. 아버지의 존재는 도움이 될 수 있지만, 필수가 아닌 보너스인 경우가 많으며, 아버지마다 미치는 영향의 차이가 크다. 마찬가지로 이혼은 중요하지 않지만, 이혼하지 않은 경우 그 효과는 주로 공동 양육과 여러 성인이 학생의 삶에 함께함으로써 제공받는 추가 혜택 덕에 긍정적이다. 물론 부모가 한 명인지 두 명인지보다 가정 내 긴장 상태가 더 중요하다. 어머니가 직장을 다니고 있는지, 가족이 이민자 신분인지, 아이의 입양 여부도 중요하지 않다.

가정 환경

가정 환경의 특징은 중요할 수 있다. 미국의 심리학자 앨런 고트프리드[Allen Gottfried][1](내재적 동기와 학업 성취 분야의 연구로 유명하다. – 옮긴이)는 '지적으로 더 유리한 가정'의 중요한 영향을 확인했다. 그는 이러한 효과는 놀이 재료, 활동의 참여와 다양성, 부모의 반응성 측면에서 빠르면 4개월 유아기부터 나타날 수 있다고 했다. 최초의 메타 연구 중 하나에서 미국의 교육학자 바버라 아이버슨[Barbara Iverson]과 허브 월버그[Herb Walberg][2]는 가정 환경의 영향이 아이가 나이가 들수록 증가한다는 사실을 발견했다.

미국의 교육학자 르네 스트롬[Renee Strom]과 프랭클린 보스터[Franklin Boster][3]는 학생이 고등학교를 중퇴하는 데 영향을 미칠 수 있는 가정 요인에 관심을 가졌다. 가장 설득력 있는 주장 중 하나는 아이가 학교라는 공간에서 느끼는 '소속감' 여부다. 아이가 학습 환경에서 소속감을 느끼는 것은 부모가 영향을 미칠 수 있는 부분이다. 학습 장소에 대한 소속감은 가족과 또래의 지원 정도와 관련 있으며, 가치와 기대는 '가족에 뿌리를 두고 가족 구성원과 공유'된다. 가족이 허용적 양육 방식을 갖고 있고, 학교 교육에 대한 열망이 낮고 부모와 아이 간의 대화 수준이 낮은 가정은 성적에 관계없이 아이가 중퇴할 확률이 높다. 반면에 학교 생활에 어려움을 겪는 학생의 경우라도 소속감을 지지하는 가정 환경이 긍정적인 변화를 가져올 수 있다.

가정 내 학습에 대한 긍정적인 의사소통이 학업 성취도에 미치는 효과 평균은 0.44, 학교 내 의사소통은 0.28이었다. 가장 큰 영향을 미치는 것은 학교에 대한 부모의 기대치 공유(0.65)였다. 후자는 학생에게 부모가 아이에게 기대하는 학업 성취도와 가족 내 의사소통 갈등 정도를 물음으로써 파악했다. 부모에게서 학교가 중요하다는 사실을 이해하면, 자녀는 학교에 대해 긍정적인 태도를 가진다. 또한 학생이 학교에 대해 부정적으로 느끼는 경우, 학교 교육에 대한 부모의 긍정적이고 지지적인 메시지는 부정적인 감정에 대한 완충 역할을 할 수 있다.[4]

부모 참여

학교에 부모가 참여하는 일이 급식실에서 자원봉사를 하거나 학교 운영위원회에 참여해야 한다는 의미는 아니다. 이러한 종류의 참여에 대한 전반적인 효과는 낮고 아이가 학년이 올라갈수록 감소해, 고등학교에서는 그 효과가 미미할 가능성이 크다. 우리는 숙제의 낮은 효과에 주목했는데, 숙제가 부모의 '감시' 대상이 될 때 그 효과는 부정적으로 변한다. 숙제는 아이가 이미 배운 것을 복습할 기회일 때 가장 효과적이라는 점을 기억하자. 숙제를 부정적인 경험으로 만드는 것은 일부 학생에게 학교가 재미없고, 자신에게 맞지 않으며, 할 가치가 없는 일이라는 인식을 심어 준다. 어떤 학생은 교사가 감독하지 않으면 '공부'하거나 배우는 방법을 모르기 때문에, 가정에서 아이를 지도할 수 있는 전문 지식이 없는 경우 숙제는 지루한 일이 된다. 아이가 숙제에 관해 이야기하는 것을 들어주고, 선생님과 할 수 있는 대화를 연습하도록 도우며, 부모도 숙제로 힘들어할 수 있다는 것을 보여 줄 수 있다. 하지만 절대로 아이 대신 숙제를 해 주지는 말아야 한다. (존 해티 역시 카일을 위해 프로젝트를 완료했다가 실패한 적이 있는데, 그 일을 잊게 만들지를 않는다.)

부모 참여에 대한 종합적인 검토에서 영국의 교육학자 찰스 데스포지스[Charles Des-forges]와 알베르토 아부차르[Alberto Abouchaar][5]는 배경 요인(사회 계층, 가족 규모)의 영향을 고려한 경우에도 학습에 대한 부모와 아이의 토론이 아이의 행동과 성취도에 상당한 긍정적 영향을 미칠 수 있다고 결론지었다. 영국의 교육학자 프란체스카 보르고노비[Francesca Borgonovi]와 경제학자 기예르모 몬트[Guillermo Montt][6]는 14개국을 대상으로 부모의 참여와 아이의 독서 경험을 비교 조사했다. 모든 국가에서 정도는 다르지만 부모의 참여가 (사회경제적 가정 자원을 고려하더라도) 차이를 만들었으며, 연구 팀은 '학생의 읽기 능력 향상과 관련한 부모와 아이 간의 활동은 상대적으로 시간이 적게 들고, 전문 지식이 필요하지 않다.'라는 점에 주목했다. 이 활동에 필요한 것은 진정한 관심과 적극적인 참여다. 참여에는 부모가 아이에게 책을 읽어 주고, 아이와 정치적 또는 사회적 이슈에 관해 토론하며, 어린아이부터 청소년에 이르기까지 모든 연령대가 집에서 직접 책을 읽는 활동을 포함한다. 보르고노비와 몬트는 부모가 아이의 독서 경험에 관여하기에 너무 이르거나 늦은 때는 없다는 결론을 내렸다.

우리는 뉴질랜드에서 사회경제적 수준이 가장 낮은 5개 학교에 재학 중인 아이의 학습에 부모를 참여시키는 3년 개입 프로그램 플랙스미어 프로젝트[Flaxmere Project]의 평가에 참여했다.[6] 이 과정에서 가정에서 학습의 언어를 사용하기 시작했을 때 큰 이점이 있다는 것을 발견했다. 예를 들어, 한 개입 사례에서는 가정에 컴퓨터를 제공했다. 우리는 실제 혜택은 가정에 컴퓨터를 제공한 것이 아니라 교사가 가정에 직접 찾아가 가족에게 배움의 기술을 가르치는 데 있었다는 것을 발견했다. 가정 방문을 한 이들은 전직 교사였는데, 각 가정에 긍정적인 효과를 가져온 것은 가정으로 들어오는 학습의 언어였다는 것이 곧 분명해졌다. 그 결과로 부모와 아이의 기대치가 향상되고, 학교 교육과 출석에 대한 태도가 긍정적으로 바뀌었으며, 컴퓨터 교육을 받는 동안 부모와 아이 간의 상호작용이 더 활발해졌다. 아이는 부모가 자신과 함께 배우는 모습을 보았고, 부모는 아이가 학교에서 무엇을 배우는지 더 잘 이해하게 되었다. 부모와 교사의 밤 행사에 참여해 학교에 가서 교류할 가능성이 커졌다. 아이가 학교에서 참여하고 성공할 수 있다는 믿음 역시 커졌다.

우리의 연구는 다음과 같은 결론으로 나갔다.

플랙스미어 프로젝트의 성공은 주로 학교가 부모를 '초대'하여 아이의 학교 교육에 관해 더 많이 알리고, 학습의 언어에 대해 더 많이 공유하며, 가정에서 학생의 현재와 장기 교육 결과를 개선하기 위해 지역사회, 부모와 학생 보호자가 공동으로 참여할 방법을 찾아낸 성공과 관련이 있다. 부모는 오늘날 학교에서 요구되는 것이 무엇인지 잘 모르고, 자신의 학창 시절에 대해 항상 행복한 기억을 가지고 있지는 않다. 따라서 아이가 학교에서 성공할 수 있도록 돕는 최선의 방법에 대해 다소 우려하는 경우가 많다. 플랙스미어 학교 5곳이 뉴질랜드에서 가장 교육 환경이 열악한 지역에 있다는 점을 고려할 때, 대부분의 학부모에게 아이의 미래 성공은 학교 교육에 대한 희망을 통해 '상향'된다. 의심의 여지 없이 플랙스미어 어린이들의 부모는 아이에게 최고의 것을 원한다. 아이를 돕는 장소로서 학교에 대한 기대가 높고, 아이의 학습을 돕는 최적의 방법에 참여하기를 원한다. 이 보고서의 근거에 비추어 볼 때, 이제까지 제기된 '기대치가 낮고 무책임한 태도를 가진 냉담한 부모'라는 이미지는 완전히 사라져야 한다. 이 부모들은 학교와 지역사회를 우수하다고 평가했고, 아이가 발전할 기회를 제공하는 학교의 성공에 대한 기대가 높았다.

참고 문헌

서문·마인드 프레임 준비

1   Jenkins, L. (2015). Optimize your school: It's all about the strategy. Corwin Press.

2   **Visible Learning overviews:**

Hattie, J. A. C. (2009). Visible learning: A synthesis of 800+ meta-analyses on achievement. Routledge.

Hattie, J. A. C. (2012). Visible learning for teachers: Maximizing impact on achievement. Routledge.

Hattie, J. A. C., & Anderman, E. (2013). Handbook on student achievement. Routledge.

Hattie, J. A. C., & Yates, G. (2014). Visible learning and the science of how we learn. Routledge.

Hattie, J. A. C., Masters, D., & Birch, K. (2016). Visible learning into action. Routledge.

Hattie, J. A. C., & Zierer, K. (2018). 10 mindframes for visible learning. Routledge.

Hattie, J., & Smith, R. (Eds.). (2020). 10 mindframes for leaders: The visible learning approach to school success. Corwin Press.

Hattie, J. A. C., & Anderman, E. (2020). Visible learning: Guide to student achievement schools edition. Routledge.

Rickards, F., Hattie, J. A. C., & Reid, C. (2021). The turning point: Growing expertise, evaluative thinking, and the future of the teaching profession. Routledge.

Hattie, J. A. C., & Larsen, S. (2020). The purposes of education: In conversation. Routledge.

Hattie, J. A. C., & Zierer, Z. (2020). Visible learning insights. Routledge.

Hattie, J. A. C., Bustamante, V., Almarode, J., Fisher, D., & Frey, N. (2021). Great teaching by design: From intention to implementation in the Visible Learning Classroom. Corwin Press.

Specific aspects of Visible Learning

Hattie, J. A. C., & Clarke, S. (2019). Visible learning: Feedback. Routledge.

Frey, N., Hattie, J. A. C., & Fisher, D. (2018). Developing assessment capable learners. Corwin Press.

Hattie, J. A. C., Clarke, S., Fisher, D., & Frey, N. (2021). Collective student efficacy. Corwin Press.

Applied to curricula domains

Fisher, D., Frey, N., & Hattie, J. A. C. (2016). Visible learning for literacy, grades K-12: Implementing the practices that work best to accelerate student learning. Corwin Press.

Hattie, J. A. C., Fisher, D., Frey, N., Gojak, L. M., Moore, S. D., & Mellman, W. (2017). Visible learning for mathematics, grades K-12: What works best to optimize student learning. Corwin Press.

Almarode, J. T., Fisher, D., Frey, N., & Hattie, J. A. C. (2018). Visible learning in science, grades K-12: What works best to optimize student learning. Corwin Press.

Fisher, D., Frey, N., Hattie, J., & Amador-Valerio, O. (2019). Visible learning for English language learners. Corwin Press.

Hattie, J. A. C., Stern, J., Fisher, D., & Frey, N. (2020). Visible learning for social studies, grades K-12: Designing student learning for conceptual understanding. Corwin Press.

Applied to distance learning

Fisher, D., Frey, N., Bustamante, V. J., & Hattie, J. (2021). Assessment playbook for distance blended learning. Corwin Press.

Fisher, D., Frey, N., Almarode, J. T., & Hattie, J. A. C. (2021). The distance learning playbook for college and university instruction. Corwin Press.

Fisher, D., Frey, N., & Hattie, J. (2021). The distance learning playbook grades K-12: Instruction: Teaching for engagement and impact in any setting. Corwin Press.

Fisher, D., Frey, N., Almarode, J., Hattie, J., & Wiseman, R. (2021). The distance learning playbook parents: Teaching for engagement and impact in any setting. Corwin Press.

Fisher, D., Frey, N., Smith, D., & Hattie, J. A. C. (2021). Rebound. Grades K-12: A playbook for rebuilding agency, accelerating learning recovery, and rethinking schools. Corwin Press.

Fisher, D., Frey, N., Smith, D., & Hattie, J. A. C. (2021). Leading the Rebound: 20+ must-dos to restart teaching and learning. Corwin Press.

3   Spock, B. (1946). The common sense book of baby and child care. Duell, Sloan & Pearce.

4   Baumrind, D. (1968). Authoritarian vs. authoritative parental control. Adolescence, 3(11), 255.

5   Claxton, G. (2017). The learning power approach: Teaching learners to teach themselves. Corwin Press.

6   Piaget, J. (1964). Cognitive development in children: Piaget. Journal of Research in Science Teaching, 2(3), 176-186; Piaget, J. (2013). The construction of reality in the child (Vol. 82). Routledge.

7   Miyake, A., & Friedman, N. P. (2012). The nature and organisation of individual differences in executive functions: Four general conclusions. Current Directions in Psychological Science, 21, 8-14. doi:10.1177/0963721411429458

8   Piaget, J. (1962). Play, dreams and imitation in childhood. The Norton Library.

9   Moll, L. C. (2013). L. S. Vygotsky and education. Routledge.

10 Kluger, A. N., & DeNisi, A. (1996). The effects of feedback interventions on performance: A historical review, a meta-analysis, and a preliminary feedback intervention theory. Psychological Bulletin, 119(2), 254.

11 Hart, B., & Risley, T. R. (2003). The early catastrophe: The 30 million word gap by age 3. American Educator, 27(1), 4-9. And see Sperry, D. E., Sperry, L. L., & Miller, P. J. (2019). Reexamining the verbal environments of children from different socioeconomic backgrounds. Child Development, 90(4), 1303-1318.

마인드 프레임 1

1   Rosenthal, R., & Jacobson, L. (1992). Pygmalion in the classroom (Expanded ed.). Irvington.

2   Good, T. L., Sterzinger, N., & Lavigne, A. (2018). Expectation effects: Pygmalion and the initial 20 years of research. Educational Research and Evaluation, 24(3-5), 99-123;

Weinstein, R. S. (2018). Pygmalion at 50: Harnessing its power and application in schooling. Educational Research and Evaluation, 24(3-5), 346-365; Spitz, H. H. (1999). Beleaguered Pygmalion: A history of the controversy over claims that teacher expectancy raises intelligence. Intelligence, 27(3), 199-234.

3 Rubie-Davies, C. (2014). Becoming a high expectation teacher: Raising the bar. Routledge.

4 Hall, G. S. (1904). Adolescence: Its psychology and its relations to physiology, anthropology, sociology, sex, crime, religion, and education (Vols. 1 & 2). Appleton.

5 Bowlby, J. (1951). Maternal care and mental health. World Health Organization.

6 Bowlby, J. (1969). Attachment and loss. Vol. 1: Attachment (2nd ed., p. 371). Basic Books.

7 Madigan, S., Brumariu, L. E., Villani, V., Atkinson, L., & Lyons-Ruth, K. (2016). Representational and questionnaire measures of attachment: A meta-analysis of relations to child internalizing and externalizing problems. Psychological Bulletin, 142(4), 367.

마인드 프레임 2

1 Pinquart, M. (2017). Associations of parenting dimensions and styles with externalizing problems of children and adolescents: An updated meta-analysis. Developmental Psychology, 53(5), 873-932. Pinquart, M. (2017). Associations of parenting dimensions and styles with internalizing symptoms in children and adolescents: A meta-analysis. Marriage & Family Review, 53(7), 613-640. Pinquart, M. (2016). Associations of parenting styles and dimensions with academic achievement in children and adolescents: A meta-analysis. Educational Psychology Review, 28(3), 475-493.

2 Robinson, C., Mandleco, B., Olsen, S. F., & Hart, C. H. (1995). Authoritative, authoritarian, and permissive parenting practices: Development of a new measure. Psychological Reports, 7(7), 819-830.

3 Shostrom, E. L. (1965). Three approaches to psychotherapy [Film]. Psychological Films. Burry, P. J. (2008). Living with the "The Gloria Films": A daughter's' memory. Ross-on-Wye.

4 Rogers, C. R. (1951). Client-centered therapy: Its current practice, implications and

theory. Houghton Mifflin.

5 Medina, J. (2014). Brain rules: 12 principles for surviving and thriving at work, home, and school. Pear Press.

6 Ryan, R. M., & Deci, E. L. (2017). Self-determination theory: Basic psychological needs in motivation, development, and wellness. Guilford Press.

7 Lazarus, R. S., & Folkman, S. (1984). Stress, appraisal, and coping. Springer.

8 www.gottman.com/parents/

마인드 프레임 3

1 Flynn, J. R. (2012). Are we getting smarter?: Rising IQ in the twenty-first century. Cambridge University Press.

2 Scarr, S., & Grajek, S. (1982). Similarities and differences among siblings. In M. E. Lamb & B. Sutton-Smith (Eds.), Sibling relationships: Their nature and significance across the lifespan (pp. 357-381). Erlbaum.

3 Wolke, D., & Samara, M. M. (2004). Bullied by siblings: Association with peer victimisation and behaviour problems in Israeli lower secondary school children. Journal of Child Psychology and Psychiatry, 45(5), 1015-1029.

4 Kramer, L., Perozynski, L. A., & Chung, T. Y. (1999). Parental responses to sibling conflict: The effects of development and parent gender. Child Development, 70(6), 1401-1414.

5 Galton, M., Morrison, I., & Pell, T. (2000). Transfer and transition in English schools: Reviewing the evidence. International Journal of Educational Research, 33(4), 341-363.

6 Underwood, M. K., & Rosen, L. H. (2010). Gender and bullying: Moving beyond mean differences to consider conceptions of bullying, processes by which bullying unfolds, and cyberbullying. In D. L. Espelage & S. M. Sweare (Eds.), Bullying in North American schools (pp. 33-42). Routledge.

7 Kowalski, R. M., Giumetti, G. W., Schroeder, A. N., & Lattanner, M. R. (2014). Bullying in the digital age: A critical review and meta-analysis of cyberbullying research among youth.

Psychological Bulletin, 140(4), 1073.

8 Zych, I., Farrington, D. P., Llorent, V. J., & Ttofi, M. M. (2017). Protecting children against bullying and its consequences (pp. 5-22). Springer International Publishing.

9 http://violencepreventionworks.org/public/olweus_bullying_prevention_program.page

10 Carroll, A., Houghton, S., Durkin, K., & Hattie, J. A. (2009). Adolescent reputations and risk: Developmental trajectories to delinquency. Springer Science & Business Media.

11 Harris, J. R. (1998). The nurture assumption: Why children turn out the way they do. Free Press.

12 Csikszentmihalyi, M., & Larson, R. (1984). Being adolescent. Basic Books.

13 Carroll, A. M., Hattie, J. A. C., & Houghton, S. (2018). School shootings are preventable: It begins with understanding reputation. www.edweek.org/education/opinion-school-shootings-are-preventable-it-begins-with-understanding-reputation/2018/02

마인드 프레임 4

1 Sulloway, F. J. (1995). Birth order and evolutionary psychology: A meta-analytic overview. Psychological Inquiry, 6(1), 75-80.

2 Miller, G. A. (1956). The magical number seven, plus or minus two: Some limits on our capacity for processing information. Psychological Review, 63(2), 81.

3 Miyake, A., Friedman, N. P., Emerson, M. J., Witzki, A. H., Howerter, A., & Wager, T. D. (2000). The unity and diversity of executive functions and their contributions to complex "frontal lobe" tasks: A latent variable analysis. Cognitive Psychology, 41(1), 49-100.

4 Bolton, S., & Hattie, J. (2017). Cognitive and brain development: Executive function, Piaget, and the prefrontal cortex. Archives of Psychology, 1(3).

5 Carlson, S. M. (2005). Developmentally sensitive measures of executive function in preschool children. Developmental Neuropsychology, 28(2), 595-616.

6 Fuchs, D., Fuchs, L. S., Mathes, P. G., Lipsey, M. W., & Roberts, P. (2002). Is "learning disabilities" just a fancy term for low achievement? A meta-analysis of reading differences between low achiever with and without the label. In R. Bradley, L. Danielson, & D. P. Hallahan (Eds.), Identification of learning disabilities: Research to practice. The LEA series on special education and disability (pp. 737-762). Lawrence Erlbaum Associates.

7   Prinzie, P., Stams, G. J. J., Deković;, M., Reijntjes, A. H., & Belsky, J. (2009). The relations between parents' Big Five personality factors and parenting: A meta-analytic review. Journal of Personality and Social Psychology, 97(2), 351.

8   Dweck, C. (2017). Mindset-updated edition: Changing the way you think to fulfil your potential. Hachette. Duckworth, A. (2016). Grit: The power of passion and perseverance (Vol. 234). Scribner.

9   Burhans, K. K., & Dweck, C. S. (1995). Helplessness in early childhood: The role of contingent worth. Child Development, 66(6), 1719-1738.

10 Lahey, J. (2015). The gift of failure. HarperCollins.

11 Andrews, K. (2020). Household chaos, maternal distress and parenting: Associations with child function across multiple domains. Unpublished doctoral dissertation, McMaster University.

12 Deci, E. L., Koestner, R., & Ryan, R. M. (1999). A meta-analytic review of experiments examining the effects of extrinsic rewards on intrinsic motivation. Psychological Bulletin, 125(6), 627.

마인드 프레임 5

1   Lillard, A. S., Lerner, M. D., Hopkins, E. J., Dore, R. A., Smith, E. D., & Palmquist, C. M. (2013). The impact of pretend play on children's development: A review of the evidence. Psychological Bulletin, 139(1), 1.

2   Ausubel, D. P., Novak, J. D., & Hanesian, H. (1968). Educational psychology: A cognitive view. Rinehart and Winston.

3   Hattie, J., & Yates, G. C. (2013). Visible learning and the science of how we learn. Routledge.

4   Vogler, C. (1998). The writer's journey: Mythic structures for writers. Michael Wiese Productions.

5   Ferguson, C. J. (2015). Do angry birds make for angry children? A meta-analysis of video game influences on children's and adolescents' aggression, mental health, prosocial

behavior, and academic performance. Perspectives on Psychological Science, 10(5), 646-666.

마인드 프레임 6

1 Hattie, J., & Clarke, S. (2018). Visible learning: Feedback. Routledge.

2 Tulis, M. (2013). Error management behavior in classrooms: Teachers' responses to student mistakes. Teacher Education, 33, 56-68. doi:10.1016/j.tate.2013.02.003

3 Steuer, G., Rosentritt-Brunn, G., & Dresel, M. (2013). Dealing with errors in mathematics classrooms: Structure and relevance of perceived error-climate. Contemporary Educational Psychology, 38(3), 196-210.

마인드 프레임 7

1 Cawsey AM, C., Hattie, J., & Masters AO, G. N. (2019). Growth to achievement: On-demand resources for teachers. https://research.acer.edu.au/monitoring_learning/39/

2 Clinton, J., Hattie, J., & Dixon, R. (2007). Evaluation of the Flaxmere Project: When families learn the language of school. Ministry of Education.

3 Leaver, S. (2019). How parents solve the 'wicked' problem of choosing a school: A qualitative investigation within a behavioural economics framework. Paper presented at RMIT Conference, Sydney, Australia.

4 Ball, S. J., & Vincent, C. (1998). 'I Heard It on the Grapevine': 'hot' knowledge and school choice. British Journal of Sociology of Education, 19(3), 377-400.

5 See www.visiblelearningmetax.com.

6 Siraj-Blatchford, I., Muttock, S., Sylva, K., Gilden, R., & Bell, D. (2002). Researching effective pedagogy in the early years. Institute of London Research Report RR356.

7 www.education.vic.gov.au/childhood/professionals/learning/Pages/veyldf.aspx

8 Hannula-Sormunen, M. M. (2015). Spontaneous focusing on numerosity and its relation to counting and arithmetic. In The Oxford handbook of numerical cognition (pp. 275-290). Oxford University Press.

9   Sharp, C. (2002, November 1). School starting age: European policy and recent research. When should our children start school. Paper presented at the LGA Seminar 'When Should Our Children Start School?', LGA Conference Centre, Smith Square, London, United Kingdom. Tymms, P., Merrell, C., & Henderson, B. (2000). Baseline assessment and progress during the first three years at school. Educational Research and Evaluation, 6(2), 105-129.

10 Schweinhart, L. J., & Weikart, D. P. (1998). Why curriculum matters in early childhood education. Educational Leadership, 55, 57-61.

11 Whitehurst, G. J., & Lonigan, C. J. (1998). Child development and emergent literacy. Child Development, 69, 848-872.

12 Dockett, S., & Perry, B. (1999). Starting school: What do the children say? Early Child Development and Care, 159(1), 107-119. doi:10.1080/0300443991590109

13 van Hees, J. A. G. (2011). Oral expression of five and six year olds in low socio-economic schools. Unpublished doctoral dissertation, University of Auckland.

14 Dockett, S., & Perry, B. (1999). Starting school: What do the children say? Early Child Development and Care, 159(1), 107-119. doi:10.1080/0300443991590109

15 Duncan, G. J., Dowsett, C. J., Claessens, A., Magnuson, K., Huston, A. C., Klebanov, P., Pagani, L. S., Feinstein, L., Engel, M., Brooks-Gunn, J., Sexton, H., Duckworth, K., & Japel, C. (2007). School readiness and later achievement. Developmental Psychology, 43(6), 1-36, 1428.

16 Jenkins, L. (2015). Optimize your school: It's all about the strategy. Corwin Press.

17 Hattie, J. A. C., & Peddie, R. (2003). School reports: "Praising with faint damns". Set: Research Information for Teachers, 3, 4-9.

마인드 프레임 8

1   Hart, B., & Risley, T. R. (2003). The early catastrophe: The 30 million word gap by age 3. American Educator, 27(1), 4-9.

2   Pfost, M., Hattie, J., Dorfler, T., & Artelt, C. (2014). Individual differences in reading development: A review of 25 years of empirical research on Matthew effects in reading. Review of Educational Research, 84(2), 203-244.

3 Suskind, D., Suskind, B., & Lewinter-Suskind, L. (2015). Thirty million words: Building a child's brain: tune in, talk more, take turns. Dutton Books.

4 Tough, P. (2016). Helping children succeed: What works and why. Random House.

5 Medina, J. (2014). Brain rules for baby, Updated and expanded: How to raise a smart and happy child from zero to five. Pear Press.

6 Ferjan Ramirez, N., Lytle, S. R., Fish, M., & Kuhl, P. K. (2019). Parent coaching at 6 and 10 months improves language outcomes at 14 months: A randomized controlled trial. Developmental Science, 22(3), e12762.

7 Blaiklock, K. (2013). Talking with children when using prams while shopping. New Zealand Research in Early Childhood Education, 16, 15-28.

8 Zeedyk, M. S. (2008). Promoting social interaction for individuals with communicative impairments: Making contact. Jessica Kingsley Publishers.

9 Gilmore, A., & Hattie, J. (2000). Evaluation of the assessment resource banks in schools: Final report. University of Canterbury, Department of Education, Unit for Studies in Educational Evaluation, and Auckland: University of Auckland, School of Education.

10 Bruer, J. T. (1999). The myth of the first three years: A new understanding of early brain development and lifelong learning. Simon and Schuster.

11 Galinsky, E. (2010). Mind in the making: The seven essential life skills every child needs. HarperCollins.

마인드 프레임 9

1 Robinson, V. (2009). Open-to-learning conversations: Background paper. Module 3: Building Trust in Schools Through Open-to-learning Conversations. First-time Principals Programme.

2 Perske, R. (1972). The dignity of risk and the MR. Mental Retardation, 10(1), 24.

3 Fisher, D., Frey, N., Almarode, J., Hattie, J., & Wiseman, R. (2021). The distance learning playbook for parents: Teaching for engagement and impact in any setting. Corwin Press.

4 https://culturesofdignity.com/risk-factor-the-truth-about-dares/

5 Biesta, G. (2020). Can the prevailing description of educational reality be considered complete? On the Parks-Eichmann paradox, spooky action at a distance and a missing dimension in the theory of education. Policy Futures in Education, 18(8), 1011-1025.

마인드 프레임 10

1   Clinton, J. M., Hattie, J. A. C., & Nawab, D. (2018). The good teacher: Our best teachers are inspired, influential and passionate. In M. Harring (Ed.), Handbook for school pedagogics (pp. 880-888). Waxmann.

2   Hattie, J. A. C., Bustamante, V., Almarode, J., Fisher, D., & Frey, N. (2021). Great teaching by design: From intention to implementation in the Visible Learning Classroom. Corwin Press.

3   LeVine, R. A., & LeVine, S. (2016). Do parents matter?: Why Japanese babies sleep soundly, Mexican siblings don't fight, and American families should just relax. Public Affairs.

부록

1   Gottfried, A. W. (1984). Home environment and early cognitive development: Integration, meta-analyses, and conclusions. In Home environment and early cognitive development: Longitudinal research (pp. 329-342). Academic Press.

2   Iverson, B. K., & Walberg, H. J. (1980). Home environment. Evaluation in Education, 4, 107-108.

3   Strom, R. E., & Boster, F. J. (2007). Dropping out of high school: A meta-analysis assessing the effect of messages in the home and in school. Communication Education, 56(4), 433-452.

4   See Strom, R. E., & Boster, F. J. (2007). Dropping out of high school: A meta-analysis assessing the effect of messages in the home and in school. Communication Education, 56(4), 436-437.

5   Desforges, C., & Abouchaar, A. (2003). The impact of parental involvement, parental support and family education on pupil achievement and adjustment: A literature review (Vol.

433). DfES.

6 Borgonovi, F., & Montt, G. (2012). Parental involvement in selected PISA countries and economies (OECD Education Working Papers, No. 73). OECD Publishing. https://doi. org/10.1787/5k990rk0jsjj-en

잘 배우는 아이로 만드는 부모 교실

딱 한 가지만 가르쳐야 한다면

초판 1쇄 펴낸날   2025년 2월 14일

지은이   존 해티·카일 해티
옮긴이   천경호
펴낸이   홍지연

편집   홍소연 김선아 이태화 김영은 차소영 서경민
디자인   이정화 박태연 박해연 정든해
마케팅   강점원 최은 신예은 김가영 김동휘
경영지원   정상희 배지수

펴낸곳   (주)우리학교
출판등록   제313-2009-26호(2009년 1월 5일)
제조국   대한민국
주소   04029 서울시 마포구 동교로12안길 8
전화   02-6012-6094
팩스   02-6012-6092
홈페이지   www.woorischool.co.kr
이메일   woorischool@naver.com

• 책값은 뒤표지에 적혀 있습니다.
• 잘못된 책은 구입한 곳에서 바꾸어 드립니다.

만든 사람들
편집   이선희
디자인   책은우주다